Dr. Robert Hemfelt / Dr. Paul Warren

Erb-Last

„Vererben“ wir unsere Probleme an unsere Kinder?

Robert Hemfelt/Paul Warren

ERB-LAST

Vererben wir unsere Probleme an unsere Kinder?

Schulte & Gerth

Die amerikanische Originalausgabe erschien im Verlag
Thomas Nelson Publishers, Nashville,
unter dem Titel „Kids Who Carry Our Pain".

Aus dem Amerikanischen übersetzt von Christian Rendel

Best.-Nr. 15 279
ISBN 3-89437-279-6
1. Auflage 1994
Umschlaggestaltung: Ursula Stephan
Satz: Typostudio Rücker & Schmidt
Druck und Verarbeitung: Ebner Ulm
Printed in Germany

Inhalt

DRITTER TEIL: DER WEG ZUR HEILUNG FÜR DIE FAMILIE

ANHANG:

Erster Teil:
Das Problem erkennen

Die kleine Unruhestifterin

Regina Kolbin war ein hübsches Kind, sieben Jahre alt und voller blauäugiger, rotwangiger Unschuld. Sie war blond, wie ihr Vater James versicherte. Heute jedoch, als sie dicht neben ihrer Mutter in Dr. Paul Warrens Sprechzimmer saß, trug sie eine wenig attraktive braune Perücke. Ihre Augenbrauen waren versengt.

„Sie hat einfach ein paar Zeitungen in der Hundehütte zusammengeknüllt“, erklärte James, „und sie dann angesteckt. Die Ärzte sagen, wir hätten großes Glück, daß sie von dem Feuer keine Narben im Gesicht zurückbehalten hat.“

„Das kann ich mir denken.“ Dr. Warren blickte von einem zum anderen. Die Familie Kolbin sah ausgesprochen normal aus, abgesehen von dem kleinen Problem, daß ihre Tochter ein kleiner Feuerteufel war. Melanie Kolbin, die Mutter, schien ein wenig Übergewicht zu haben, aber sie kleidete sich geschickt. Sie saß still da, in einer Haltung gleichmütiger Gelassenheit. James, zierlich gebaut, bildete mit seiner fahrigen Überschwenglichkeit einen starken Kontrast dazu. Er schien sich ständig zu bewegen, selbst wenn er saß. Die Augen der siebenjährigen Regina schossen hierhin und dorthin und ließen sich nichts entgehen. Ihr vierjähriger Bruder Victor schmiegte sich eng an die rechte Seite seiner Mutter und klammerte sich mit beiden Händen fest an ihren Pullover. Der zweijährige Gerald hockte auf Melanies Schoß.

„Ich wußte das nicht“, fuhr James fort, „aber es ist illegal, so ein Feuer zu legen, selbst wenn es ein kleines Kind ist. Der Chef der Feuerwehr bestand darauf, daß wir zur Therapie gehen. Er meint, sie hat irgendwelche Probleme.“ Er zuckte die Achseln. „Ehrlich gesagt, ich dachte, sie wäre einfach nur ein boshafter kleiner Schlingel, aber der Feuerwehrchef bestand darauf, also sind wir hier.“

„Würden Sie sagen, daß sie ein aktives Kind ist?“

„Nicht gerade hyperaktiv. Sie stellt nur alles mögliche an."

Melanie lächelte schwach. „Sie macht manchmal destruktive Sachen, etwa Löcher in die Vorhänge schneiden oder Dinge kaputtmachen, aber sie tut nie jemandem weh. Ich meine, sie hat nicht versucht, den Hund zu verbrennen. Sie würde nie einem Tier oder einem Menschen weh tun."

„Ist Victor schon jemals in ähnliche Schwierigkeiten geraten?"

„Ach du meine Güte, nein!" rief Melanie und lächelte auf ihren Sohn hinab. „Victor bleibt immer im Haus in meiner Nähe. Wenn ich in den Garten gehe, um Wäsche aufzuhängen oder so etwas, dann kommt er mit. Er macht überhaupt nichts Destruktives oder spielt Streiche. Allerdings ist er ja auch erst vier."

„Und Gerald?" fragte Dr. Warren.

„Der bleibt auch immer in der Nähe."

„James, wie ich höre, leiten Sie eine Kleiderfabrik."

James, der Dr. Warren in einem bequemen Sessel gegenübersaß, nickte. „Sie gehört meinem Vater. Wahrscheinlich wird sie eines Tages mir gehören. Er hat sie gegründet, als er nach dem Krieg aus Bulgarien herüberkam. Ein Familienbetrieb. Nicht besonders groß. Zehn Angestellte."

„Sie sagten ‚wahrscheinlich'. Gibt es daran Zweifel?"

James grinste. „Opa ändert sein Testament ziemlich oft."

Während des ganzen Gesprächs saß oder stand Gerald auf dem Schoß seiner Mutter. Victor wich nicht von ihrer Seite und klebte an ihr. Regina wurde mit der Zeit unruhig und zappelte herum, bis ihre Perücke verrutschte.

Dr. Warren schloß das Gespräch ab. „Ich empfehle Ihnen beiden dringend, sich in eine Eheberatung zu begeben."

„Aber wir sind wegen Regina hier", protestierte Melanie.

„Das ist richtig. Ich glaube jedoch wirklich, daß eine Eheberatung ihr mehr helfen wird als irgend etwas, das ich für sie tun könnte."

„Heißt das, sie wollen sie nicht als Patientin annehmen?"

„Keineswegs, ich nehme sie gern. Doch während ich mit ihr arbeite, möchte ich, daß Sie beide an Ihrer Ehe arbeiten."

„Ich sehe keinen Grund dafür“, sagte Melanie stirnrunzelnd. Sogleich glättete sich ihre Stirn wieder. „Aber schließlich sind Sie der Experte.“

Innerhalb weniger Tage begaben sich die Eltern Kolbin in eine Beratung bei Dr. Robert Hemfelt. Dr. Hemfelt fand bald heraus, daß Melanie ständig mit schweren Depressionen zu kämpfen hatte. Und James, der sonst ausgeglichen war, hatte gelegentlich unberechenbare Wutausbrüche.

Eine typische Familie, die Kolbins? In mancher Hinsicht nicht. Wenige von uns haben Töchter, die Hundehütten in Brand setzen. Aber die Probleme und Enttäuschungen, die in ihrer Familie von Generation zu Generation weitergegeben werden, sind sehr verbreitet. In diesem Buch haben wir aus naheliegenden Gründen Namen und Situationen verändert, um die Identität von Fallbeispielen wie den Kolbins zu verhüllen. Dennoch sind sie allesamt wirklich lebende Menschen mit Erziehungsproblemen, die möglicherweise viel Ähnlichkeit mit Ihren eigenen Problemen haben.

Die Katzenjammer-Kids

Früher gab es in den Sonntagszeitungen einen Comic-Strip namens „Die Katzenjammer-Kids“ – zwei ungezogene kleine Bengel mit deutschem Akzent. Jede Woche spielten sie ihre üblen Streiche, und im letzten Bild landeten sie regelmäßig auf den Knien von jemand, der sie ordentlich vertrimmte. Freilich hatten die Prügel offensichtlich keine Wirkung, sonst hätte es am nächsten Sonntag keinen neuen Streich und keinen neuen Comic-Strip gegeben. Haben Sie bei sich zu Hause auch ein Katzenjammer-Kid?

Allerdings ist das eine Frage der Größenordnung. Alle Eltern normaler, aktiver Kinder haben einen Vorrat an Kriegsgeschichten, denn jedes Kind benimmt sich von Zeit zu Zeit daneben, sei es absichtlich oder versehentlich. Die Eltern des dreijährigen Taylor zum Beispiel hielten ihr Haus und ihren Garten tadellos in Ordnung. Als Papa eines Tages das Auto gewaschen und innen Staub gesaugt hatte und dann ins

Haus gegangen war, da war es für den kleinen Taylor das Natürlichste auf der Welt, die Arbeit zu vollenden und auch noch das zu waschen, was Papa übersehen hatte. Also steckte er den Gartenschlauch ins Auspuffrohr und drehte das Wasser auf. Als Papa das nächste Mal die Zündung betätigte, ertönte nur ein sanftes Blubbern.

Die Geschichte ging gut aus: Es war ein unverwüstlicher alter Volkswagen, und Papa bockte den Wagen einfach vorne hoch und ließ das Wasser aus dem Motorblock ablaufen. Heute fährt Taylor damit in die Schule und sehnt sich nach dem Tag, an dem er sich einen chromblitzenden Sportwagen anstelle der alten Mühle leisten kann. Poetische Gerechtigkeit.

Derlei Episoden kreativer Zerstörung sind gesunde Schritte zum Großwerden, ebenso wie Machtkämpfe, Szenen am Süßigkeitenregal im Supermarkt oder ein gewisses Widerstreben gegen die Teilnahme am Austausch oder anderen Familienritualen.

Der Weg zum Erwachsenwerden ist niemals glatt und leicht. Doch wenn Ihr Kind sich ständig und exzessiv danebenbenimmt; wenn Ihr Kind normale Aggressionen und Frustrationen auf gefährliche oder abnorme Weise abreagiert ... dann machen Sie sich Sorgen.

Kurz, wenn Sie nicht mit Ihrem Kind, aber auch nicht ohne Ihr Kind leben können, dann sind Sie in Schwierigkeiten. Und diese Schwierigkeiten werden in der Zukunft noch zunehmen.

Das Problem mit dem Problem

Selbst wenn Sie bisher noch nichts über das Wesen der Kodependenz (latein. dependere = abhängen von; co = mit) wissen, werden Sie schon bald in der Lage sein, gewisse ungesunde Verhaltensmuster und ungesunde Familienrollen zu erkennen, die sich bei den Kolbins zeigen. Dann werden Sie die gleichen Muster und Rollen auch bei sich selbst identifizieren können.

Was ist eine kodependente Familie?

In einer kodependenten Familie laufen die Mitglieder entweder mit einer Leere in ihrem Innern herum, oder sie leiden unter dem Schmerz der Leere eines anderen Familienmitglieds.

Mit anderen Worten: In einer kodependenten Familie laufen eines der Elternteile oder beide Eltern mit einer Leere in ihrem Innern herum, und die Kinder leiden unter dem Schmerz dieser Leere.

Regina Kolbins offen destruktives Verhalten wies darauf hin, daß sie mit Problemen belastet war – und zwar in diesem Fall mit den Problemen eines anderen. Victor wich nicht von der Seite seiner Mutter. Gerald klammerte sich sogar noch stärker an sie. Alle Kinder kleben hin und wieder an ihren Eltern – hier geht es um den Exzeß.

Melanie gab sofort zu, eine Leere in sich zu haben, die als chronische Depression diagnostiziert wurde. Aber James – in sich leer? „Wohl kaum!" lachte er. „Ich bin viel zu beschäftigt, um mich leer zu fühlen. Mein Garten ist der beste in unserer Nachbarschaft. Ich habe sogar herausgefunden, wie ich die Maulwürfe und Ratten loswerde."

Und darin liegt das Paradox der Kodependenz: Die Leere kann als eine Form zwanghaften Verhaltens getarnt sein. Bei James Kolbin bestand die Tarnung in Arbeitssucht, Perfektionismus bezüglich seines Gartens und Jähzorn. Leere drückt sich auch darin aus, wenn eine Person vor der Leere zu fliehen versucht.

Kinder wie Regina, die unter dem Schmerz eines anderen Familienmitglieds leiden, nennen wir oft „kodependente Kinder". In der Beratung versuchen wir diesen Kindern zu helfen, von zwei grundlegenden Symptomen der Kodependenz frei zu werden: dem Mangel an klaren Abgrenzungen und dem Hunger nach Aufmerksamkeit.

Mangel an klaren Abgrenzungen

Es kann sein, daß das Kind zu stark mit einem anderen Familienmitglied verstrickt ist – die Abgrenzungen sind zu lose, die Identitäten zu nah beieinander. Oder das Kind liegt ständig mit einem anderen Familienmitglied im Konflikt, streitet, rebelliert, widersetzt sich – die Abgrenzungen sind zu starr. Vielleicht steht das Kind auch jeder engeren Beziehung völlig fern – die Grenzen liegen nicht einmal mehr auf unserem Planeten.

Die Abgrenzungen zwischen einem kodependenten Kind und seinen Eltern können verschoben sein, weil die Eltern süchtig oder zwanghaft sind, also ihrerseits selbst kodependent. Die Eltern sind vielleicht zu streng oder zu nachgiebig – die Disziplin ist zu straff oder zu locker. Victor und Gerald Kolbin zum Beispiel besaßen fast keine eigenen Abgrenzungen: Sie klebten wie Heftpflaster an ihrer Mama, sowohl körperlich als auch emotional, ohne klare, individuelle Identität.

Kinder aus Familien mit gestörten Abgrenzungen stehen immer stark in der Gefahr, schwere emotionale Probleme, Zwanghaftigkeiten und Suchtverhalten zu entwickeln, wenn sie älter werden.

Hunger nach Aufmerksamkeit

Jedes Kind braucht Liebe; das wissen wir alle. Und die meisten Eltern lieben ihre Kinder sehr. Aber Kinder brauchen auch Aufmerksamkeit – man muß Zeit mit ihnen verbringen, mit ihnen umgehen, einfach mit ihnen reden und mit ihnen spielen. Kinder beziehen ihre Identität aus vielen verschiedenen Quellen, aber die meisten davon sind andere Menschen. Das grundlegende Bedürfnis nach Aufmerksamkeit ist also ein Bedürfnis nach Identität – Identität, die aus den Beziehungen zu anderen bezogen wird.

Melanie und James hatte ihre kleine Regina beide sehr lieb. Liebe war kein Problem. Aber Aufmerksamkeit war eines. Durch Melanies Depressionen und James' zwanghaftes Arbeiten im Garten blieb Regina und ihren Brüdern die nötige Aufmerksamkeit vorenthalten. Und so wurden die Depressionen und das zwanghafte Verhalten – beides kodependente Züge – an die nächste Generation weitergegeben.

Das generationenübergreifende Schachspiel

Erinnern Sie sich noch, wie in der alten *Raumschiff-Enterprise*-Serie Mr. Spock gegen den Bordcomputer der Enterprise Schach spielte? In einer frühen Episode rettete Spock so die Mannschaft. Das Schachbrett war ein dreidimensionales Wunder in futuristischem Design – drei transparente, karierte Spielbretter übereinander. Die Spielfiguren konnten sich auf jedem der drei Bretter horizontal oder auch vertikal von einem Brett zum anderen bewegen.

Das ist eine treffende Illustration für die Familie eines Kindes, das unter den Problemen seiner Eltern leidet. Kodependenz ist generationenübergreifend, genau wie alles andere in einer Familie. Nehmen wir an, die oberste Ebene seien die Großeltern. Das mittlere Spielbrett sind die Eltern und die Kinder das unterste. Jede Spielfigur, jedes Element des Familienlebens, kann von den oberen beiden Flächen auf die Fläche des Kindes bewegt werden. Alles auf der Fläche des Kindes kann sich horizontal bewegen. Mit anderen Worten, das Kind ist verwundbar.

Die Familienprobleme der Kolbins hatten fünfundvierzig Jahre zuvor in Bulgarien begonnen, als das kleine Dorf Svolen von der deutschen Wehrmacht zerstört wurde. An jenem Tag hatte Josip Kolbinski, mit einundzwanzig Jahren bereits ein Veteran des zweiten Weltkriegs, seine weinende Braut behutsam zum Bahnhof geführt, um mit ihr in die Neue Welt auszuwandern.

In Amerika angekommen, hatte Josip Kolbinski jede Anspielung auf die Vergangenheit unterdrückt. Bulgarien lag für immer hinter ihnen. „Blicke voraus! Nicht zurück!" drängte er seine Frau. Er amerikanisierte die Namen der Familie. Seine Frau Hdrecka hieß jetzt Harriet. Kolbinski verkürzte er auf Kolbin. Und er selbst nannte sich Joseph. Seine drei Töchter, die alle in den Vereinigten Staaten geboren waren, fanden sich in der Neuen Welt gut zurecht. „Lernt!" hatte Joseph gerufen. „Ihr habt eine einmalige Möglichkeit! Vergeudet sie nicht!"

Joseph selbst stieg schnell zum Vorarbeiter in einer Kleiderfabrik auf und brachte es, indem er sechzehn Stunden am Tag arbeitete, schließlich zu seiner eigenen Firma, die Kolbin-Hemdblusenfabrik. Als Hemdblusenkleider aus der Mode kamen, wäre Joseph beinahe bankrott gegangen. Fast hätte er aufgegeben, wäre nicht sein Sohn James geboren worden. An James würde er die Zügel der Macht in der Kolbin-Hemdblusenfabrik übergeben.

Die Familienkrone saß unsicher auf dem Haupt des jungen James Kolbin. Er war der einzige männliche Kolbin, der keinen Militärdienst geleistet hatte. Mit vierundzwanzig war er weder verheiratet noch mit dem College fertig. „Ach James", stöhnte seine Mutter, „ich werde schon vier Jahre tot sein, bevor ich mein erstes Enkelkind von dir sehe." 1983 hatte James endlich geheiratet, und fünf Monate später war er der Vater von Regina. Seine Mutter stöhnte immer noch, wenn auch jetzt aus anderen Gründen.

Auch sonst schien nichts, was James tat, Josephs Ansprüchen zu genügen. Der streitsüchtige alte Bulgare versuchte immer noch, seinem Sohn zu sagen, was er zu tun hatte, obwohl nun James die Hemdblusenfabrik leitete.

Unerledigte Geschäfte

Josephs Zorn über die Zerstörung seines Dorfes durch die Deutschen, seine zwanghafte Arbeitssucht, um sich in der Neuen Welt zu beweisen, James' Rebellion gegen seinen Vater, seine Wut über Vaters ständige Einmischungen, sowohl in der Firma als auch in den Angelegenheiten seiner eigenen Familie – all dieser Zorn, dieser Schmerz und diese Rebellion lastete auf Regina Kolbin, ohne daß sie auch nur etwas davon ahnte. All diese Wut, die in dem kleinen Kind verschlossen war, mußte irgendwann explodieren, und das tat sie auch – in den Flammen der Hundehütte, die Regina in Brand gesetzt hatte. Zu seinem Entsetzen stellte James fest, wie seine Kinder ihm in die Kodependenz folgten.

Auf Dr. Warrens Anraten unterhielt sich James mit Dr. Hemfelt. „Ich habe alle möglichen Bücher über Kodependenz gelesen. Ich weiß Bescheid über die Heldenrolle, wo das Kind versucht, in allem vollkommen zu sein. Und das Maskottchen, das ständig die Leute zum Lachen zu bringen und von ihrem Schmerz abzulenken versucht. Und der Sündenbock – ich sehe eine Menge Sündenbockverhalten bei Regina. Und Victor fängt jetzt auch schon an, in die Maskottchen-Rolle zu fallen."

„Das sind gute Beobachtungen. Viele Leute erkennen diese Rollen bei anderen, aber in ihrer eigenen Familie sind sie blind dafür."

„Ich hatte eine so verpfuschte Kindheit. Jetzt ist mein einziger Gedanke: Lieber Himmel, was tue ich meinen Kindern an?"

Diese Aussage bekommt Dr. Hemfelt sehr häufig zu hören. Immer wieder begegnet ihm in seiner Praxis dasselbe Muster: Ein kodependenter Erwachsener kommt in die Therapie – vielleicht, wenn auch nicht immer, das erwachsene Kind eines süchtigen Elternteils – und erkennt den Schaden, der in seiner eigenen Kindheit entstanden ist. Dann kommt die unvermeidliche Offenbarung: Wenn diese Faktoren so viele Schmerzen und Probleme in meinem eigenen Leben verursacht haben, wie wirken sich dann meine Probleme auf meine Kinder aus? Die Eltern essen saure Trauben, und den Kindern werden die Zähne stumpf. Genauso war es auch bei den Kolbins.

Solchen Patienten versichert Dr. Hemfelt: „Sie können die kodependente Kette durchbrechen, wenn Sie sich bewußt machen, wie Ihre Beziehung zu Ihren Eltern (und deren Beziehung zu ihren Eltern) Ihre Beziehung zu Ihren Kindern beeinflußt. Während der nächsten Sitzungen werde ich Ihnen helfen, drei Fragen zu beantworten: Was ist in meiner Kindheit passiert? Passiert dasselbe auch mit meinen Kindern? Und welche Möglichkeiten habe ich, dieses Verhalten zu ändern?"

„Veränderung", sagt Dr. Hemfelt, „kann nur beginnen, wenn Eltern die gesunden Abgrenzungen verstehen, die für die Beziehung zwischen Eltern und Kindern notwendig sind. Wenn ein Elternteil sagt: ‚Weil du mein Kind bist, mußt du genauso denken und handeln wie ich', werden die Abgrenzungen des Kindes verletzt. Das Kind wird sich dann eine Ersatzbeziehung suchen, indem es sich abreagiert oder sich auf süchtigmachende Substanzen oder ungesunde Beziehungen mit Gleichaltrigen verlegt."

Ist Ihre Familie kodependent?

Woran können Sie erkennen, ob Kodependenzprobleme das Gewebe Ihrer eigenen Familie auflösen? Lassen Sie uns einigen Fragen nachgehen, die Ihnen dabei helfen können, das zu beurteilen. Wenn Sie über die einzelnen Fragen nachdenken, relativieren Sie Ihre Antwort bitte nicht, indem Sie „Ja, aber ..." oder „Nein, aber ..." sagen. Im Augenblick geht es Ihnen nur um die groben Züge. Wir möchten, daß Sie objektiv über das nachdenken, was in Ihrer Familie vor sich geht. Sie brauchen sich nicht unter Druck zu fühlen, sich für eine Antwort zu entschuldigen oder zu verteidigen, und schon gar nicht ein Urteil darüber abzugeben. Ja oder nein? Passiert das bei uns oder nicht? Antworten Sie ganz einfach.

Die Familienbeziehungen unter der Lupe

● *Zweifeln Sie häufig daran, daß Sie Ihre Kinder wirklich kennen?* Sind sie Ihnen zu undurchschaubaren Fremden geworden? Und eine damit verbunden Frage: *Wird Ihr Kind immer verschlossener und zurückgezogener?*

● *Versprechen Sie und Ihr Ehepartner sich immer wieder, mehr Zeit – bessere Zeit – miteinander und mit den Kindern zu verbringen? Werden solche Versprechungen häufig gebrochen?*

● *Herrscht in Ihrem Haushalt ständig Hochbetrieb?* Wellen hektischer Betriebsamkeit kommen in jeder Familie vor, etwa in der Weihnachtszeit. Der Grundschüler muß sich auf eine Schulaufführung vorbereiten, der Gymnasiast spielt Basketball, Papa muß bis zum Fest die Bilanzen fertig haben, und Mama ist sowohl im Komitee für den Schulbazar als auch in dem für die Hungerhilfe der Gemeinde. Absolutes Chaos. Aber es ist ein vorübergehendes Chaos, das mit den Feiertagen auch wieder vergeht. Aber scheint sich in Ihrem Zuhause dieses hektische Tempo niemals zu verlangsamen? Ist bei Ihnen jeden Tag Vorweihnachtszeit?

● *Gibt es bei Ihnen mehr als eine oder zwei Abendmahlzeiten pro Woche, bei denen nicht die ganze Familie versammelt ist?* Papa muß vielleicht für ein paar Tage geschäftlich weg. Ihr Sohn in der Oberstufe hat während der letzten zwei Wochen vor einem Konzert des Schulorchesters abends Übungsstunden. Ihre Tochter in der Grundschule bleibt über Nacht bei einer Freundin. Solche Unregelmäßigkeiten sind normal. Unsere Frage zielt auf die ständige Unregelmäßigkeit, die Situation, in der man sagt: „Jeden Abend ist etwas anderes." Dazu gehören auch Episoden, bei denen ein Familienmitglied den gemeinsamen Tisch verläßt oder wegen schlechten Benehmens fortgeschickt wird.

● *Gibt es jemanden in Ihrer Familie (Eltern oder Kinder), der regelmäßig Alkohol oder stimmungsverändernde Medikamente zu sich nimmt?* Dabei spielt es keine Rolle, ob die Medikamente verschreibungspflichtig sind oder nicht. Für den Zweck dieser Beurteilung sind verschriebene Medikamente ebenso schwerwiegend wie illegale Drogen, einschließlich Kokain und Marihuana. Es kommt uns darauf an, ob solche Substanzen eingenommen werden, nicht, ob sie legal sind. Dies hier ist kein Gerichtshof, und Sie sind nicht angeklagt. Hier geht es um ganz andere Dinge. Denken Sie nun noch einmal über die Frage nach. Ja oder nein?

● *Scheint ein oder mehrere Mitglieder Ihrer Familie ständig mit einem anderen im Konflikt zu liegen?* Rivalitäten unter Geschwistern sind normal. Bei dieser Frage geht es um Reibungen, die darüber hinausgehen. Denken Sie dabei auch an heftige Wortwechsel zwischen einem Elternteil oder den Eltern und einem bestimmten Kind oder mehreren Kindern.

● *Scheint Ihr Kind einem Elternteil aus dem Weg zu gehen und dem anderen über Gebühr anzuhängen?* Da wir schon bei den Bindungen sind: *Stützt sich ein Elternteil stark auf das Kind?* Wenn Sie diese Facette der Familienbeziehungen untersuchen, denken Sie auch darüber nach, ob ein Kind Aufgaben in der Familie übernimmt, die man normalerweise von den Eltern erwarten würde: ob es etwa regelmäßig die Mahlzeiten zubereitet, ob es über die übliche Mithilfe von Kindern hinaus Arbeiten im Haushalt übernimmt, ob es der Mutter oder dem Vater als Vertrauensperson dient oder ob es den Eltern häufig Bestätigung gibt.

● *Nimmt die Arbeit, der Haushalt oder/und eine ehrenamtliche Aufgabe Ihre gesamte Zeit und Ihr gesamtes Interesse in Beschlag?* Betrachten Sie die zeitlichen Prioritäten Ihres Ehepartners und stellen Sie dieselbe Frage: *Ist Ihr Ehepartner von einer oder mehreren dieser Aktivitäten über Gebühr beansprucht?* Wir möchten das Wort Zwanghaftigkeit gern vermeiden, denn niemand gibt gern zu, zwanghaft zu sein. Versuchen Sie es statt dessen mit Formulierungen wie: „schrecklich gern etwas tun“, „sich ungemein für etwas interessieren“, „dies und jenes einfach erledigen müssen“, „jeden wachen Moment damit verbringen, entweder etwas zu tun oder daran zu denken“ oder „alles daransetzen, sich bei einer Sache auszuzeichnen“.

● *Hat die sexuelle Dimension in Ihrer Ehe bedeutend an Gewicht verloren?* Ein alter Eskimo, der im Alter von seinen Kindern abhängig war, soll einmal gesagt haben, er würde froh sein, wenn sein Sohn älter würde, denn dann würde er nicht mehr soviel an Sex und dafür mehr an die Beschaffung von Nahrung denken. Wir alle rechnen damit, daß unser sexueller Drang nachläßt, wenn wir älter werden, und in mancher Hinsicht ist das auch so. Doch die Zuneigung, die Anziehung, die grundlegende Bindung sollte mit zunehmendem Alter eher intensiver werden. „Wir sind keine Kinder mehr“ ist keine Entschuldigung dafür, die vielen Facetten Ihrer ehelichen Einheit zu vernachlässigen. Im Zusammenhang damit muß noch eine andere Frage beantwortet werden: *Haben Sie oder Ihr Ehepartner Ihre sexuelle Aktivität aus der Ehe heraus verlagert?*

- *Ist Ihre Ehe in Schwierigkeiten? Denkt einer von Ihnen über Trennung oder Scheidung nach?*

Die Kinder unter der Lupe

Aber Moment mal. Wir reden hier doch über die Kinder – den Kindern wollen wir helfen. Also stellen Sie sich nun einige Fragen, die sich ausschließlich auf die Kinder selbst beziehen.

- *Ist für eines oder mehrere Ihrer Kinder die Diagnose der Hyperaktivität gestellt worden?* Wir fragen nach einer formellen Diagnose durch einen Fachmann, nicht nur nach Ihrer Meinung am Ende eines langen, anstrengenden Tages.

- *Zeigt eines Ihrer Kinder die Neigung, sich an Babysittern, Lehrern oder anderen Autoritätspersonen abzureagieren?*

Das Wort „Abreagieren" sollten wir näher definieren. Die Psychologen benutzen diesen Begriff für das „Abreagieren des unausgesprochenen, latenten Zorns innerhalb der Familie", etwa in dem Sinn, eine Phantasie auszuspielen oder aufgestaute Emotionen herauszulassen. Aber bisher wissen Sie ja noch nicht, ob solcher verborgener Zorn in Ihrer Familie überhaupt vorhanden ist. Übersetzen wir also „Abreagieren" mit den folgenden alltäglichen Formulierungen: ein „freches Mundwerk" gegenüber Lehrern, Schulleitern, Busfahrern usw.; „Stören" im Unterricht oder in der Gemeinde, wo das Kind weiß, daß Ruhe von ihm erwartet wird; „Tyrannisieren" oder aggressives Verhalten; „Rebellieren", indem das Kind Musik, Kleidung, Frisuren und Lebensweisen auswählt, um Erwachsen zu irritieren oder zu schockieren, insbesondere erwachsene Autoritätspersonen. Das ist Abreagieren.

● *Gibt sich Ihr Kind Mühe, vollkommen zu sein?* Das ist das krasse Gegenteil des Abreagierens: Hat Ihr Kind das Bedürfnis, in jedem Test mit der Bestnote abzuschneiden, jeden Extrapunkt einzuheimsen, einen perfekten Eindruck zu hinterlassen, alles zu tun, was von ihm erwartet wird?

● *Leidet Ihr Kind unter hartnäckigen oder chronischen gesundheitlichen Störungen, die durch medizinische Untersuchungen nicht erklärt werden?* Kopfschmerzen, Müdigkeit, häufig wiederkehrende Krankheiten? Hier geht es um eine Form der Hypochondrie, die sich bei kleinen Kindern zeigt: körperliche Beschwerden oder Probleme, die keine echte medizinische Erklärung haben.

● *Macht es Ihrem Kind Spaß, die Familie durcheinanderzubringen?* Regina Kolbin ist das klassische Beispiel dafür. Wo immer sie war, da war Tumult. Ihr Verhalten bestand größtenteils aus Jammern, Streitsucht, Nörgelei, Unzufriedenheit, Langeweile und Manipulation.

● *Kommt das Kind mit Erwachsenen besser und leichter zurecht als mit anderen Kindern?*

● *Hat eines ihrer Kinder große Schwierigkeiten, sich von Ihnen zu lösen?* Auch hier geht es um graduelle Unterschiede. Besonders ganz kleine Kinder machen Phasen durch, in denen jede Trennung ihnen Qualen verursacht. Sobald eine vorübergehende Trennung vollzogen ist, beruhigt sich das Kind, ist relativ glücklich und vergißt vielleicht sogar, daß Mama oder Papa nicht da sind. Aber achten Sie darauf, ob dieser Zustand anhält und ob sich das Kind beharrlich weigert, sich trösten zu lassen, nachdem ein Elternteil sich entfernt hat. Der zweijährige Gerard Kolbin schrie so lange und so laut, wenn er von seiner Mutter Melanie getrennt war, daß nach dieser Erfahrung niemand mehr für die Kolbins babysitten wollte.

● *Haben Sie von Leuten außerhalb Ihrer unmittelbaren Familie Fragen oder negative Rückmeldung über die Noten oder das Betragen Ihrer Kinder zu hören bekommen?* Manchmal muß erst jemand mit einem gewissen Abstand kommen, der noch den Wald vor lauter Bäumen sehen kann.

Wenn Ihre Familie zu uns in die Beratung käme, würden wir Ihnen vielleicht nicht genau diese Fragen mit diesen Worten stellen. Allerdings würden wir Gespräche in Gang bringen, die darauf angelegt wären, die Warnsignale auszulösen, auf die auch diese Fragen abzielen. Es gibt wohl kaum eine Familie, die alle oben geschilderten Probleme aufweist; wir haben hier das ganze Spektrum der Symptome aufgelistet. Sollten Sie jedoch mehr als eine oder zwei dieser Fragen ehrlicherweise mit Ja beantworten müssen, so ist es sehr wahrscheinlich, daß auf Ihre Familie Schwierigkeiten zukommen.

Kodependente Familien sind nicht selten

Vor nicht allzu langer Zeit sprachen wir in der Radiosendung „Die Minirth-Meier-Klinik", einer täglich ausgestrahlten, einstündigen Talkshow, über Kodependenz und unser Buch *Mut zur Liebe.* Eine Zuhörerin rief an und gab den erschütternden Kommentar ab: „Ich dachte immer, unsere Familie sei ziemlich normal. Jetzt höre ich Ihre Sendung und erkenne, daß wir kodependent sind – oder gestört, wie Sie es manchmal nennen. Was soll ich tun?"

Dr. Frank Minirth, einer der Gründer der Klinik, gab der Frau sofort eine Antwort auf diese Frage: „Ich weiß, wie Sie sich fühlen. Wir haben vergessen, etwas sehr Wichtiges zu erwähnen: Alle Familien sind bis zu einem gewissen Grad kodependent oder gestört. Das ist ganz natürlich, weil wir alle nicht vollkommen sind. Die Eltern von jedem von uns haben Fehler gemacht und uns etwas von ihren Problemen weitergegeben, und auch wir werden etwas von diesen Problemen an unsere eigenen Kinder weitergeben."

Vielleicht haben Sie kein Kind wie Regina, die die Hundehütte in Brand steckte. Oder wie ihren Bruder Gerald, der übermäßig an seiner Mutter hängt. Dennoch ist wahrscheinlich auch Ihre Familie bis zu einem gewissen Grad kodependent.

Läßt sich das Problem beheben, indem Sie ein Buch lesen (oder auch zwei oder drei Bücher)? Kodependenz ist keine Entweder-Oder-Situation wie beispielsweise Masern. Masern hat man entweder, oder man hat sie nicht. Bei der Kodependenz hingegen gibt es ein Spektrum von sehr gering bis extrem stark. Ist irgend jemand völlig frei davon? Nein. Genausowenig leidet irgend jemand hundertprozentig darunter. Am unteren Ende der Skala haben die Leute vielleicht nur ein paar interessante Macken und liebenswerte Besonderheiten, oder vielleicht ist auch gar nichts Auffälliges an ihnen. Diejenigen am oberen Ende freilich brauchen dringend Hilfe, wenn sie gesunde Leute mit einigermaßen guten Aussichten auf Glück werden wollen. Für die vielen unter uns, die dazwischen liegen, können Bücher tatsächlich hilfreiche Einsichten und nützliche Antworten bereitstellen.

Ob Sie bereits etwas über Kodependenz wissen oder nicht, Sie können diese bösartige, generationenübergreifende Kettenreaktion durchbrechen, indem Sie sich in Ihrem eigenen Leben damit auseinandersetzen und Ihre Kinder aus dieser Umklammerung befreien. Natürlich sind nicht alle Erziehungsprobleme durch Kodependenz begründet. Aber viele sind es, und viele weitere lassen sich durch die Prinzipien der Heilung, die wir in diesem Buch darstellen, ebenfalls positiv beeinflussen.

Vielleicht haben Sie zu diesem Buch gegriffen, um herauszufinden, warum Ihr Kind oder Ihr Jugendlicher sich so unmöglich verhält. Vielleicht lesen Sie es, nicht weil Sie sich selbst als Vater oder Mutter Vorwürfe machen, sondern einfach, weil alle Eltern hilfreiche Tips gebrauchen können und Sie Ihre Elternrolle verbessern wollen. Möglicherweise fühlen Sie sich als Elternteil vollkommen unfähig, ob Ihr Kind nun schwierig ist oder nicht, und suchen dringend Hilfe, um das Leben Ihres Kindes zu formen.

Dieses Buch ist als Hilfe für Eltern von Kindern bis zu achtzehn Jahren gedacht. Wir sind jedoch sicher, daß es auch allen anderen eine Hilfe sein wird, die mit Kindern zu tun haben – Lehrer, Ärzte, Sozialarbeiter – und die ein besseres Verständnis dafür brauchen, was im Leben von Kindern vor sich geht.

Was können Sie von diesem Buch erwarten? In diesem ersten Teil werden wir das Wesen der Kodependenz und ihre Ursachen erkunden, insbesondere in bezug auf eine Familie mit Kindern. Doch auch wenn Sie alleinerziehend sind, hoffen wir, Ihnen helfen zu können. Wie, und wie stark, wirken sich äußere Umstände und Belastungen aus? Welche konkreten Bedürfnisse hat Ihr Kind, und werden diese Bedürfnisse befriedigt?

Sind die Probleme erst einmal erkannt, werden wir im zweiten Teil mit den einzelnen Familienmitgliedern den Weg zur Genesung durchgehen. Dr. Paul Warren wird Eltern zeigen, wie sie ihren Kindern helfen können, die zentralen Fragen des Erwachsenwerdens zu beantworten: Wer bin ich innerlich? Wer bin ich innerhalb meiner Familie? Und Dr. Hemfelt wird Eltern helfen, sich mit ihrer eigenen Kindheit, ihrer Ehe und ihrer Beziehung als Eltern zu ihren Kindern zu befassen.

Im dritten Teil dann werden wir die Familie zusammenbringen und die Interaktionen innerhalb der Familie betrachten. Wir werden den Eltern und den Kindern helfen, eine interdependente (gegenseitig abhängige) Beziehung zu entdecken, die jedem einzelnen die Freiheit läßt, seine Entscheidungen zu treffen, ohne zu fürchten, die Liebe des anderen zu verlieren.

Die Qualität Ihres Lebens läßt sich spürbar verbessern. Wichtiger noch, die Kette der Kodependenz, die Ihren Kindern und deren Kindern und Enkelkindern das Lebensglück rauben könnte, läßt sich durchbrechen. Wenn ein Kind ein signifikantes Verhaltensproblem zeigt, kann es sein, daß dieses Problem schon drei Generationen alt ist. Um unsere Kinder zu verstehen, müssen wir zuerst uns selbst verstehen. Um uns selbst zu verstehen, müssen wir die emotionale Hinterlassenschaft unserer eigenen Kindheit ermessen. Und hier und jetzt, wo Ihre Kinder noch unter Ihrer Ägide stehen, ist die Zeit und der Ort, um damit zu beginnen.

Die unsichtbaren Grenzen in den Familienbeziehungen

Der dreizehnjährige Joey Trask war der personifizierte Alptraum aller konservativen, religiösen Eltern. Sein schwarzes Jack-Daniels-T-Shirt, seine Lederjacke und seine abgetragenen Jeans sagten „Punker“, aber seine Haare schrien es heraus. Sie hingen ihm wirr ins Gesicht und in den Nacken und bettelten um weniger Gel und mehr Schnitt. Um den Hals trug er nicht eine, sondern gleich drei Ketten mit mächtigen Gliedern. Verdrießlich lümmelte er sich in seinem Sessel, und seine rastlosen Augen fuhren auf dem Muster des Teppichs hin und her.

Walter und Elizabeth Trask waren seine konservativen, religiösen Eltern.

Die Trasks saßen in Dr. Paul Warrens Sprechzimmer, Joey auf der einen Seite im Lehnsessel, die Eltern gegenüber auf dem Sofa. Seine Eltern sahen aus wie ein Mittelklasse-Ehepaar aus dem Bilderbuch. Walter, ein Urbild körperlicher Fitneß, trainierte die Fußballmannschaft seiner Gemeinde und unterrichtete die kleineren Jungen in der Sonntagsschule. Elizabeth Trasks kurzes, stufig geschnittenes Haar umrahmte ein Gesicht, mit dem sie einen Schönheitswettbewerb hätte gewinnen können. An ihrem zierlichen Körper ließ sie kein überflüssiges Pfund zu. Wie Dr. Warren erfuhr, engagierte sie sich für zahlreiche ehrenamtliche Aufgaben.

Walter rückte sich seine ohnehin schon tadellos sitzende Krawatte zurecht. „Offen gesagt, ich habe mich ein wenig über Sie und Ihre Klinik erkundigt, und ich habe gehört, daß man sich in einer Therapie über seine Fehler auslassen sollte. Ist das richtig?“

„Das ist richtig. Es ist wichtig, daß Sie Ihre Gefühle mitteilen“, antwortete Dr. Warren und lehnte sich in seinem Sessel zurück. Viele Gespräche fingen so an. „Allerdings könnte es sein, daß Sie einige falsche Vorstellungen davon haben, was eine Therapie ist und was nicht. Fehler? Lassen Sie mich eines klarstellen: Das hier ist kein Gerichtshof. Niemand wird hier irgendwelche Fehler bloßstellen. Es geht uns nicht darum, herauszufinden, wer im Unrecht ist."

Dr. Paul Warren weiß, daß Kämpfe um Macht und Kontrolle die Wurzel der meisten Familienprobleme sind. Er weiß auch, daß eben diese Machtkämpfe mit ins Sprechzimmer kommen, wenn die Familie eintritt. Um den Kontrahenten auf beiden Seiten des Machtkampfes zur Heilung verhelfen zu können, muß er sich zurückhalten, ohne unnahbar zu wirken. Er darf keine Partei ergreifen. Das ist nicht immer leicht, denn die Familie wird versuchen, ihn bei ihrem Tauziehen als Seil zu benutzen.

Dr. Warren spürte die Spannung, aber er ließ sich nichts anmerken. Statt dessen wandte er sich an Joey: „Was glaubst du, warum wir hier sind?"

Joey starrte auf den Couchtisch. „Keine Ahnung."

„Aber deine Eltern haben dir doch sicher etwas darüber gesagt, warum ihr hergekommen seid."

Er hob in einer übertriebenen Geste die Schultern. „Wir kommen nicht miteinander klar. Ihnen paßt nichts, was ich mache."

Walter funkelte seinen Sohn an. Barsch und ungeduldig sagte er: „Wir halten als Familie eng zusammen, Doktor, so wie es sein sollte. Wir haben jeden Abend eine Familienandacht, um Joey geistlich aufzubauen. Wir verbringen Zeit miteinander; wir unternehmen viel zusammen an den Wochenenden. Und der Sport – Sport bildet nicht nur den Körper aus, sondern auch den Charakter. In letzter Zeit will Joey mit alledem nichts mehr zu tun haben – er spielt nicht mehr Fußball, und er läuft nicht mehr. Ich möchte, daß Joey wieder Sport treibt."

„Es muß frustrierend für Sie sein, wenn die Erziehungsmethoden, von denen Sie sicher waren, daß sie funktionieren würden, versagen", kommentierte Dr. Warren.

„Es war das Bier. Seine Haare und seine Kleidung haben

uns schon gestört. Aber das Bier – darum sind wir gekommen. Zweimal haben wir ihn jetzt schon erwischt."

Dr. Warren nickte. „Trinken Sie selbst Bier, Walter?"

„Absolut nicht! Das war auch einer der Gründe, warum wir so schockiert waren, als Beth eine leere Dose unter seinem Bett fand. Und letzte Woche kam er mit einer Fahne nach Hause!"

„Elizabeth, warum wollten Sie, daß Ihre Familie eine Therapie macht?" fragte Dr. Warren.

„Wie Walter schon sagte, wegen des Biers." Sie schien den Tränen nahe zu sein. „Es ist ... ich weiß nicht, was mit meinem Sohn passiert ist. Er ist nicht mehr so wie früher. Er hatte immer gute Noten – hervorragende Noten – und hat immer gelächelt. Er ging in die Sonntagsschule, ganz freiwillig und gern. Und er war so gut im Fußball. Seine Mannschaft war Stadtmeister. Jetzt geht er nicht einmal mehr zum Training."

„Er ist völlig außer Kontrolle", vervollständigte Walter ihren Gedanken. „Es muß etwas geschehen."

Es muß etwas geschehen

Symptome. Es mußte etwas geschehen bezüglich Joey Trasks empörender Rebellion. Dabei gehört es zur normalen Entwicklung jedes Kindes, daß es zeitweise das Familienleben stört und rebelliert. Jedes normale Kind ist hin und wieder ungezogen (wie auch jeder normale Erwachsene). Was macht die abnorme Kodependenz an diesem und anderen Fällen aus?

Oberflächlich betrachtet unterscheiden sich normales Fehlverhalten und kodependentes Fehlverhalten nicht voneinander. Beides geht sehr an die Nerven, besonders den Eltern. Beides kann die Ausbildung und damit die Zukunft eines Kindes beeinträchtigen, wenn es nicht aufgefangen oder umgeleitet wird. Beides könnte ein Kind in Gefahr bringen – Experimente mit Drogen und Sex und riskantes Verhalten sind nur einige Beispiele. Der Unterschied liegt unter der Oberfläche.

Zur normalen Entwicklung von Kindern gehört es, ihre Grenzen auszutesten. Womit kann ich noch davonkommen? Wie weit kann ich gehen? Bin ich jetzt vertrauenswürdiger als früher, als ich klein war? Durch Versuche und Experimente finden normale, gesunde Kinder ihren Platz, zuerst in der Familie und dann in der Welt. Am Ende, wenn die Rangeleien und Experimente vorbei sind, gehen sie mit einem soliden Bewußtsein der eigenen Identität daraus hervor und sind bereit, ihr Glück in die eigenen Hände zu nehmen.

Kodependente Kinder dagegen werden von Kräften außerhalb ihrer selbst zu ihrem Verhalten getrieben. Die häufigste Aussage, die Dr. Warren im Gespräch mit kodependenten Kindern zu hören bekommt, ist: „Ich weiß nicht, warum ich mich so verhalte." Das ist ein ehrliches Eingeständnis. Sehr oft wollen solche Kinder sich nicht einmal so verhalten, wie sie es tun. Sie glauben, sie seien die Herren ihres Geschicks. In Wirklichkeit jedoch sind sie nur Fußtruppen in einer Schlacht, von der sie nichts ahnen und die vielleicht schon vor Generationen begonnen hat.

Die Kolbins, die wir im ersten Kapitel kennengelernt haben, sind ein gutes Beispiel dafür. Die Probleme der kleinen Regina sind nicht ausschließlich ihre eigenen; sie hat keine Ahnung, was sie zu ihrem Verhalten treibt. James wäre gern ein perfekter Vater, aber seine Wutanfälle halten ihn von diesem Ziel fern. Er erklärt diese Wutanfälle mit seinem ererbten Temperament: Auch sein Vater Joseph wütete und schrie im Haus herum. In Wirklichkeit sind sie eine Folge der Schlacht, ein Vermächtnis, das Joseph bereits von seinem Vater Damyan bekommen hatte.

Um diese Schlacht zu verstehen, müssen wir uns mit den verschiedenen Arten von Abgrenzungen beschäftigen, die in unseren Beziehungen zueinander bestehen. In der Klinik benutzen wir oft das Bild eines Puppenhauses, um diese Beziehung zu veranschaulichen.

Das Puppenhaus Ihres Kindes

Es ist ein niedliches Puppenhaus. Es steht in der Minirth-Meier-Klinik in einem Spielzimmer, das Dr. Warren benutzt, um sich mit kleinen Kindern zu unterhalten. Jungen wie Mädchen kommen mit großen Augen in das Spielzimmer und probieren all die schönen Spielsachen aus. Am Ende bleiben die meisten von ihnen an dem Puppenhaus hängen. Offen und luftig, in hellen Farben und mit nur wenigen Möbeln, wird es für jedes Kind zu seinem Haus. Dazu erwartet das spielende Kind eine Ansammlung von Puppen, die der Rasse und den persönlichen Beziehungen des Kindes entsprechen – ein Papa, ein Baby, ein Freund, was auch immer.

Stellen wir uns nun das Haus Ihres Kindes vor, die Beziehung Ihres Kindes zu den Menschen in seiner Umgebung. Dieses Haus muß notwendigerweise ein imaginäres Puppenhaus sein, denn wir wollen allerlei merkwürdige Dinge mit seinen Wänden und Zimmern anstellen, um die Beziehungen in der Familie zu symbolisieren.

Stellen Sie sich zuerst die Außenwände vor. Sie stellen die unsichtbare Abgrenzung um Ihre Familie dar. Die Familie entspricht dem Inneren; der Rest der Welt liegt draußen. Jedes Kind in der Familie hat ein eigenes Zimmer im Obergeschoß (wenn Ihre Familie besonders groß ist, wird das ein ziemlich großes Obergeschoß!).

Wenn in Ihrer Familie beide Elternteile leben, bekommen auch Mama und Papa je ein Zimmer. Schließlich sind sie nicht nur Ehepartner, sondern auch Individuen. Es gibt auch ein Hauptschlafzimmer, das die Ehe darstellt, denn wie wir sehen werden, ist die Ehe ein Bestandteil für sich. In diesem Zimmer, das typischerweise sehr groß ist, steht das Ehebett. Wenn Sie getrennt leben oder verwitwet oder geschieden sind, wird dieses Zimmer leerstehen, obwohl Sie als alleinerziehender Elternteil immer noch Ihr eigenes privates Zimmer haben werden.

Unten im Wohnzimmer können alle Familienmitglieder zusammenkommen, so wie Ihre Familie normalerweise miteinander umgeht. Das gemeinsame Essen findet im Eßzimmer statt. Vergessen Sie nicht die Haustiere; geben Sie ihnen ein Zimmer von der Größe, die ihrer Bedeutung in der Familie entspricht.

Die Innenwände stellen symbolisch die Abgrenzungen zwischen den Familienmitgliedern dar, die Außenwände die Abgrenzungen zwischen der Familie und der Außenwelt. Durch die Türen treten Leute in den Bereich der Familie ein und verlassen sie wieder. Außenstehende könnten auf Besuch kommen oder auch länger bleiben – etwa als Mitglieder der erweiterten Familie wie Großeltern, Tanten und Onkel, als Austauschschüler oder als Pflegekind. Familienmitglieder verlassen das Haus, wenn etwa Kinder heiraten oder wenn jemand stirbt.

Lassen Sie uns die Türen im übertragenen Sinn verwenden, wie wir es auch in unserer Sprache tun. Die Vordertür ist der Haupteingang beziehungsweise Ausgang, der richtige und offene Weg. Wer sich durch die Hintertür hinausschleicht, tut es heimlich. Wenn Mutter oder Vater eine außereheliche Affäre haben, dann gehört das zur Hintertür. Vervollständigt wird die Metapher durch die Fenster, die uns sowohl hinaus in die Welt sehen als auch von draußen gesehen werden lassen, wenn wir innerhalb der Familieneinheit sind.

Stellen Sie sich Ihr imaginäres persönliches Puppenhaus deutlich vor Augen. Haben Sie es? Gut. Von jetzt an werden wir es im ganzen Buch verwenden.

Die Abgrenzungen Ihres Kindes

Vor einigen Jahren wurde die Westernkomödie *Auch ein Sheriff braucht mal Hilfe* mit James Garner zu einer Art Kultfilm. In einer Szene sperrte der Sheriff ein Mitglied einer örtlichen Bande von Ganoven ein. Der Haken: In dem brandneuen, aus Ziegelsteinen gemauerten Gefängnis waren innen die Zellengitter noch nicht installiert. Der einfallsreiche Sheriff malte eine Linie quer über den Boden, verspritzte ein wenig rote Farbe, um anzudeuten, was mit dem letzten Mann passiert sei, der versucht hatte, die Linie zu überqueren, und schaffte es so, den Schurken in einer offenen Zelle gefangenzuhalten. Der Trick war so wirksam, daß die Kumpane des Ganoven alles mögliche versuchten, um ihn durch das schwer vergitterte Fenster zu befreien, wo er doch jederzeit hätte durch die Vordertür hinausgehen können.

Abgrenzungen. Die Macht der Suggestion reichte in diesem Film als Abgrenzung aus. Rot-weiße Bänder funktionieren hervorragend als körperliche Barrieren, obwohl sie so dünn sind, daß ein Dreijähriger sie wegreißen könnte. Abgrenzungen gibt es in vielen Formen. Auch Menschen, vom kleinsten Baby an aufwärts, haben – oder entbehren – psychische Abgrenzungen, Abgrenzungen des Geistes und der Persönlichkeit.

Die perfekte Abgrenzung

Eine gesunde zwischenmenschliche Abgrenzung, zum Beispiel zwischen Ihnen und mir, besteht aus zwei Teilen: dem Teil, den ich errichte, und dem Teil, den Sie errichten. Mitarbeiter des früheren amerikanischen Präsidenten Richard Nixon fanden es unmöglich, den Mann wirklich gut zu kennen. Er hatte eine undurchdringliche Abgrenzung um sich her gezogen. Vergleichen Sie eine solche, extrem zurückgezogene Person mit der Offenheit und der Abgrenzung eines kleinen Kindes, das „alles herausläßt“: Eine Dreijährige findet nichts dabei, sich splitternackt auszuziehen, in ein Wohnzimmer voller Gäste zu marschieren und zu verkünden, sie wolle jetzt ein Bad nehmen. Kein Problem.

Die meisten von uns errichten ihre Abgrenzungen irgendwo zwischen diesen Extremen.

Partielle Autonomie heißt die perfekte zwischenmenschliche Abgrenzung zwischen Eltern und Kind und auch zwischen den beiden Elternteilen.

Autonomie mit Bindung wäre eine andere Art, es zu beschreiben. Totale Autonomie wäre die Einstellung: „Ich gebe weder Menschen noch Gott Rechenschaft.“ Kinder mögen sich eine solche Unabhängigkeit wünschen, aber was sie wirklich brauchen, ist ein begrenztes Maß an Autonomie, damit sie eine individuelle Identität ausbilden können. Totale Abhängigkeit, das andere Extrem, ist nur für ein neugeborenes Kind angemessen. Partielle Autonomie erlaubt dem Kind, es selbst zu sein, während die Bindung sein Bedürfnis nach Fürsorge befriedigt.

Solche Autonomie ist für Eltern wie Kinder nicht leicht zu erlangen. Der Prozeß des Wachstums hat etwas von einer Wippe. Das eine Ende ist die Abhängigkeit, das andere die Unabhängigkeit. Ein gesundes Kind lernt, etwa in der Mitte zu stehen, je einen Fuß auf jeder Seite, und die Wippe in der Balance zu halten. Ein kodependentes Kind schafft es nicht, das Gleichgewicht herzustellen, und rennt ständig von einem Ende zum anderen, von klammernder Abhängigkeit zu verzweifelter Unabhängigkeit, während sein Leben wild auf und ab hüpft. Irgendwann fällt es unvermeidlich herunter.

Auf der Wippe

Ein perfektes Beispiel ist Joey Trask. Dr. Warren bat Joey, das Zimmer für ein paar Minuten zu verlassen, während er sich mit seinen Eltern unterhalten wollte.

Kaum hatte sich die Tür hinter Joey geschlossen, explodierte Walter. „Können Sie das glauben? Diese Haare sind doch ekelhaft. Wer ihn so sieht, muß doch denken, er wäre ein Straßenpunker. Und wie er immer wegguckt, wenn man mit ihm redet! Glauben Sie mir, als er noch Sport getrieben hat, war er ganz anders. Er war ein anständiger Junge."

„Wann genau machte sich die Veränderung bemerkbar?"

Walter schaute seine Frau an. „Vor einem Jahr?"

Sie nickte.

Er schnitt eine Grimasse. „Vor ungefähr einem Jahr. Joe Janes, der Baseballtrainer, sagte: ‚Machen Sie sich nicht zu viele Gedanken darum. Alle Jungs rebellieren irgendwann einmal ein wenig.' Aber das ist zuviel."

„Was haben Sie wegen dieser Veränderung unternommen, bevor Sie hierherkamen?"

Walter schlug sich mit der Faust aufs Knie. „Ich habe die Zügel angezogen! Wir haben jetzt jeden Abend eine Andacht statt zweimal in der Woche wie früher. Wir haben mehr als Familie zusammen unternommen – Sportveranstaltungen, Gemeindeaktivitäten und dergleichen. Dr. Warren, wir sind gute Eltern. Ich gebe Joey die Dinge, die ich selbst nie hatte. Ich gebe ihm eine Familie."

Beth Trask steuerte ihre Perspektive bei. „Joey und ich haben früher viel miteinander geredet und zusammen gelesen", sagte sie. „Wir haben uns sogar gegenseitig Geschichten erzählt. Wir waren Freunde, wissen Sie? Richtige Kameraden, Joey und ich. Jetzt gibt es dauernd Streit nur um des Streits willen. Er sagt immer, daß er seine Freiheit haben will, aber jedesmal, wenn wir ihn etwas machen lassen – wenn wir die Zügel lockerlassen, wenn Sie so wollen –, gerät er in Schwierigkeiten. Wir wagen es nicht, ihm mehr Freiheit zu geben. Es geht ihm im Grunde am besten, wenn er angebunden ist, aber wir können ihn ja nicht für immer anbinden."

Dr. Warren nickte. „Was haben Sie getan, Walter, als er mit dem Fußballspielen aufhörte?"

„Was konnte ich schon machen? Er hat nicht einfach aufgehört. Der Trainer, Hank, hat ihn aus der Mannschaft geschmissen. Er kam immer zu spät ins Training, oder er tauchte überhaupt nicht auf. Als er dann auch noch gegenüber Hank frech wurde, warf Hank ihn hinaus. Er sagte ihm, er könne wiederkommen, wenn er seine Einstellung geändert und einen anderen Haarschnitt habe."

„Legen Sie es dem Trainer zur Last, daß er Ihren Sohn aus der Mannschaft geworfen hat?"

„Natürlich nicht. Man kann keine leistungsfähige Mannschaft haben, wenn man die Spieler so herumgammeln läßt. Ich hätte es genauso gemacht. Nein, es ist nicht Hanks Schuld. Er hat nur getan, was er tun mußte. Der Junge hat sich das selbst eingehandelt."

„Dr. Warren", sagte Beth mit klagender, beinahe brechender Stimme, „ich will, daß Joey wieder ein guter Junge wird wie früher. Ich will meinen Jungen zurück."

Für den Rest der Stunde unterhielt sich Dr. Warren mit Joey allein, während seine Eltern draußen warteten. „Joey, dein Vater sagt, daß er jeden Abend eine Familienandacht hält. Ich nehme an, du nimmst daran teil?"

„Ja."

„Weil du mußt?"

„Ja."

„Was hältst du davon, ganz ehrlich?"

Joey zuckte die Achseln und warf Dr. Warren einen Blick zu. Nach kurzem Zögern sagte er. „Weiß nicht. Wir lernen dabei nicht wirklich die Bibel kennen oder so etwas. Es ist eher eine tägliche Gardinenpredigt. Papa liest etwas aus der Bibel vor und erzählt mir dann, daß ich mich nicht daran halte und daß ich mich zusammenreißen soll."

„Jeden Abend?"

„Ja."

„Das muß mit der Zeit ein wenig langweilig werden."

„Ja." Und zum ersten Mal zeigte der Junge einen Anflug von Interesse.

Dr. Warren sah in Joeys ganzem Verhalten die Anfänge des Ablaufs, den solche Jugendlichen während einer Therapie durchmachen: Feindseligkeit, dann Mißtrauen, Neugier und schließlich genügend Vertrauen, um sich ein wenig zu öffnen.

„Zum Beispiel die Sache mit den Haaren." Joey wedelte mit einer Hand durch die Luft. „Er liest diese Stelle in der Bibel, wo steht, das Männer kurze Haare tragen sollen. Aber an derselben Stelle steht, daß Frauen lange Haare tragen sollen. Aber er macht Mama niemals Vorhaltungen, daß sie kurzes Haar hat, und ihr Haar ist kürzer als meines."

„Ich verstehe, was du meinst. Erzähl mir, was deine Eltern noch alles tun, das dich nervt."

„Na ja ... zu meinem zwölften Geburtstag hat Mama so einen Kindergeburtstag mit Papierhüten und so veranstaltet, wie früher. Sie wissen schon."

„Oh." Dr. Warren lehnte sich weiter in seinem Sessel zurück und verschränkte die Hände vor der Gürtelschnalle. „Nun, wenn ich so an meinen eigenen zwölften Geburtstag zurückdenke, war das eine ziemlich wichtige Zeit. Ich war einfach kein kleines Kind mehr. Es war in mancher Hinsicht etwas Besonderes für mich."

Joey dachte einen Moment lang darüber nach und wägte zweifellos ab, ob er seine wahren Gefühle herauslassen sollte. „Ich weiß nicht. Ich habe zu der Zeit angefangen nachzudenken, und ich hatte einfach die Nase voll davon, es jedem recht machen zu wollen, wissen Sie? Es ist schließlich mein eigenes Leben. Was ich auch tue, Papa findet nie, daß es gut genug ist. ‚Trainiere. Laufe. Mach im Herbst Geländelauf. Dann versuche es mit Basketball. Die Saison ist vorbei, also wieder ab auf die Aschenbahn.‘ Und den ganzen Sommer über Fußball. Mensch, ich könnte bis zum Mond rennen, und er wäre immer noch nicht zufrieden. Also dachte ich mir, zum Kuckuck damit, wissen Sie?"

„Ja, ich glaube, ich verstehe, wie du dich fühlst. Mir geht es auch manchmal so. Hält deine Mutter dich auch zum Sport an?"

„Mama hat sich im letzten Jahr auch verändert. Ich glaube nicht, daß sie es weiß, aber es ist so. Im einen Moment macht sie noch ganz auf zuckersüß und sagt mir, ich solle mich mit Papa vertragen, und im nächsten schreit sie herum und brüllt mich an, ob ich etwas angestellt habe oder nicht." Joey schüttelte den Kopf. „Und mir sagt sie, *ich* sei komisch."

Aus dem Gleichgewicht

Im Alter von etwa zwölf Jahren überkommt Kinder der Drang, ihre Flügel auszuprobieren. Bei den meisten führt das zu ein paar Streitigkeiten und Reibereien, ein wenig Versuch und Irrtum, und dann passen sich ihre Abgrenzungen erfolgreich an. Das Leben geht weiter. Nicht so bei Joey.

Hören Sie auf die unausgesprochenen Wünsche in diesem ersten Gespräch. Das Kind Joey war Mamas kleiner Kamerad und Papas kleines Mannschaftsmitglied. Als die Pubertät kam, paßten diese Kleinkindrollen nicht mehr zu ihm, aber die Eltern waren nicht willens, sich von dem Kind zu verabschieden und den Jugendlichen willkommen zu heißen. Beide wollten, daß alles wieder so wurde wie früher, als Joey der Wunschtraum aller Eltern gewesen war, das Musterkind zum Vorzeigen.

Biologisch und emotional war Joey reif für mehr Unabhängigkeit. Doch wie jedes andere Kind in diesem Alter brauchte er auch noch eine gewisse Abhängigkeit, insbesondere eine führende Hand während der nächsten Jahre, die ihm half, sich von der vertrauten Kindheit zu verabschieden.

Joey hatte nie gelernt, auf der Wippe die Balance zwischen Abhängigkeit und Unabhängigkeit zu halten. Er rannte ans eine Ende und verlangte mehr Freiheit, die er manchmal auch bekam. Verängstigt von der Aussicht, die Geborgenheit der Kindheit zu verlassen, floh er unbewußt zurück ans andere Ende, indem er sich in Schwierigkeiten brachte. Dann beschnitten die Eltern wieder seine Freiheit und zogen Joeys Zügel um so mehr an.

Menschen sind äußerst komplexe Wesen; bei den Trasks wirkten gleichzeitig noch viele andere Faktoren in dem Kräftespiel mit, auf die wir noch zu sprechen kommen werden. Hier geht es uns um die Abgrenzungen.

Das Puppenhaus der Trasks

In unserem imaginären, symbolischen Puppenhaus sollten die Zimmer, die die einzelnen Familienmitglieder darstellen, idealerweise der Größe nach der betreffenden Person entsprechen. Die Zimmer der Eltern sollten die größten sein, weil sie als Erwachsene die meisten Verantwortungen, Pflichten, Rechte, Kenntnisse und Erfahrungen besitzen. Das Zimmer eines Neugeborenen ist das kleinste, denn ein Baby hat kaum Pflichten – außer Bäuerchen machen.

An dem wiedergegebenen Gespräch ist Ihnen vielleicht aufgefallen, daß im Puppenhaus der Trasks das Zimmer des Vaters das bei weitem größte war, weil er derjenige war, der alles unter Kontrolle hatte. Seine Abgrenzungen waren weit ausgedehnt. Er war es, der entschied, mehr mit der Familie zu unternehmen. Er war es, der die Häufigkeit der Andachten steigerte. Joey erwähnte, daß seine Mutter versuchte, ihm gut zuzureden, damit er sich nach den Wünschen des Vaters richtete. Nirgendwo war davon die Rede, daß die

Mutter irgendeine Initiative ergriff. Ihr Zimmer war klein, vielleicht kleiner, als gut war.

Von der Entwicklung her war Joey reif für ein größeres Zimmer. Er war in einem Alter, in dem es angemessen war, die Wände ein wenig nach außen zu verschieben – seine Abgrenzungen auszuweiten. Doch das konnte er nicht. Er hatte nicht nur Angst davor, sondern seine Eltern wollten es auch unbewußt nicht. Während er sich zu wachsen bemühte, bemühten sie sich ebenso stark, ihn in der alten Schablone zu halten. Sie wollten ihren kleinen Jungen mit den Abgrenzungen eines kleinen Jungen behalten.

Kollektives Ego

Ein anderes Schaubild für die Familie könnte ein Kreis sein, der die Familie als Einheit darstellt. Innerhalb dieses Kreises zeichnen wir für jedes Familienmitglied einen weiteren Kreis. Jedes einzelne Mitglied hat ein separates Ego. Jedes ist eine eigene Persönlichkeit.

Vielleicht ist hier ein Wort der Erklärung notwendig. „Ego“ bezeichnet nicht nur eine übersteigerte Selbstbezogenheit wie in der verbreiteten negativen Bedeutung des Wortes. Das Ego ist auch das Bewußtsein der eigenen, persönlichen Identität. Ein Zustand des Gleichgewichts zwischen Abhängigkeit und Unabhängigkeit. Jeder gesunde Mensch hat ein solides Ego: „Ich bin ich.“

In diesem weiteren Sinn hat die Kernfamilie ein gemeinsames Ego, eine gemeinsame Identität, ein kollektives Bewußtsein für das Gleichgewicht zwischen Abhängigkeit und Unabhängigkeit. Deshalb können wir dieses gemeinsame Familienwesen als kollektives Ego bezeichnen: „Wir sind wir.“ Selbst das kleinste Familienmitglied hat von Geburt an intuitiv Anteil an dieser gemeinsamen Identität.

Uns geht es hier darum, Abgrenzungen zu illustrieren. Wir fühlen uns am wohlsten, wenn wir ein wenig Raum zum Atmen haben, selbst in einer eng zusammengeschweißten Gruppe wie der Kernfamilie. Deshalb gibt es zwischen den einzelnen Kreisen idealerweise noch Zwischenräume. Babys und Krabbelkinder berühren zumindest fast die Mutter, doch auch sie haben eine klar definierte Persönlichkeit.

Abbildung 1 zeigt eine gesunde Familie mit normalen Beziehungen. Die Kreise haben einen einigermaßen gleichmäßigen Abstand voneinander; keiner verdrängt die anderen. Die Abgrenzungen sind fest, was durch die soliden, dicken Linien veranschaulicht wird; jede der Personen hat ein Bewußtsein des eigenen Selbst, wie es ihrem jeweiligen Alter entspricht. Abbildung 2 symbolisiert die Familie Trask. Walters Kreis ist wegen seines starken Bedürfnisses nach Kontrolle und Führung größer. Da er darauf beharrt, stets den Ton anzugeben, schränkt er den Freiraum der anderen ein. In einem Alter, in dem Joey etwas mehr Platz zum Manövrieren bekommen müßte, wird er eher noch enger in seine Ecke gedrängt. Sein Entwicklungsplan sagt „Ausdehnen", doch seine Situation erwidert: „Ich kann nicht!"

Der Kreis der Mutter hat etwa dieselbe Größe wie der von Joey. Auch sie steht unter Walters dominierendem Einfluß und ist machtlos. Falls sie sich in dieser Situation unwohl fühlt, hat sie es bisher nicht erkennen lassen.

Wenn wir wollten, könnten wir die Illustration noch weiter ausmalen. Sagen wir, der Vater in einer hypothetischen Familie ist jähzornig. Er tobt, wird manchmal gewalttätig und bekommt oft unberechenbare Wutausbrüche. Um das zu veranschaulichen, könnten wir kleine Dolche zeichnen, die von dem stark vergrößerten Kreis des Vaters ausstrahlen. Die anderen Kreise werden an den Rand gedrängt; sie weichen vor dem Angriff zurück, versuchen ihn zu besänftigen, seine Ausbrüche zu lindern.

Ein anderes Beispiel: Die Mutter ist alkohol- oder drogenabhängig, und ihr Kreis schrumpft, weil sie sich in sich selbst zurückzieht. Ihr Abstand zu den anderen Familienmitgliedern wird größer; sie wird distanzierter, unnahbarer.

Um den notwendigen Hintergrund für die Heilung zu gewinnen, wollen wir jetzt die Bedürfnisse betrachten, die Ihr Kind mit allen anderen Kindern gemeinsam hat, und überlegen, wie diese Bedürfnisse zu befriedigen sind.

Abbildung 1: **Gesunde Familienbeziehungen**

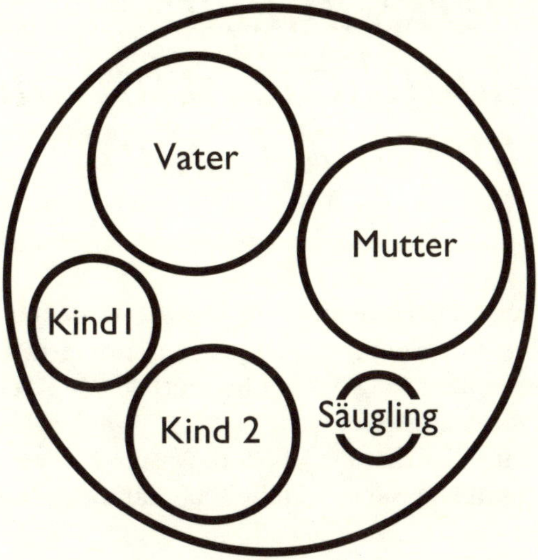

Abbildung 2: **Die Familie Trask**

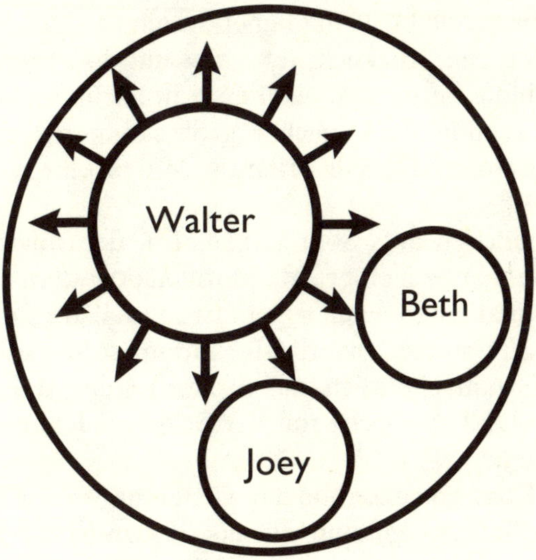

Hunger nach Aufmerksamkeit: Der natürliche Schrei nach Identität und Liebe

„Mama? Ich habe Hunger, ich will jetzt etwas essen."

Alice Newport seufzte. „Hör auf zu jammern, Jenny. Es dauert nicht mehr lang." Zum hundertsten Mal schaute sie aus dem Wohnzimmerfenster.

„Aber ich will nicht mehr warten. Warum können wir nicht um fünf essen wie Saras Familie? Sie kann essen, wann sie will."

„Jennifer, hör auf! Geh spielen."

„Ich will nicht spielen."

Brian rief ihr von der Wohnzimmertür her zu: „Komm, Jenny, ich spiele eine Runde Gameboy mit dir."

„Ich habe keine Lust auf Gameboy. Ich will ..."

„Jennifer, zum Kuckuck, jetzt raus mit dir! Aber sofort!" Alice wirbelte herum und wollte sie in Richtung Tür schieben, aber Jennifer duckte sich weg. Sie jammerte etwas über das Videospiel und folgte Brian durch den Flur zum Spielzimmer.

Alice ließ sich aufs Sofa sinken. Ein derartiges Verhalten konnte man von einer Zweijährigen erwarten, aber Jennifer war jetzt schon neun, sogar fast zehn. Wäre Brian nicht gewesen, der solide, zuverlässige Brian, so hätte Alice inzwischen wahrscheinlich zu verzweifelten Maßnahmen gegriffen. Und die Sache mit der Schule – Jennifers Vater würde toben.

Alices Kopfschmerzen fingen wieder an. Warum hatte sie nicht eine Tablette genommen, als sie den wohlbekannten ersten dumpfen Schmerz verspürt hatte?

Na endlich. Da kam Rob Newport den Torweg herauf, und der finstere Ausdruck auf seinem Gesicht verriet ihr, daß sein Tag auf der Arbeit nicht gut gelaufen war. Natürlich würde sie das alles zu hören bekommen. Sie bekam es immer zu hören.

Er stieß die Tür auf und füllte die Diele mit seinen ein Meter fünfundneunzig. „Jennifer hat schon wieder ihr Fahrrad auf dem Rasen liegenlassen. Kannst du dem Kind denn nicht beibringen, sich irgend etwas zu merken?"

„Ich sorge dafür, daß sie es nach dem Abendessen wegstellt. Du kommst spät. Du hast gesagt, du würdest heute pünktlich sein."

Er hängte seine Jacke in den Schrank. „Ja, Mark rief noch an, als ich gerade gehen wollte. Diese Türrahmen waren immer noch im Lager, und ich mußte sie abholen und zum Bauplatz bringen. Ich weiß nicht, wann Mark sich endlich merken wird, daß Sam niemals seine Versprechungen hält. Ein Haufen inkompetenter Deppen. Wo ist Brian?"

„Im Spielzimmer, glaube ich. Bitte komm zu Tisch. Das Essen ist seit über einer Stunde fertig."

„Hat sich Brian schon zur Fahrschule angemeldet?"

Alice folgte Rob in Richtung Eßzimmer. „Er hat mit seinem Tutor geredet. Wenn er wartet, bis er achtzehn ist, werden die Versicherungsprämien über vierhundert Dollar pro Jahr niedriger sein. Er will warten."

Rob schnaubte. „Jeder Junge, von dem ich je gehört habe, kann es gar nicht erwarten, seinen Führerschein zu bekommen. Dieser Junge kann es nicht erwarten zu warten." Er zwängte sich in seinen Stuhl. Seit jenem kurzen, vergeblichen Diätversuch hatte er mindestens weitere zwanzig Pfund zugenommen, schätzte Alice.

Alice rief durch den Flur nach den Kindern und setzte sich ans andere Ende des Tisches. „Jennys Lehrerin hat heute nach der Schule angerufen."

„Was ist denn jetzt schon wieder?"

Alice biß sich auf die Lippen. Sie haßte diese Szenen. Sie haßte sie! „Sie wird Jenny von einem Schulpsychologen untersuchen lassen. Sie stecken sie in eine spezielle Förderklasse."

Robs Augen weiteten sich. „Einen Dreck werden sie!“ explodierte er. „Das Mädchen bleibt in der normalen Klasse, und sie wird sich zusammenreißen!“

„Es liegt nicht in unserer Hand. Offenbar hat Jenny ein paar Tage lang, nachdem sie uns die zweite schriftliche Warnung geschickt hatten, ihre Sache ganz gut gemacht, aber jetzt ist wieder alles beim alten: Sie stört den Unterricht, kann sich nicht konzentrieren und macht ihre Aufgaben nicht.“

„Diesem Kind fehlt nichts, was ein bißchen Disziplin nicht heilen könnte. Du hättest dich schon vor Monaten darum kümmern müssen, als die ersten Briefe kamen.“

„Ich habe mir Jenny gründlich vorgeknöpft und mich mit ihrer Lehrerin getroffen. Ich weiß nicht, was ich sonst noch tun könnte.“ Erst jetzt merkte Alice, daß sich die Kinder inzwischen still an den Tisch gesetzt hatten. Brian sah verlegen aus. Jennifer machte einen gelangweilten Eindruck.

Rob blickte finster. „Jedenfalls wird kein überkandidelter Schulpsychologe im Kopf meiner Tochter herumpfuschen, und damit basta. Brian, sprich das Tischgebet.“

Brian murmelte die vertrauten Worte, aber in Alices Kopf pochte der Schmerz zu laut, als daß sie sie hätte hören können. Brian sprang auf. „Entspann dich, Mama. Ich trage auf.“

Alice lauschte, wie er in der Küche herumklapperte. Brian war gut in der Küche, genau wie bei allen anderen Dingen. Er würde einmal ein guter Koch sein – was vielleicht auch nötig sein würde, da er gerade sechzehn geworden war und noch immer keine richtige Freundin gefunden hatte. Alice sehnte sich nach ihrer Medizin. „Jenny, du hast dein Rad draußen gelassen“, erinnerte Alice ihre Tochter.

„Ja, ich weiß. Ich wollte noch nach dem Abendessen damit fahren, aber jetzt wird es schon dunkel.“ Jenny sah zu, wie Brian das Gemüse auftrug. „Oh, Mama, du weißt doch, daß ich grüne Bohnen hasse! Warum mußt du immer grüne Bohnen machen?“

Rob fuhr sie an: „Es gibt nicht *immer* grüne Bohnen. Es ist doch jeden Abend dasselbe mit deiner Meckerei. Hör sofort auf damit.“

„Aber warum müssen wir immer Sachen essen, die ich nicht mag? Ich mag auch kein Kartoffelgratin. Da sind Zwiebeln drin."

„Hier, Jenny." Brian nahm ihren Teller. „Ich gebe dir einfach nur ganz wenige Bohnen, und ich versuche dir die Kartoffeln ohne Zwiebeln zu geben, okay?"

Alice schloß die Augen. Sofort nach dem Essen würde sie etwas von dem Medikament nehmen, das Dr. Bower ihr verschrieben hatte. Sie tat das nicht gern; es machte sie so schläfrig. Aber sie brauchte dringend etwas gegen ihre Kopfschmerzen.

„Mama, da sind ja Pilze in der Soße! Ich hasse Pilze!"

„Jennifer, ich habe gesagt, du sollst aufhören, und ich meine es ernst!" Rob blickte finsterer als je. Er schob sich einen riesigen Bissen Kartoffeln mit Soße in den Mund. Alice hatte heute abend etwas Neues ausprobiert: Safran an den Kartoffeln, und ein winziger Schuß Tabasco in der Soße. Sie fand den Effekt gut. Würde er es bemerken?

Jennifer, die unter ihrer eigenen kleinen schwarzen Wolke schmollte, nahm ihr Messer und säbelte an ihrem Schweinekotelett herum. Plötzlich rutschte es von ihrem Teller und segelte auf den Teppich.

„Jetzt reicht's!" brüllte Rob. „Geh es abwaschen und iß es trotzdem!"

„Ach Rob, sei doch bitte nicht so", jammerte Alice. „Du kannst sie das so nicht essen lassen. Es war doch keine Absicht."

„Wenn du nicht zulassen würdest, daß sie ständig meckert und Schwierigkeiten macht, könnten wir hier eine friedliche Familie sein", gab Rob zurück. „Ich bin es leid. Sie ist ein Kind. Du bist ihre Mutter. Warum kannst du sie nicht zur Räson bringen?"

„Ich will ein anderes Kotelett. Das hier will ich nicht mehr." Jennifer hockte sich mit den Knien auf ihren Stuhl und stocherte mit ihrer Gabel nach den Koteletts auf der Fleischplatte.

„Setz dich sofort hin!" schrie Rob.

„Dann komme ich nicht an die Koteletts heran. Ich will ein

neues Kotelett.“ Sie geriet ins Schwanken und verschüttete ihre Milch über den Tisch.

„Raus!“ Robs Gesicht lief rot an. „Geh in dein Zimmer zum Essen! Und ich meine *Essen*. Wenn du die Bohnen wieder unter deinem Bett versteckst, gerbe ich dir das Fell!“

Tränen schossen Jenny aus den Augen und strömten ihre Wangen herab. „Ich weiß nicht, warum du mich immer so anschreist. Ich wollte doch nur ein neues Kotelett.“ Sie nahm ihren Teller vom Tisch und ging in ihr Zimmer.

Brian aß schweigend weiter. Ebenso Rob. Alice wartete. Sie hatte die Koteletts mit vier verschiedenen Gewürzen und ihrer eigenen, besonderen Panade zubereitet. Falls er es überhaupt bemerkte, sagte er nichts darüber ... auch nicht über die Käsesoße auf den grünen Bohnen.

An diesem Abend nahm Alice Newport nicht nur ihre Beruhigungstablette und das von Dr. Bower verschriebene Medikament. Zusätzlich kramte sie das Mittel hervor, das ihr Dr. Grant verschrieben hatte, und ging um acht Uhr dreißig zu Bett.

Gegensätze ziehen sich an

„Gegensätze ziehen sich an“, sagt der Volksmund. Falls das stimmt, dann waren die Newports gewiß eine anziehende Familie. Rob, der Vater, war ebenso dominant, wie die Mutter Alice zurückhaltend war. Dr. Warren beobachtete die Eltern, als sie sich und ihre beiden Kinder bei ihm vorstellten. Alice, die ohnehin zierlich gebaut war, ließ sich tief in das Sofa sinken und versuchte, sich noch kleiner zu machen. Rob, dessen Persönlichkeit ebenso massiv war wie sein Körperbau, thronte über allem. Er füllte den Lehnsessel gegenüber Dr. Warren mehr als aus.

Auch die Kinder waren völlig unterschiedlich. Der sechzehnjährige Brian saß neben seiner Mutter, ruhig und gelassen. Im Sessel gegenüber zappelte die neunjährige Jennifer herum, band ihre Schuhe auf und wieder zu, bohrte in der

Nase und wurde deswegen ermahnt, nahm sich die Klammer aus dem Haar und stieß gegen das Telefon auf dem Tisch neben sich, und das alles in der ersten Minute.

„Ich bin Bauunternehmer", sagte Rob, „also weiß ich, was der Ausdruck Billiganbieter bedeuten kann. Die Schule wollte einen von ihren Pfuschern auf Jennifer loslassen, und diese Schulpsychologen sind alle Billiganbieter, verstehen Sie? Unterbezahlte Grünschnäbel, die noch ein wenig üben wollen, bevor sie anfangen, die Leute mit ihrer eigenen Praxis auszurauben. Also sagte ich mir, wenn es schon sein muß, dann werde ich den Therapeuten aussuchen, nicht die Schule. Darum sind wir hier."

Während der nächsten zwanzig Minuten unterhielt sich Dr. Warren mit einem nach dem anderen. Alle, auch Jennifer selbst, waren sich einig, daß Jennifer das Problem in dieser Familie sei.

„Wenn sie nur besser zuhören würde, bräuchte ich sie nicht so oft anzuschreien", meinte Alice.

„Wenn nur jemand sie dazu bringen könnte, sich zusammenzureißen und eine bessere Einstellung zu bekommen, dann käme sie in der Schule gut zurecht", versicherte Rob.

„Jennifer", fragte Dr. Warren, „laß uns nicht davon reden, was du meinst, wie du dich ändern könntest. Reden wir über das, was deine Eltern gerade gesagt haben. Was glauben sie, wie du dich verändern solltest?"

Jennifer blickte von einem zum anderen. „Wenn ich eine andere Lehrerin hätte, wäre alles in Ordnung."

„Du meinst jemanden, der dir den Kopf zurechtrückt?"

„Nein, nur jemanden, der nicht auf mir herumhackt. Meine Lehrerin hackt immer auf mir herum."

„Das ist es, was deine Eltern denken?"

Sie nickte. „Sie meinen, daß ich dann gute Noten bekommen würde wie Brian. Aber Brian hat es auch leichter. Er ist auf der High School und hat viele verschiedene Lehrer, und er kann sich aussuchen, welche Kurse er nimmt und was er lernt. Ich kann mir nichts aussuchen. Ich muß alles lernen."

„Sehen Sie?" schäumte Rob. „Das ist der Grund, warum sie in der Schule so miserabel ist."

„Sie hört einfach nicht zu“, seufzte Alice. „Wenn sie nur zuhören würde ...!“

Der beißendste Hunger

Ein Dreijähriger kann siebenundzwanzigmal hintereinander sagen: „Mami, guck mal!“ – ob Mami nun tatsächlich guckt oder nicht. Eine Neunjährige, die zum erstenmal ohne Aufsicht Plätzchen backen darf, bringt jedesmal, wenn sie eine Zutat hinzugefügt hat, die Schüssel ins Wohnzimmer, zeigt sie Mami und fragt: „Ist das richtig so? Ist das richtig so?“

Jedes Kind hat Hunger nach Aufmerksamkeit. Jennifer Newport war keine Ausnahme. Und doch gehörte sie auf eine eigenartige Weise nicht richtig zu ihrer Familie dazu. Zumindest auf verbaler Ebene konnte sie kaum kommunizieren, da sie unfähig war, gut zuzuhören oder andere zum Zuhören zu bringen. Brian paßte sich gut ein. Jennifer war immer die Außenseiterin. In der Familie Trask versuchte Joey bewußt, sich zum Außenseiter zu machen. Diese bewußte Entfremdung ist doch sicherlich kein Weg, um sich die benötigte Aufmerksamkeit zu verschaffen, oder?

Hunger nach Aufmerksamkeit ist mehr als nur das Bedürfnis nach ungeteilter Aufmerksamkeit. Er ist im Grunde das Bedürfnis nach Identität.

Die wirklichen Bedürfnisse

Während der ersten beiden Jahrzehnte des Lebens hat jedes Kind gewisse Bedürfnisse, die befriedigt werden müssen. Das Kind weiß intuitiv (es glaubt nicht nur, es *weiß* im tiefsten Sinne), ob diese Bedürfnisse befriedigt werden oder nicht. Doch dieses Wissen bringt ein Kind fast nie zum Ausdruck. Selten wird ein Kind sich bewußt machen, ob seine Bedürfnisse befriedigt werden oder nicht. Doch das Wissen ist da, und die Auswirkungen müssen sich zeigen.

Die grundlegendsten Bedürfnisse lassen sich unter der Kategorie „Hunger nach Aufmerksamkeit“ zusammenfassen.

Es sind die Bedürfnisse nach Zeit, Aufmerksamkeit und Zuneigung. Auf diese drei Urbedürfnisse müssen Erwachsene eingehen, nicht andere Kinder. Wenn Eltern und Fürsorger auf diese drei Aspekte des Hungers nach Aufmerksamkeit eingehen, sind sie auf dem besten Weg, auch ein viertes Bedürfnis der Kindheit zu befriedigen – das Bedürfnis nach Bestätigung.

Hunger nach Aufmerksamkeit ist die Grundlage für die anderen Aspekte des Wachstums und der Entwicklung eines Kindes. Gestillt werden kann dieser Hunger durch eine Beziehung oder Bindung zu den Eltern. Therapeuten erkennen immer klarer, daß das Bedürfnis nach Zuneigung nur durch persönliche Aufmerksamkeit befriedigt werden kann; Gegenstände oder Geschenke reichen nicht aus. Technik reicht nicht aus. Auch wenn der Vater seinen Kindern Grüße auf Videokassetten schickt, während er auf Geschäftsreisen kreuz und quer durchs Land fliegt, ist das kein Ersatz.

Ein Nebenaspekt: Materielle Dinge machen nie zufrieden. Nur soziale Situationen tun das.

Um zu begreifen, was Hunger nach Aufmerksamkeit ist und wie Eltern diesen Hunger stillen können, gibt es leider kaum einen besseren Weg, als sich anzusehen, wie er in gestörten Familien erstickt wird. Wenn wir nun gleich sehen werden, auf welche Weise Eltern es unbewußt versäumen, auf die emotionalen Bedürfnisse ihrer Kinder einzugehen, stellen Sie sich immer wieder die folgenden beiden Fragen: „Ist es mir in meiner eigenen Kindheit so gegangen?“ und „Geht es heute meinen Kindern so?“

Die vielen Gesichter der Mißhandlung

Wenn wir den Begriff des Hungers nach Aufmerksamkeit in den Zusammenhang der Pflichten und Abgrenzungen eines Kindes stellen, ergibt sich eine umfassende Definition für Mißhandlung.

Wenn die Abgrenzungen eines Kindes verletzt werden oder das Kind daran gehindert wird, eine für seine Entwicklung wich-

tige Aufgabe zu erfüllen, hat eine Mißhandlung stattgefunden. Wo eine Mißhandlung stattfindet, bleibt der Hunger nach Aufmerksamkeit unbefriedigt.

Jake wurde als Junge mit einem Schleifriemen für Rasiermesserklingen gezüchtigt, und schaut euch an, was für ein strammer Mann aus ihm geworden ist. Heute rasiert er sich elektrisch, aber einen Schleifriemen hat er trotzdem, um seine eigenen Söhne damit zu züchtigen. Aber wie soll er jetzt seine Jungs zu Männern machen? Seit ein Lehrer die offenen Striemen auf dem Rücken seines jüngsten Sohnes gesehen hat, wird er ständig von der Polizei und von Sozialarbeitern belästigt.

Mißhandlung. Was für ein häßliches Wort. Mißhandlung verdient all das Schlechte, das man ihr nachsagen kann, und noch mehr obendrein. Manche Formen der Mißhandlung werden von unserem Rechtssystem als solche erkannt. Die meisten jedoch nicht.

Befragen Sie einmal die Leute auf der Straße: „Welche Formen der Kindesmißhandlung kennen Sie?" Sie werden einige naheliegende Antworten erhalten:

„Sexueller Mißbrauch."

„Schlagen."

„Schon die Kinder anzuschreien, kann eine Mißhandlung sein, glaube ich."

„Das Kind aussperren oder hungern lassen. Solche Sachen, wissen Sie."

Ja, solche Sachen. Aber es gibt noch andere Formen der Mißhandlung, unerwartete und unerkannte, wie verbale Mißhandlung oder emotionaler Inzest. Therapeuten glauben zudem, daß „passive" sexuelle und körperliche Mißhandlung für Kinder ebenso verheerend sein kann wie offene körperliche und sexuelle Gewalt.

Passiver sexueller Mißbrauch

Sexueller Mißbrauch umfaßt jeden unangemessenen Ausdruck der Sexualität, nicht nur Berührungen oder andere körperliche Kontakte. Zum Beispiel kann die zwölfjährige

Jean keine Dusche nehmen, ohne daß ihr Vater „versehentlich“ hereinplatzt, und das seit Jahren. „Hoppla, ich habe das Wasser nicht rauschen hören“, sagte er. Oder: „Dauert nur eine Sekunde, ich brauche eine Packung Papiertücher aus dem Schrank.“ Seine Ausreden sind unerschöpflich. Tatsache ist jedoch, daß sein Eindringen in ihre Privatsphäre einen sexuellen Mißbrauch darstellt. Er verletzt ihre Abgrenzungen. Und ja, sie fühlt sich sehr unwohl dabei, wenn auch ihre Lebenserfahrung noch zu gering ist, als daß sie wissen könnte, warum.

Kinder entwickeln ein Bewußtsein für das eigene Selbst, für ihre sexuellen Rollen und für die Sexualität selbst in einzelnen Etappen, die durch lange Phasen der „Trockenheit“, wie man sagen könnte, voneinander getrennt sind. Sobald eine Bewußtseinsebene erreicht ist, tritt eine Pause ein, in der dieses Bewußtsein einsinkt und verinnerlicht wird. Dann geht das Kind weiter zur nächsten Bewußtseinsstufe, vielleicht durch Ausprobieren, durch Lektüre, durch formellen Unterricht, durch Zufall ...

Wenn eine Entwicklungsaufgabe, vor der ein Kind normalerweise, sagen wir, mit dreizehn stehen würde, ihm schon mit sieben oder acht aufgezwungen wird, dann ist das eine Mißhandlung für dieses Kind. Das Kind ist einfach noch nicht reif für die Erfahrung oder das Bewußtsein, das ihm aufgezwungen wurde. Kurz, jeder sexuelle Kontakt oder jedes sexuelle Gespräch, das nicht dem Alter und der Reife des Kindes angemessen ist, stellt eine Mißhandlung dar.

Wohlgemerkt, von juristischen Kriterien ist hier überhaupt nicht die Rede – kein Gericht der Welt würde Jeans Vater wegen sexuellen Mißbrauchs verurteilen, weil er sich eine Packung Papiertücher holt, während seine Tochter unter der Dusche steht –, sondern wir reden hier von Verhaltensmustern und Einstellungen, die ein Kind psychisch schädigen können.

Niemand behauptet, daß gelegentliche Fehlgriffe bei Kindern ewige Narben hinterlassen. Gerade kleine Kinder sind bemerkenswert widerstandsfähig. Nach unserer Definition ist „Mißhandlung“ ein wiederholtes Verhalten auf seiten anderer, das nicht eingedämmt und korrigiert wird und das Wachstum des Kindes hemmt oder sein Bewußtsein für die eigene Identität schädigt.

Jede Erfahrung oder jedes Fehlen einer Erfahrung, durch die das Vollenden dieser identitätsbildenden Schritte verzögert, vernachlässigt oder rückgängig gemacht wird, ist eine Mißhandlung.

In fast allen Fällen in unserer Praxis verletzt Mißhandlung nicht nur die Abgrenzungen des Kindes, sondern verändert sie auch, indem es sie entweder niederreißt oder das Kind zwingt, sie zu verstärken.

Auch passiver sexueller Mißbrauch ist also schädlich. Dazu gehört das Versäumen der Aufklärung oder der angemessenen Erörterung sexueller Fragen durch die Eltern. Dadurch werden die Abgrenzungen des Kindes nicht verletzt; sie werde gar nicht erst aufgebaut. Von dem Zeitpunkt an, wo ein Vorschulkind sich seiner sexuellen Identität bewußt wird, bis zu dem Zeitpunkt, wo der junge Erwachsene das Haus verläßt, ist sanfte Führung für jedes Kind notwendig.

„Ich war zweiundzwanzig, als ich endlich herausfand, daß Mädchen nicht einfach nur weiche Jungs waren", behauptet Walter Trask nur halb im Scherz. Er erinnert sich nicht, daß sein Vater oder seine Mutter je auch nur im Flüsterton auf etwas entfernt Sexuelles angespielt hätten. Seine Abgrenzungen in diesem Bereich mußte er selbst ziehen. Niemand half ihm bei der Aufgabe, sich selbst und seine Sexualität zu entdecken. Alles, was er lernte, stammte aus „den falschen Filmen, von den falschen Mädchen und aus Büchern mit jeder Menge schlüpfrigen Szenen." Mißhandlung.

Passive körperliche Mißhandlung

Wann schlägt Disziplin in körperliche Mißhandlung um? Manche Eltern scheuen vor jeder körperlichen Strafe zurück, während andere auf den gelegentlichen, gut gezielten Klaps aufs Hinterteil schwören. Auf die Spitze getrieben können beide Methoden zur Mißhandlung werden.

Beide? Betrachten Sie einen Fall aus der Praxis von Dr. Hemfelt. Anne Vickery kämpfte sich durch eine äußerst gestörte Kindheit. Als junge Erwachsene fiel sie einer mehrfachen Sucht anheim – Drogen, Alkohol, Verschwendungssucht, Eßsucht. Durch eine Therapie schaffte sie es, den Mißbrauch von Drogen, Alkohol und Lebensmitteln loszuwerden. Die Verschwendung macht ihr immer noch zu schaffen. Gegen vielfachen Rat heiratete sie einen Mann, der genau wie sie nicht nein sagen kann. Auch er gibt Geld aus, als gäbe es kein Morgen.

Entsprechend kann keiner von beiden ihrem einzigen Kind, Aaron, etwas abschlagen. Jahrelang tastete der kleine Junge nach Abgrenzungen – mit der einzigen Methode, die einem kleinen Kind zu Gebote steht: durch Austesten der Grenzen. Aaron bekommt niemals das Wort „nein" zu hören. Er bekommt niemals einen Klaps aufs Hinterteil. Es gibt keine Abgrenzungen für Aaron.

Aaron kam auf den Geschmack von Cola und weigert sich nun, Milch zu trinken. Also gibt ihm seine Mutter Cola zum Frühstück und zum Schlafengehen. Er wollte sein Fläschchen mit Cola nicht aufgeben, also bekommt er es noch heute. Die Mühe, einen Wutausbruch zu bekommen, macht er sich gar nicht mehr; ein Hauch von rechtschaffener Empörung reicht schon aus, um ihm alles zu verschaffen, was er haben möchte. Während seine Eltern durch eine intensive Therapie gehen, wird Aaron von einem Spieltherapeuten, einem Kinderpsychologen und einem Sprachspezialisten behandelt. Im nächsten Juni wird er fünf. Sein Problem? Passive körperliche Mißhandlung. Das Unterlassen jeglicher Strafe war für Aaron ebenso verheerend, wie es ständige Prügel gewesen wären.

Betrachten wir nun jene anderen Formen unerkannter Mißhandlung: Verbale Mißhandlung und emotionalen Inzest.

Stellen Sie sich folgendes vor: Außer zu Ihren Eltern hatten Sie zu anderen Erwachsenen nur höfliche und beiläufige Kontakte. Eltern und Geschwister sind die einzigen Menschen auf der Welt, mit denen Sie je wirklich umgehen mußten. Für Sie sind das „alle Menschen". Ihr Zuhause ist Ihre Zuflucht, weil es keine andere gibt; Sie haben keine andere Wahl, als dort zu leben. Mutter und Vater sind, ebenso wie der Rest der Welt, größer als Sie. Außerdem sind sie vollkommen. Mutter und Vater sind die Götter des Alltags.

Mutter (groß und furchteinflößend) und Vater (noch größer und furchteinflößender) schreien Sie an – richtig laut. Ob Sie es verdient haben oder nicht, spielt keine Rolle; „Gott" ist wütend auf Sie. Und Sie können sich nirgendwo verstekken.

Eltern unterschätzen kraß, welche Wirkung es auf ihre Kinder hat, wenn sie sie anschreien. Auch wenn ein Kind noch so rebellisch ist, stellen die Eltern immer noch Autoritätsfiguren dar, die für das Kind wie Gott sind. Das Kind hat keinen Fluchtweg und keine Möglichkeit, die Botschaften zu verarbeiten, die es empfängt. Die Mutter ist vielleicht völlig fertig vor Kopfschmerzen, aber das Kind nimmt nicht wahr, daß das der Grund sein könnte, warum sie so schreit. Das Kind ist nicht in der Lage, sich zu überlegen: „Papa ist stinkwütend auf seinen Chef; kein Wunder, daß er mich angeschrien hat, als er nach Hause kam. Das ist eindeutig abgeleiteter Zorn." Selbst unter Erwachsenen gibt es nur wenige, die immer so klar denken können. Kinder können es absolut nicht. Das Kind schluckt alles am Stück und verinnerlicht es dann.

Solche aktive, direkte verbale Mißhandlung ist an sich schon schlimm genug, aber sie zieht zudem eine noch heimtückischere Problemquelle nach sich: negative Botschaften. Noch viele Jahre, nachdem eine Mutter in ihrer Frustration schrie: „Du taugst aber auch zu gar nichts! Nichts kannst du richtig machen" (vielleicht sogar ohne es so zu meinen; vielleicht hatte sie einfach einen schlechten Tag), hört das Kind dieselbe Botschaft flüsternd in seinem Ohr: *Du taugst nichts. Nichts kannst du richtig machen. Nichts kannst du richtig machen.*

Wenn Sie viel mit dem Computer arbeiten, ist Ihnen vermutlich schon mindestens einmal eine Datei abhanden gekommen. Die Datei, vielleicht ein Brief oder ein Memorandum, ist irgendwo auf Ihrer Festplatte oder auf einer Diskette, aber solange Sie nicht den Suchpfad der Verzeichnisse und Unterverzeichnisse aufrufen können, unter dem sie zu finden ist, ist sie im Grunde für immer dahin und im elektronischen Niemandsland begraben, wobei sie immer noch Speicherplatz einnimmt. Unsere Erinnerungen funktionieren so ähnlich. Manche Wissenschaftler sind der Auffassung, daß unser Gedächtnis nahezu fotografisch sein könnte. Alles, was Ihnen je passiert ist, alles, was Sie je gelesen haben, jede Minute Fernsehen, die Sie je gesehen haben – all das ist irgendwo in Ihren Erinnerungen gespeichert. Die Kunst besteht darin, es wieder abzurufen. Das Gehirn hat willkürlich bestimmte Suchpfade gelöscht und vielleicht versehentlich andere entfernt und damit den bewußten Zugang zu den Erinnerungen abgeschnitten. Aber sie sind immer noch da, und ihr Echo verfolgt sie: *Du taugst nichts! Nichts kannst du richtig machen.*

Ebenso wie das Fehlen von sexueller Erziehung einen passiven sexuellen Mißbrauch darstellt, können Eltern ohne ein Wort eine verbale Mißhandlung ausüben. Solche Botschaften werden von Kindern ebenso klar empfunden, als wären sie geschrien worden.

Patricia Coopers Mutter hatte zwei Söhne aus einer früheren Ehe, und ihr Vater brachte eine Tochter mit in die Stieffamilie. Sie war das einzige gemeinsame Kind ihrer Eltern, ein ungewollter Eindringling. Niemand sprach je laut aus, daß Patricia ein „Betriebsunfall" gewesen sei. Dennoch nahm Patricia es unbewußt wahr. Die Wahrheit kam erst dreißig Jahre später an den Tag, als ihre Mutter sich an Patricias klinischer Therapie wegen Medikamentenmißbrauchs beteiligte.

Rachel wuchs als Pastorentochter aus dem Bilderbuch auf. Ihre Familie sah nach außen hin wie die heile Familie schlechthin aus. Niemand litt unter schweren Problemen oder schlich sich durch die Hintertür des Puppenhauses hinaus. Ihr Vater, ein zwanghafter „Workaholic", kümmerte sich gewissenhaft um seine Herde. Die Mutter führte einen makellosen Haushalt, wie es sich für eine Pastorenfrau gehört, und hielt die vier Kinder (Rachel war das jüngste) auf dem geraden, schmalen Weg. Das Ergebnis: Rachel wuchs im Grunde in einer Familie mit nur einem Elternteil auf. Die meisten wachen Stunden des Vaters wurden von seiner Arbeit eingenommen, und die Mutter – die arme, gehetzte Mutter – hatte kaum Zeit für Gespräche unter vier Augen. Einen Haushalt mit vier Kindern blitzblank zu halten raubt einem die letzten Kräfte. Als Erwachsene fühlte sich Rachel noch Jahre später völlig bedeutungslos. „Mir ist, als ob ich gar nicht existiere", erklärte sie. „Ich habe mich immer übergangen gefühlt, auch in meinem Beruf und in meiner Ehe. Alles, was ich tue, ist von diesem Gefühl gefärbt."

Auch durch das, was ein Kind Tag für Tag vor Augen hat, können negative Botschaften nachdrücklich vermittelt werden (fairerweise müssen wir hinzufügen, daß dasselbe auch für positive Botschaften gilt). Nehmen Sie den Fall von Michael Adams, der kürzlich Patient in unserer Klinik war. Michaels Eltern behandelten ihn gut. Er war offensichtlich, daß er geliebt wurde. Oberflächlich schien alles in Ordnung zu sein. Doch die Art, wie sein Vater seine Mutter behandelte, hinterließ bleibende Narben bei Michael. Mit ständigen bissigen und sarkastischen Bemerkungen machte sein Vater sich über das Aussehen (das Michael im Rückblick gar nicht so übel fand) und die Kochkünste seiner Frau lustig. Jede Mahlzeit führte zu einem Sperrfeuer aus herabsetzenden Witzeleien.

Der Vater selbst mag der Meinung gewesen sein, es sei alles nur Spaß, doch sein Hohn kam bei Michael unmißverständlich an. Indem er die Mutter herabsetzte, beschädigte der Vater Michaels Bindung an sie und damit einen wichtigen Faktor für seine Entwicklung; und er beschädigte ebenso Michaels Vorstellung von der Ehe selbst – Michaels Bindung an die Ehe seiner Eltern. Bis heute – Michael steht an der

Schwelle zu den Dreißigern – hat er immense Schwierigkeiten, sich einer Frau gegenüber zu öffnen – irgendeiner Frau, egal ob sie eine Heiratskandidatin, eine Vorgesetzte oder auch eine Ärztin ist. Die negative Botschaft, Frauen seien eine Zielscheibe für Spott und Hohn, bleibt bestehen und widerhallt flüsternd in den unerforschten Winkeln in Michaels Denken.

Es gibt noch eine weitere Quelle negativer Botschaften, die nicht weniger schädlich, aber äußerst subtil und schwer zu erkennen ist: Projektion. Dabei projiziert ein Elternteil auf verborgene Weise seine Empfindungen über sich selbst auf das Kind.

Sie können sich nicht darauf verlassen, daß Ihre Kinder negative Botschaften zurückweisen; das passiert sehr selten, weil es äußerst schwierig ist. Darum ist es jetzt an der Zeit, innezuhalten und zu überprüfen, welche Botschaften Sie Ihren Kindern in Wirklichkeit übermitteln.

Schauen Sie sich zuerst die Wörter an, die Sie verwenden. Sind sie positiv? Ermutigend? Unterstützen sie das Selbstbewußtsein Ihrer Kinder? Und wie steht es mit Ihren Einstellungen – wir meinen die wirklichen Einstellungen, nicht das, was Sie laut vor der Welt verkünden. Ihr Kind saugt diese unausgesprochenen Einstellungen in sich auf. Sind sie positiv; sind sie etwas, das Sie Ihren Kindern für ihr Leben weitergeben möchten? In diesem Augenblick sind Sie dabei, den Rest des Lebens Ihrer Kinder zu prägen, zum Guten oder zum Schlechten.

Emotionaler Inzest

Judy, fünfunddreißig, warf sich auf das Bett ihrer vierzehnjährigen Tochter Amy. Sie redeten oft so miteinander, eher wie zwei Freundinnen als wie Mutter und Tochter. Amy, die für ihr Alter sehr reif war, legte Wäsche zusammen.

Judy seufzte. „Früher war dein Vater immer sehr zärtlich. Erinnerst du dich, wie er mir manchmal Blumen mitbrachte, als du noch klein warst? Heute tut er das überhaupt nicht mehr.“

„Ich erinnere mich besonders an die Rosen, die er dir einmal schenkte. Es waren gelbe."

„Die Überraschung zu den Eisheiligen! Stimmt. Es war so albern. Wir haben tagelang gelacht. Die Eisheiligen zu feiern! Ich wünschte, er wäre immer noch so. Du weißt schon ... albern eben."

„Manchmal ist er immer noch albern. Nur nicht mehr so oft."

„Stimmt. Und offen gesagt, Amy, mit unserem Liebesleben ist es genauso. Es passiert nicht mehr so oft, und es macht nicht mehr soviel Spaß." Sie rollte sich auf den Rükken und starrte an die Decke. „Ich sage dir das zu deinem eigenen Besten, weißt du. Ich will nicht, daß du denkst, in der Ehe sei man immer auf Rosen gebettet."

Trotz all ihrer oberflächlich guten Absichten begeht Judy hier emotionalen Inzest, von sexuellem Mißbrauch ganz zu schweigen. Obwohl sie vorgibt, es „zu deinem eigenen Besten" zu tun, fügen ihre Enthüllungen Amy großen Schaden zu. Warum?

Zum einen belastet sie ein vierzehnjähriges Mädchen, das noch nicht reif genug ist, um sich richtig damit auseinanderzusetzen, mit den sexuellen Problemen ihrer Ehe. Eine der niederschmetterndsten Offenbarungen, die Kindern in diesem Alter zuteil werden, ist die Tatsache, daß ihre Eltern nicht die vollkommenen Halbgötter sind, für die sie sie gehalten haben. Judys Bemerkungen über die grundlegenden Fehler in ihrer Ehe trägt nicht gerade dazu bei, diesen Schlag zu mildern.

Noch verheerender ist eine Situation, in der die Fürsorgerolle umgekehrt ist. Das Kind wird herangezogen, um dem Erwachsenen als eine Art Beichtvater und Vertrauensperson zu dienen. Immer dann, wenn ein Kind die Elternrolle von einem Erwachsenen übernimmt, findet emotionaler Inzest statt.

Es ist niemals die Aufgabe des Kindes, für ein Elternteil dazusein. Es ist die Aufgabe des Elternteils, für das Kind dazusein.

Betrachten Sie die Szene, mit der dieses Kapitel begann, ein Abend in der Familie Newport. Brian lockte Jenny von der Mutter fort und beschäftigte das kleine Mädchen, um die Reibung zwischen zwei Personen zu lindern, von denen keiner er selbst war. Er trug für die Mutter das Essen auf, wiederum, um Öl auf die unruhigen Wogen zu gießen. Er gab sich Mühe, Jenny zu besänftigen. All dies sind nicht die üblichen Aufgaben, die man einem Kind auftragen würde, damit es Verantwortung zu tragen lernt. Brian nahm die Rolle eines Ersatzelternteils ein. Er konnte nicht einfach ein Kind sein.

Es gibt noch weitere unangemessene Rollenzuweisungen, die zu emotionalem Inzest führen. Wenn zum Beispiel Eltern von einem Kind erwarten, daß es als Vermittler entweder zwischen ihnen selbst oder zwischen ihnen und der Außenwelt agiert, kehren sie damit die Rollenverteilung zwischen Eltern und Kind um. So war es zum Beispiel bei einer Mutter in unserer Praxis, einer furchtsamen, unsicheren Frau, die einfach panische Angst vor Rechnungseintreibern hatte. Wenn Probleme in dieser Form an die Tür klopften, schob sie ihre Tochter vor, damit diese irgendeine Geschichte erfand.

Wo liegt die Grenze zwischen den Aufgaben, die Kindern normalerweise übertragen werden, und emotionalem Inzest? Sie variiert von Familie zu Familie und von Situation zu Situation – keine sehr hilfreiche Antwort. Aber betrachten Sie zur Veranschaulichung die folgenden Beispiele:

Auf einem traditionellen Bauernhof sind die Kinder schon im Morgengrauen gemeinsam mit Mutter und Vater auf den Beinen, füttern die Tiere, melken vielleicht die Kühe und kümmern sich um die tausenderlei Routineaufgaben, die auf einem Bauernhof anfallen. Heute wie früher sind solche Arbeiten auf einem Bauernhof normal und akzeptabel. Die Kinder werden nicht gezwungen, ihrem Reifegrad vorzugreifen. Schließlich ist ein Fünfjähriger durchaus in der Lage, die Hühner zu füttern; ein Zehnjähriger kann den Ochsen ihr Heu geben.

Stadtkinder, die glauben, die Milch käme aus dem Supermarkt, können vielleicht einkaufen gehen oder sich in großem Stil mit Recycling befassen. Irgend jemand muß schließlich den Müll hinausbringen, und für diesen Job braucht man keinen Doktortitel. Jugendliche können bis zu den Ellbogen im Spülwasser stecken. Aufgaben, die der jeweiligen Altersstufe angemessen sind, fördern tatsächlich das Verantwortungsbewußtsein.

Dagegen geht es über die normalen Aufgaben hinaus, wenn ein Kind in die Bresche springt, weil die Mutter durch Medikamente völlig außer Gefecht ist, der Vater nie vor neun nach Hause kommt oder das Baby neue Windeln braucht und niemand sonst sich darum kümmert. Wenn es die Rolle eines Beichtvaters einnehmen muß, ist die Grenze bei weitem überschritten. Kinder, auch relativ reife Kinder, verfügen nicht über die Erfahrung oder den Hintergrund, um vertrauliche Bekenntnisse entgegenzunehmen oder sich die Sorgen von Erwachsenen anzuhören.

Emotionaler Inzest, in welcher Form auch immer, raubt dem Kind seine Identität, und das führt zu zwei Konsequenzen. Zum einen entwickelt das Kind, das zu früh gezwungen ist, die Rolle des Fürsorgenden einzunehmen, ein Gefühl der Verantwortlichkeit für das Glück und Wohlergehen der Eltern. Das Kind hat aber keine Möglichkeit, das Elend seiner Eltern zu beheben; infolgedessen wird es zu einem Opfer ungeheurer falscher Schuldgefühle. Mama und Papa sind unglücklich, und ich tue nichts dagegen.

Die zweite negative Folge ist noch langfristiger. Wenn die emotionalen Bedürfnisse der Eltern nicht befriedigt werden, versucht das Kind instinktiv, diesen Mangel zu beheben. Doch da die normale Quelle der Identität eines Kindes die Eltern sind, ist es gezwungen, andere Quellen anzuzapfen: Erfolge im Sport, dogmatische Religiosität, die Bindung an eine Schülerclique oder Jugendgruppe – die Liste ist endlos. Solche Kinder sind extrem offen dafür, sich durch Gruppendruck von Gleichaltrigen auf eine Art und Weise beeinflussen zu lassen, die Erwachsene als negativ beurteilen würden – Jugendbanden zum Beispiel oder Alkohol in der Clique. Das ist eine gefälschte Identität, aber selbst eine falsche Identität ist besser als gar keine. Die unausgesprochene Botschaft hinter alledem lautet: „Wenn ich mir eine starke Identität verschaffen kann, dann habe ich genug Identität für uns alle.“

Wir müssen noch eine weitere Form der Mißhandlung betrachten, die uns in der Therapie sehr häufig begegnet. Unsere Gesellschaft weigert sich, eine verbreitete Form der Mißhandlung als schädlich für Kinder zu erkennen.

Verlassen

Während einer Therapiesitzung fragte Dr. Warren Joey Trask: „Was wäre für dich das Schlimmste, was passieren könnte?"

„Mama oder Papa zu verlieren." Und diese Antwort kam von einem Jungen, der eine Riesenwut auf seine Eltern hatte!

Das mit Abstand Verheerendste, was im Leben eines Kindes passieren kann, ist der Verlust eines Elternteils oder der ehelichen Gemeinschaft der Eltern. Ein solcher Verlust, ob er nun vermeidbar ist oder nicht, stellt ein Verlassen dar.

Das angeborene Bedürfnis des Kindes nach Familie zeigt sich auf mannigfache Weise. Für die meisten Wachstumsschritte braucht das Kind Mutter und Vater und deren gesunde Gemeinschaft. Das Kind braucht die Bindung an die Mutter, an den Vater und an die Ehe selbst. Wenn diese Bindungen zerbrechen, werden Probleme die Lücke füllen. Wie großzügig auch das Besuchsrecht geregelt sein mag, wie freundschaftlich die Eltern auch miteinander umgehen mögen, eine Scheidung stellt für ein Kind einen gewaltigen Verlust dar, nicht nur den Verlust eines Elternteils, sondern auch den Verlust der ehelichen Gemeinschaft selbst. Ein geschiedener Elternteil muß sich darüber im klaren sein und Maßnahmen ergreifen, um seinem Kind zu helfen, damit fertig zu werden. In diesem Buch wollen wir auch für diese besonderen Probleme Hilfen anbieten.

Es gibt noch andere Möglichkeiten für ein Kind, einen Elternteil zu verlieren, selbst wenn der Elternteil am Küchentisch sitzt.

Alice Newport stillte die kleine Jennifer, weil sie gelesen hatte, das sei das Beste. Außerdem gab ihr das Stillen die Möglichkeit, gleichzeitig noch andere Dinge zu tun. Alice entwickelte großes Geschick darin, Jennifer im Arm zu halten und anzulegen, während sie mit der freien Hand die Kartoffeln fürs Abendessen aufsetzte, Anrufe tätigte oder Notizen machte. Als ihr jüngstes Kind größer wurde und immer mehr Ansprüche an ihre Zeit stellte, nahm Alice gelegentlich eine Tablette als „Energiespritze".

Als die kleine Jennifer vier Jahre alt wurde, war Alice bereits vollkommen abhängig von Medikamenten. Sie kannte ein Dutzend Wege, um ihre Vorräte immer gut aufgefüllt zu halten. Alice blieb als Mutter zu Hause, denn auch davon hatte sie gelesen, daß es das Beste sei. Aber sie war trotzdem nicht zu Hause. Sie saß den ganzen Vormittag am Tisch. Sie verbrachte ganze Vormittage damit, auf dem Sofa vor sich hinzudösen. Sie bereitete Mahlzeiten zu und wartete stundenlang auf ihren arbeitssüchtigen Ehemann. Die kleine Jennifer kam in die Schule, ohne je auch nur ein einziges richtiges Gespräch mit ihrer Mutter geführt zu haben. Alice schaute ihr direkt in die Augen, lächelte und sagte: „Das ist nett, Kleines", ohne überhaupt richtig zuzuhören. Jennifer war praktisch zweifach verlassen. Zuerst war sie durch die Geschäftigkeit ihrer Mutter verlassen. Später war sie durch Alices medikamentenbedingte Teilnahmslosigkeit verlassen.

Der Beginn der Besserung

Die Newports gingen auf das Ende ihres ersten Besuchs bei Dr. Warren zu. Wie üblich unterhielt er sich sowohl mit jedem Familienmitglied einzeln als auch mit allen zusammen. Die Kinder warteten draußen; ihr Teil war bereits abgeschlossen.

Dr. Warren wandte sich an Alice. „Ich hatte gehofft, Sie würden sich im Lauf der Stunde ein wenig entspannen, Alice. Aber Sie scheinen jetzt noch viel nervöser zu sein als zu Beginn."

Sie lächelte schwach. „Mir geht es gut."

Rob wedelte mit der Hand. „So ist sie nun einmal. Die Nerven. Das kommt und geht. Ich glaube, sie nimmt etwas dagegen ein."

„Aha. Wer ist Ihr Hausarzt?"

„Dr. Bower“, erwiderte sie, während Rob gleichzeitig antwortete: „Dr. Grant.“

Sie sahen sich an. „Moment mal.“ Rob runzelte die Stirn. „Was ist mit diesem Dr. Hoffman? Ich dachte, du gehst jetzt zu ihm?“

Dr. Warren nickte. „Was für Medikamente nehmen Sie genau?“

„Nun, das hängt davon ab.“ Alice fuchtelte schlimmer mit ihren Händen herum, als Jenny je gezappelt hatte. „Es kommt darauf an, wie schlimm es ist. Wissen Sie, ich möchte nicht zuviel einnehmen. Also, es kommt darauf an.“

Dr. Warren ließ das für den Augenblick auf sich beruhen und wandte sich einem anderen Thema zu. „Wer führt in Ihrer Familie die finanziellen Aufzeichnungen?“

Rob lächelte. „Das macht Alice. Sie hat wirklich eine gute Hand dafür, Doktor. Ich brauche ihr nur die Rechnungen, Quittungen und Schecks zu geben, und sie hält alles in Ordnung. Ich habe einen Buchhalter, der sich um die Steuern und die Sozialversicherung und dergleichen kümmert – aber für das Alltägliche ist sie zuständig.“

„Und für alle Haushaltsausgaben.“

„Gewiß. Ich schaue mir das Scheckbuch nicht einmal an. Das macht alles sie.“ Er zog die Augenbrauen zusammen. „Sie ist so effizient in all diesen finanziellen Dingen. Deswegen verstehe ich nicht, warum sie Jenny nicht besser im Griff hat. Die Kleine ist neun, meine Güte; sie ist schließlich kein Teenager, der nicht mehr zu bändigen wäre. Und Alice ist den ganzen Tag zu Hause. Sie hat jede Menge Zeit.“

Dr. Warren erkannte hier ein Muster, das ihm immer wieder begegnet. Der Brötchenverdiener dachte, da seine Frau keiner bezahlten Berufstätigkeit nachging, hätte sie soviel Zeit, wie sie wollte. Das große Problem jedoch waren jene drei verschiedenen Ärzte für etwas, das oberflächlich betrachtet wie einfache Kopfschmerzen aussah. Daß Mrs. Newport wegen einem einzigen Gesundheitsproblem zwischen drei verschiedenen Ärzten hin und her pendelte, wies auf die Möglichkeit einer Medikamentenabhängigkeit hin.

Dr. Warren holte tief Luft. „Rob, dieses erste Gespräch

dient, wie Sie wissen, vorwiegend der Bestandsaufnahme. In dieser Hinsicht war Ihr Besuch hier äußerst fruchtbar. Ich würde gern mit Brian und Jennifer arbeiten. Ich glaube, daß wir hervorragende Ergebnisse erzielen können. Doch in den meisten Fällen machen die Kinder nur dann echte Fortschritte, wenn die ganze Familie sich in …"

„Augenblick mal!" fuhr Rob dazwischen. „Warum reden Sie auch von Brian? Mit Brian ist alles in Ordnung. Jenny ist das Problem."

„Bevor Sie sich darauf versteifen, beantworten Sie mir eine Frage: Wann haben Sie Ihren Führerschein gemacht?"

„Sobald ich konnte. Aber das ist nicht …"

„Warum schiebt Brian das dann vor sich her? Das ist ein Warnsignal. Es gibt noch andere Warnsignale, die ich gern mit Ihnen besprechen werde, wenn Sie es wünschen. Ja, nicht nur Jenny, sondern auch Brian. Außerdem empfehle ich Ihnen dringend, daß Sie und Alice sich Ihrerseits in die Behandlung eines Spezialisten für Eheprobleme begeben."

„Jetzt übertreiben Sie aber! Unsere Ehe ist so gut wie jede andere."

Dr. Warren sprach in leisem, gemessenem Ton. „Sie sind zu einer Beurteilung zu mir gekommen, weil Sie spürten, daß etwas nicht stimmt. Nun, das spüre ich auch. Ich sehe ernsthafte Probleme. Wenn Sie bei einem Bauprojekt die Installationsarbeiten an eine Drittfirma vergeben, dann suchen Sie sich dafür keinen Dachdecker. Sie suchen sich einen Installateur. Einen guten. Ich werde Sie an einen exzellenten Psychologen überweisen, wenn Sie es wünschen, oder Sie können sich selbst einen aussuchen. Aber bitte hören Sie sich die Meinung eines Fachmanns an, der etwas von kodependenter Dynamik in der Ehe versteht."

Der riesige, hünenhafte, übermächtige Rob Newport starrte Dr. Warren an. Er starrte seine Frau an. Dann schien er ein wenig zu schrumpfen. „Gespürt, daß etwas nicht stimmt. Ja, das ist wahr. Okay. Geben Sie mir die Überweisung."

Unerledigte Geschäfte

Die kleine Jennifer Newport saß völlig vertieft vor dem Puppenhaus im Spielzimmer der Klinik. Während sie die Puppen von Zimmer zu Zimmer bewegte und Dialoge sprechen ließ, saß Dr. Warren entspannt in einem Sessel daneben.

Die Klein-Mädchen-Puppe hüpfte die Treppen zum Elternschlafzimmer empor. Vor einer Schubladenkommode wackelte sie herum. Die Mama-Puppe schoß hinauf, ohne die Stufen zu benutzen, und stieß die Klein-Mädchen-Puppe um.

„Nein, nein, nein! Du darfst niemals an Mamis Schubladenkommode gehen! Nie, nie darfst du mit Mamis Medizin herumspielen! Jetzt geh spielen. Los!"

Die Klein-Mädchen-Puppe hüpfte hinunter. Die Mama-Puppe wackelte vor der Schubladenkommode hin und her. „Ah. Jetzt fühle ich mich besser."

Schließlich beugte Dr. Warren sich vor. „Tut mir leid, Jennifer, aber unsere Zeit ist um. Wir müssen das Zimmer jetzt für ein anderes kleines Mädchen frei machen."

Jennifer schlurfte hinaus auf den Flur und ging neben Dr. Warren her zu seinem Sprechzimmer.

„Jennifer, ich möchte mich gern eine Weile mit deinen Eltern unterhalten. Bitte warte hier."

Jennifers argloses Spiel mit dem Puppenhaus hatte Dr. Warrens Argwohn weitgehend bestätigt. Sie hatte das Geheimnis ihrer Mutter aufgeschnappt, ohne sein Wesen oder seine Bedeutung richtig zu erkennen.

Abspaltungen

Ein Trick des menschlichen Geistes, den wir in der Praxis immer wieder erleben, ist das Phänomen der „Abspaltung". Wenn ein Mensch, groß oder klein, irgendeinen Teil von sich selbst ablehnt, verleugnet oder ignoriert – also es versäumt, sich damit auseinanderzusetzen – dann wird dieser Teil „abgespalten“ und schwebt frei im Familiensystem umher. Früher oder später wird ein anderes Familienmitglied ihn auffangen, ohne auch nur zu ahnen, was passiert ist.

Der erste Schritt zur Heilung für Jennifer und ihre Familie bestand darin, Alice Newports verborgenes Problem ans Licht zu bringen, so daß Jennifer davon entlastet wurde, diesen Schmerz zu tragen.

Dr. Warren lud Rob Newport in sein Sprechzimmer ein. Der schwergewichtige Mann setzte sich in den gepolsterten Lehnsessel. „Es beunruhigt mich ein bißchen, einen Fremden mit meiner Tochter reden zu lassen. Man fragt sich unwillkürlich, was sie alles erzählen könnte, das eigentlich nicht stimmt.“

Dr. Warren lächelte. „Ich verstehe Ihre Befürchtungen, aber Sie können ganz beruhigt sein. Wir reden eigentlich gar nicht richtig miteinander. Wir spielen. In Jennifers Alter sind sogenannte Tatsachen fast immer durch die Wahrnehmungen des Kindes gefärbt. Die Wirklichkeit dagegen offenbart sich im Spiel des Kindes.“

„Und welche Wirklichkeiten hat sie heute offenbart?“

„Sagen Sie mir, was Sie über die Medikamente wissen, die Ihre Frau einnimmt. Haben Sie da überhaupt einen Überblick?“

Rob runzelte die Stirn. „Warum sollte ich? Sie ist erwachsen. Ich schätze, sie kann allein für ihre Gesundheit sorgen. Meinen Sie, daß etwas nicht stimmt?“

„Dessen bin ich sicher. Ich habe gerade von Beobachtung gesprochen. Ob wir nun herausfinden können, was unter der Oberfläche vor sich geht oder nicht, auf jeden Fall können wir an der Oberfläche klare Verhaltensmuster beobachten. Muster, die sich wiederholen und die so deutlich sind, daß wir an ihnen identifizieren können, was innerlich vorgeht.“

Rob blickte besorgt drein. Er lehnte sich zurück und hörte aufmerksam zu.

„Das Wort *zulassen* hat in der Psychologie eine besondere Bedeutung, nämlich etwas als einen Teil von sich selbst zu akzeptieren. Wenn ich meinen Zorn zulasse, heißt das, daß ich akzeptiere, daß ich zornig bin, ob der Zorn nun begründet ist oder nicht. Ich gebe vor mir selbst zu, daß er zu mir gehört. Ich lasse meine Sexualität zu, wenn ich zugebe, daß ich ein sexuelles Wesen bin und daß Sex für mich ebenso ein Grundbedürfnis ist wie für jeden anderen auch."

„Verstehe ..." Immer noch dieses wachsame, mißtrauische Stirnrunzeln.

„Die Familie ist eine geschlossene Einheit. Das Gegenteil von ‚Zulassen' ist ‚Abspalten'. Wenn irgend etwas, nennen wir es ‚X', in einem Familienmitglied vorgeht und dieses Familienmitglied es nicht zuläßt, wird X abgespalten. Ist es einmal abgespalten, schwebt X frei herum, und jedes Mitglied der Familieneinheit könnte es unbewußt aufschnappen."

„Klingt komisch. Ausgesprochen phantastisch."

„Zugegeben. Aber unsere Beobachtungen zeigen immer wieder, daß es so ist. Meistens sind es die Kinder, die die abgespaltenen Dinge aufschnappen. Sie müssen dann den Zorn oder Schmerz tragen, den ein anderer nicht zugelassen hat, und wissen es nicht einmal."

„Und was hat das alles mit Jenny zu tun?"

„Was auch immer sie sonst noch mit sich herumschleppt – Schmerz, Zorn oder dergleichen –, auf jeden Fall trägt sie ein Geheimnis. Aus mehreren verschiedenen Beobachtungen schließe ich, daß Ihre Frau ihre Medikamente mißbraucht. Ich bezweifle, daß Jenny die Bedeutung ihres Wissens erkennt, und ich muß betonen, daß sie es nicht in dieser Form ausgedrückt hat. Aber sie weiß es."

„Das ist lächerlich. Sie behaupten, Alice sei drogensüchtig."

„*Süchtig* ist ein sehr schwerwiegendes Wort. Ich sagte ‚mißbrauchen'. In welchem Maße weiß ich noch nicht."

Rob musterte ihn eine Weile. „Was schlagen Sie vor?"

„Lassen Sie sie von jemand anderem als mir untersuchen – Sie brauchen eine unabhängige Diagnose. Dann nötigenfalls eine stationäre Behandlung."

„Wissen Sie, was Sie da sagen?"

„Ganz genau, Mr. Newport. Ganz genau!"

Die Macht des kollektiven Egos

Aus Dr. Warrens Gespräch mit Rob Newport haben Sie vielleicht geschlossen, daß Jennifer keine Kontrolle darüber hatte, was sie wußte oder wie sie sich verhielt. In einem sehr hohen Maße stimmt das auch. Ein Kind nimmt intuitiv auf, was in seiner Familie vor sich geht, meist ohne die volle Bedeutung zu erfassen. Wenn das aber so ist, wie konnte dann Dr. Warren oder sonst irgend jemand Jennys Einstellungen und Verhalten verändern, solange sich nicht die ganze Familie entscheidend veränderte?

Darin liegt das Geheimnis. Das ist genau der Grund, warum, wenn sich bei einem Kind Probleme zeigen, der ganzen Familie dringend angeraten wird, sich in eine Therapie zu begeben. Oft gehen Familien von der falschen Annahme aus, das sei nur eine gute Möglichkeit für die Psychologen oder Psychiater, ihre Taschen zu füllen und die Zahnspangen ihrer Kinder zu bezahlen. Das stimmt nicht. Wo nicht die ganze Familie das Problem erkennt und gemeinsam auf eine Lösung hinarbeitet, hat ein Kind wenig Chancen, völlig gesund zu werden. Vergessen Sie nicht, daß ein Verhaltensproblem bei einem Kind vielleicht seit drei Generationen ausgebrütet wurde. Darum müssen sich die Eltern gemeinsam mit den Kindern auf den Weg der Heilung begeben.

Nehmen wir aber einmal an, daß die Eltern das nicht tun. Sagen wir, Sie als Leser dieses Buches sehen keine Probleme in Ihrer eigenen Welt; Sie wollen nur Ihrem Kind helfen, sich besser zu fühlen. Vielleicht sind Sie von dem anderen Elternteil Ihres Kindes getrennt und haben jetzt, nachdem die Familie zerbrochen ist, keine Möglichkeit mehr, diese Person dazu zu bewegen, an einem gemeinsamen Problem zu arbeiten. Oder vielleicht lesen Sie dieses Buch, um Einsichten über das Leben eines Kindes außerhalb Ihrer unmittelbaren Familie zu gewinnen, eines Kindes, dessen nächste Angehörige Sie nicht unmittelbar beeinflussen können. Dennoch können Sie eine Menge tun, und wir werden uns im zweiten Teil des Buches damit befassen. Zunächst jedoch ist es wichtig, daß wir uns über die Dynamik klar werden, die im Innern einer Familie wirksam ist. Als Beispiel nehmen wir die Familie Holtz.

Seerosen bestehen nicht nur aus Blüten

Eric Holtz arbeitete für ein Luft- und Raumfahrtunternehmen in der Nähe von Houston. Seine Frau Marcia setzte sich ehrenamtlich in einem örtlichen Krankenhaus ein, indem sie während der Schulstunden das Geschenkelädchen führte. Sie achtete genau darauf, daß sie zu Hause war, wenn ihre drei Kinder aus der Schule kamen, und alles klappte hervorragend.

Doch wie es bei einer Firma, die von Forschungsaufträgen der Regierung abhängig ist, leicht geschehen kann, fand sich Eric eines Tages plötzlich ohne Stellung wieder. Marcia konnte von ihrer ehrenamtlichen Stellung in eine bezahlte Arbeit als Sekretärin wechseln und damit ein kleines Gehalt verdienen. Doch der plötzliche finanzielle Engpaß bedrohte ihre Existenz.

Sie beschlossen, den Kindern nichts davon zu sagen. Marcia machte ein fröhliches Gesicht, wenn die Kinder aus der Schule nach Hause kamen, und Eric weigerte sich zu akzeptieren, daß er auf dem Arbeitsmarkt jener Stadt praktisch keine Chancen hatte. Innerhalb weniger Monate empfahl die Lehrerin des Erstkläßlers, ihn in eine Sonderschulklasse zu verlegen, der Fünftkläßler hatte eine unersättliche Gier nach Rockmusik entwickelt, und der Siebtkläßler war mit Alkohol in der Schule erwischt worden.

„Sie können unmöglich erraten haben, daß wir finanzielle Probleme haben“, stöhnte Eric. „Sie bekommen ihre drei reichlichen Mahlzeiten am Tag. Wir schaffen es sogar, ihnen wie früher die Sachen zu kaufen, um die sie bitten, selbst wenn das bedeutet, daß wir mit der Telefonrechnung in Rückstand geraten. Sie haben nicht den kleinsten Anhaltspunkt.“

„Warum haben Sie ihnen nichts davon gesagt?“ „Sie sind noch zu klein, um mit so etwas belastet zu werden. Ich meine, was versteht ein Erstkläßler von Rüstungsaufträgen?

Außerdem dreht sich das alles im Kreis. Das Blatt wird sich wieder wenden, ich werde wieder Arbeit haben, und sie werden nichts von der ganzen Sache gemerkt haben."

„Da unterschätzen Sie aber das intuitive Gespür von Kindern sehr", erwiderten wir. „Sie wissen es. Vielleicht wissen sie nicht, daß sie es wissen, aber sie wissen es."

Dennoch wollte Eric den Kindern immer noch keinen reinen Wein über die Situation einschenken. Für ihn schien die Schrift an der Wand zu sagen: „Jetzt muß es jeden Tag soweit sein!", obwohl dort in Wirklichkeit stand: „Wechsele in einen anderen Industriezweig oder zieh um!" Marcia kannte den Ernst der Situation, aber sie wollte ihn nicht akzeptieren. Gewiß würde irgendein „Wunder" sie retten. Das dreizehnjährige Kind konnte den daraus folgenden Verlust an Vertrauen und Integrität nicht artikulieren, und die kleineren Kinder schon gar nicht. Doch intuitiv verstanden sie, daß ihre Familie ernsthaft aus den Fugen geraten war und jemand diese Tatsache zu überdecken versuchte.

Denken Sie an unser Schaubild von der Familie als Kreise innerhalb eines größeren Kreises. Stellen sie sich den äußeren Kreis als einen runden Teich mit Seerosen vor, die die einzelnen Familienmitglieder darstellen. Immer wenn sich das Wasser des Teiches bewegt, bewegen sich auch die Seerosen. Was immer das Wasser aufrührt (Therapeuten sprechen in diesem Zusammenhang von Druckpunkten), läßt die Seerosen hüpfen und schwanken, selbst wenn die Quelle der Störung am anderen Ende des Teiches liegt. Genauso ist es in einer Familie.

Alles, was in einer Familie vorfällt, so sorgfältig man es auch zu verbergen versucht, wirkt sich auf die Kinder aus. Alles.

Lassen Sie sich nicht täuschen. Kinder wissen Bescheid.

Familie. Was für ein mächtiger, beglückender, dynamischer, frustrierender Faktor ist unsere Familie! Ein paar Jahre lang, als das Zeitalter der Scheidung wie eine verheerende Welle über uns hinwegschwappte, haben wir die alles durchdringende Macht, die die Familie auf uns ausübt, aus den Augen verloren. Wir dachten, man könne Familien einfach auseinanderreißen, die Mitglieder neu mischen und eine neue Familie daraus bauen. Nichts dabei. Jetzt fangen wir an zu erkennen, daß es so einfach nicht ist. Die ganze Familie, von der Tante bis zum Großvater, wirkt sich auf den einzelnen aus, selbst wenn sie zerbrochen ist.

Wenn Sie einen jüdisch-christlichen Hintergrund haben, wissen Sie, daß die Familie die grundlegende Form der menschlichen Gemeinschaft ist. Sowohl die hebräische Bibel als auch das Neue Testament äußern sich sehr genau darüber, wie eine gute Familie zusammenleben sollte. Den Eltern – nicht einer Jugendorganisation, einem Ferienlager, der Schule oder der Sonntagsschule – ist die Verantwortung aufgetragen, die Kinder an den Weg zu gewöhnen, den sie gehen sollen. Die Eltern haben die Aufgabe der religiösen Erziehung, der Weitergabe des Glaubens, und zwar alles innerhalb des Rahmens der Familie.

Auch die Anthropologen bestätigen die Bedeutung der Familie in allen Kulturen de Welt, insbesondere in denen, die unserer am wenigsten ähnlich sind. Wir Modernen neigen eher als andere Gesellschaften dazu, die Familienbande herunterzuspielen. Doch selbst wir können uns nicht einfach über sie hinwegsetzen. Die erweiterte Familie ist fast immer der Schlüssel zur Versorgung und Ausbildung der Kinder, in welcher Kultur auch immer.

Als prägender Einfluß auf das Kind muß die Familie als eine feste Einheit gesehen werden, selbst wenn sie durch Todesfälle oder Scheidung beschädigt ist. Familienmitglieder haben soviel Einfluß aufeinander, daß Eltern und Großeltern oft ihre „unerledigten Geschäfte“ an die Kinder weitergeben können.

Unerledigte Geschäfte

„Räche mich." „Belohne meine Freunde." „Hasse, wen ich hasse, und liebe, wen ich liebe." „Vollende die Aufgaben, die ich nicht vollendet habe." In all diesen Botschaften kommen unerledigte Geschäfte zum Ausdruck. Sie können unverhüllt oder auch auf ganz subtile Weise von Generation zu Generation weitergegeben werden. Meistens sind es die lautlosen, intuitiven Botschaften, die unbemerkt Schaden anrichten.

Unerledigte Geschäfte stellen ebenso eine Mißhandlung dar wie alle anderen Formen der Mißhandlung, die im dritten Kapitel erörtert wurden. Wie sexueller Mißbrauch, körperliche Mißhandlung und alles andere verletzen sie in vieler Hinsicht die Abgrenzungen des Kindes und beschädigen seine Fähigkeit, im Leben weiterzukommen. Sie schließen die Entwicklungsaufgaben kurz, die ein Kind bewältigen muß, um als Erwachsener mit seinem Leben gut zurechtzukommen.

Unerledigte Geschäfte reißen angemessene Abgrenzungen nieder. Die Abgrenzungen der Eltern werden zu denen der Kinder, ohne daß Eltern oder Kinder etwas davon merken.

Leben als Abschied

Unsere Emotionen sind ständig im Fluß. Wir weinen auf Hochzeiten und lassen kurz darauf die Sektkorken knallen, um das freudige Ereignis zu feiern. Die Mutter bereitet ihr Kind auf den ersten Schultag vor (Endlich! Fünf selige Stunden Ruhe jeden Tag!) und vergießt dann ein paar Tränchen, wenn der Kleine zum ersten Mal in den Bus steigt.

Daß ein Begräbnis ein Abschied ist, ist offensichtlich. Doch jeder Schritt nach vorn, jeder Wachstumsschritt, beinhaltet ebenso einen Abschied. Braut und Bräutigam nehmen Abschied von der Unabhängigkeit ihres Junggesellenlebens, wenn sie in die neue, wechselseitige Abhängigkeit voneinander eintreten und sich der riesigen Aufgabe stellen, zwei Haushalte zu einem zu verschmelzen. Die Eltern des glücklichen Paares nehmen einen schmerzlichen Abschied von der engen Eltern-Kind-Beziehung, während sie gleichzeitig die neue Partnerschaft feiern. Die Mutter, die ihr Kind in die Schule schickt, nimmt Abschied von ihrer ganz besonderen Beziehung zu dem Kind, die nie wieder ganz dieselbe sein wird. Die Abgrenzungen ihres Kindes erweitern sich, weit über ihren eigenen Kreis hinaus.

In ähnlicher Weise müssen auch Kinder ständig Abschied nehmen, während sie aufwachsen, denn Abschiednehmen gehört zum Erwachsenwerden, und es kann eine sehr beängstigende Sache sein. Der Prozeß beginnt buchstäblich bei der Geburt. Es heißt Abschied nehmen vom Mutterleib und die Welt begrüßen. Abschied nehmen von der Geborgenheit in Mamas Armen und den aufregenden, manchmal furchteinflößenden Wachstumsschritt zur Erforschung und Entdeckung der Umwelt begrüßen. Abschied nehmen vom Elternhaus und das Universum jenseits des Puppenhauses begrüßen.

Wie Sie sehen, hat dieser Prozeß des Abschiednehmens zwei Seiten; er enthält Trauer und Freude. Eltern, die gesunden Familien vorstehen, unterstützen das Abschiednehmen und durchtrauern den Schmerz, den dieses Abschiednehmen mit sich bringt. Gleichzeitig wird das Wachstum der Kinder an Stärke und Unabhängigkeit in gesunden Familien freudig begrüßt.

Abschiednehmen als unerledigtes Geschäft

Manche Menschen müssen offenbar weitaus häufiger schwere Abschiede nehmen als andere. Tod, Krankheit und Unfälle plagen eine Familie und lassen die Nachbarn ungeschoren. Doch selbst in dem leidvollsten Leben müssen schwere Rückschläge nicht die Kinder schädigen, solange die Eltern ihre Trauer – ja, und auch ihre Freude – angemessen und rechtzeitig verarbeiten.

Das führt manchmal zu einem Dilemma: Welche Trauer

soll man mit den Kindern teilen, und welche sollte man für sich behalten? Wie vermeidet man die Gefahr des emotionalen Inzest – all seine Last dem kindlichen Beichtvater aufzuladen – ohne das Vertrauen des Kindes zu ersticken?

Der Fall von Eric und Marcia Holtz veranschaulicht dieses Problem. Eric und Marcia beschlossen, ihren Kindern nichts zu sagen, als Eric seinen Job verlor. Dennoch hatten die Kinder ihren Schmerz innerhalb weniger Monate aufgeschnappt.

Eric und Marcia müssen ihre wirtschaftlichen Probleme in den Griff bekommen und verarbeiten, den Verlust von Erics Arbeitsplatz durchtrauern und den neuen Job angemessen feiern. Solange sie das nicht tun, werden die Kinder unter der Störung zu leiden haben, ohne je in der Lage zu sein, sich mit dem Problem auseinanderzusetzen, weil sie es nicht verstehen. Eric und Marcia geben ihre Schwierigkeiten als unerledigtes Geschäft an die Kinder weiter.

Nehmen wir andererseits an, Erics und Marcias Probleme wären sexueller Natur. Dann wäre es vollkommen unangemessen, den Kindern das Problem in allen lebhaften Einzelheiten zu schildern. In einem solchen Fall müssen die Eltern ihr Problem lösen. Ist eine Lösung nicht unmittelbar in Sicht, so können sie immerhin bekennen, daß sie ein Problem haben, und den Kindern versichern, daß sie keine Schuld daran tragen, ohne auf nähere Einzelheiten einzugehen.

Kinder müssen lernen, daß manche Dinge aufgearbeitet, also offengelegt und entweder gefeiert oder betrauert werden müssen, während man sich mit anderen in der Stille auseinandersetzen muß. Ebenso wichtig ist, daß sie durch das Vorbild der Eltern lernen, wie sie mit den Rückschlägen und Widrigkeiten des Lebens umgehen können. Dieses Wissen stellt für Kinder ein wichtiges Mittel zum Wachstum dar.

Was sie dabei lernen, ist im wesentlichen Lebenstüchtigkeit. Haben sich die Eltern selbst jedoch diese Lebenstüchtigkeit nicht erworben, so werden sie ihre Probleme und Störungen als unerledigte Geschäfte an die Kinder weitergeben. Die angemessenen Abschiede sind noch nicht genommen. Wie Öl, das in Ihrem Seerosenteich verschüttet wurde, werden diese Probleme alle Seerosen mehr oder weniger in Mitleidenschaft ziehen.

Unerledigte Geschäfte bewältigen

Unerledigte Geschäfte ergeben sich oft daraus, daß wir enttäuscht von bestimmten Ereignissen oder Umständen in unserem Leben sind: Wir leiden unter schweren Verlusten, unter unserem Geschlecht, unserer äußeren Erscheinung, unseren Zielen, unserer Intelligenz, unserem Streben nach Vollkommenheit und unserer Anfälligkeit für Sucht und Zwanghaftigkeit.

Wenn wir nun diese Quellen unerledigter Geschäfte betrachten, beurteilen Sie dabei Ihre eigene Situation. Da sich die Probleme von Kindern fast immer über mehrere Generationen erstrecken, sollten Sie über das Verhalten Ihrer Eltern nachdenken. Haben sie sich diesen Problemen gestellt oder sie ignoriert? Wie sind Sie selbst bisher damit umgegangen? Schließlich nehmen Sie sich einen Moment Zeit und denken Sie darüber nach, wie jedes dieser Probleme sich möglicherweise auf Ihr Kind auswirken könnte (dieser letzte Punkt erfordert gründliches Nachdenken; die Antworten werden Ihnen nicht gleich ins Auge springen).

Schwere Verluste

Am Yukon-Fluß in Alaska, wo der Tod plötzlich und ohne Vorwarnung kommen kann, gibt es Indianer, die zusätzlich zum Begräbnis ein weiteres Ritual für die Toten pflegen. Die Lebenden ziehen sich Kleidungsstücke des Verstorbenen und damit symbolisch seinen Geist an und gehen dann von Haus zu Haus, um den Freunden des Verstorbenen Gelegenheit zu geben, Abschied zu nehmen. Dies ist ein Ritual für die Lebenden, nicht für die Toten. Abschiednehmen ist enorm wichtig für diejenigen, die den Verlust erleiden.

Der Tod ist nicht der einzige Verlust. Auch Frustrationen und Enttäuschungen sind Verluste; ebenso schwere Krankheiten, Behinderungen, Arbeitslosigkeit – all diese Dinge müssen richtig verarbeitet und durchtrauert werden. Machen Sie sich eine Liste der schweren Verluste in Ihrem Leben und im Leben Ihrer Eltern. Welche Verluste haben Ihre Kinder erlitten? Wie sind sie verarbeitet worden?

Unser Geschlecht

Es gibt drei verschiedene Arten von Problemen mit dem eigenen Geschlecht, die sich unterscheiden lassen, indem man drei Fragen stellt.

Fühlen sich die Eltern (also sowohl Sie als Elternteil als auch Ihre eigenen Eltern) *in ihrer Geschlechterrolle wohl?* Das hat wenig mit Homosexualität zu tun. Aber es gibt Eltern, die sich insgeheim wünschen, das andere Geschlecht zu haben. Muß hier einen Aussöhnung erfolgen?

Sind Sie und Ihre Eltern mit dem anderen Geschlecht versöhnt, oder tobt bei Ihnen immer noch der „Kampf der Geschlechter"?

Haben die Kinder das „erwünschte" Geschlecht? Leider stoßen wir ziemlich häufig auf Eltern, die sich wünschen, ihre Kinder hätten das andere Geschlecht.

Grace, die bereits Mutter eines Sohnes war, sehnte sich nach einem Mädchen, aber es kam ein zweiter Junge. Er war so niedlich, so strahlend und freundlich, daß sie ihre Enttäuschung beiseite schob. Was für eine Freude sie an ihm hatte! Als sie sich zehn Jahre später wegen Kodependenz in eine Therapie begab, erkannte Grace, daß sie ihre bittere, wenn auch vorübergehende Enttäuschung nie verarbeitet hatte. Eines Tages ging sie mit ihrem Zehnjährigen in eine Eisdiele und sagte zu ihm: „Jeff, ich muß dich um Vergebung bitten."

„Ja, ich weiß", sagte er. „Du hast dir immer ein Mädchen gewünscht." Er war zehn Jahre alt. Grace hatte nie auch nur eine entsprechende Andeutung gemacht, doch Jeff wußte Bescheid, zehn Jahre nach seiner Geburt.

Äußere Erscheinung

Sind Sie und Ihre Eltern zufrieden mit Ihrer körperlichen Erscheinung, Ihrer sportlichen Leistungsfähigkeit, Ihrem wirtschaftlichen Status und anderen Aspekten Ihrer äußeren Erscheinung (oder Ihres „Images“, wie es in unserer Kultur genannt wird)? Niemand ist vollkommen. Nicht jeder sieht gut genug aus, um auf der Titelseite der Vogue zu erscheinen. Aber manche Menschen empfinden ständig eine unterschwellige, intensive Unzufriedenheit, eine rastlose Sehnsucht, etwas oder jemand anderes zu sein. Stellen Sie sich vor allem die Frage: „Wünsche ich mir zutiefst, meine Kinder würden anders aussehen oder sich anders verhalten?“ Unzufriedenheit in diesem Bereich überträgt sich rasch und kaum merklich als unerledigtes Geschäft auf die Kinder.

Ziele

Welche Sehnsüchte Ihrer Jugend haben sich in Ihrem Leben erfüllt, und welche sind leere Träume geblieben? Wie steht es mit Ihren Eltern? Fast jedes kleine Mädchen will einmal einen Pferdehof haben, wenn es groß ist, und fast jeder Junge möchte irgendwann einmal Arzt werden. Hier geht es um die ernsthaften, festen, unerfüllten Wünsche.

Wir hatten einen Mann in der Therapie, dessen Eltern beide Alkoholiker gewesen waren und der nun Probleme mit seinem Sohn hatte. Der Mann, John, hatte auf der High School Baseball auf professionellem Niveau gespielt und gehofft, in die Profiliga aufzusteigen. Doch am Ende scheiterte das daran, daß er seine hilflosen Eltern versorgen mußte. Der Traum platzte. Kein Wunder, daß sein Sohn viermal in der Woche zum Baseballtraining mußte, in der Stadtliga spielte und im Sommer mit Papa als Trainer ins Trainingslager fuhr. Bis vor sechs Monaten.

„Der Junge hat einfach aufgehört, sich Mühe zu geben“, erzählte uns John. „Ich begreife das nicht. Die Chance seines Lebens – die Chance, von der ich immer geträumt und die ich nie bekommen habe.“

John hatte sich so sehr darin verrannt, durch seinen Sohn die unerledigte Geschäft seines eigenen Traums zu bewältigen, daß der Junge sich erdrückt fühlte. Er wehrte sich auf die einzige Art, die ihm zu Gebote stand – indem er einfach aufhörte. Durchaus möglich, daß der Junge der geborene Profi-Baseballer ist, aber er ist so verwirrt, daß er gar nicht mehr weiß, was er selbst will. Inzwischen haben beide diese Dynamik verstanden. Jetzt muß die Zeit erweisen, ob dieses Verständnis zu einer Bewältigung ihres unerledigten Geschäftes führen wird.

Intelligenz

In vielen Familien und Kulturen wird auf Mädchen ein starker Druck ausgeübt, sich von intellektuellen Beschäftigungen fernzuhalten. Vielfach werden auch Jungen davon abgehalten, sich akademisch auszuzeichnen, denn ein „richtiger Mann“, so meint man, ist nun einmal etwas anderes als eine „Intelligenzbestie“. Das ist eine der schlimmsten Formen von unerledigten Geschäften – nie ausgesprochene, nie eingestandene Erwartungen der Eltern, denen ein unpersönlicher Brauch zugrundeliegt.

Was sind Ihre Erwartungen in bezug auf die intellektuelle Entwicklung Ihrer Kinder? Welche Erwartungen hatten Ihre Eltern für Sie?

Vollkommenheit

Haben Sie diese Sprüche schon einmal gehört?

„Niemand ist vollkommen außer dir und mir, und bei dir bin ich mir nicht so sicher.“

„Ich habe mich nur einmal im Leben geirrt: Ich dachte, ich hätte mich geirrt, aber das war ein Irrtum.“

Unser Streben nach Vollkommenheit trotz aller offensichtlichen Unvollkommenheit reizt uns zu Witzen, aber haben wir unsere eigene Fehlbarkeit wirklich verarbeitet? Wenn Sie sich von der kindlichen Illusion, Sie und Ihre Kinder müßten vollkommen sein, nicht wirklich verabschiedet und die Tatsache akzeptiert haben, daß auch Ihre Eltern nicht vollkommen waren, dann wird sich das als unerledigtes Geschäft auf Ihre Kinder übertragen. Auch sie werden dann den aussichtslosen Kampf gegen die Unvollkommenheit führen und sich frustriert fragen, warum sie ihn nicht gewinnen können.

Ein Nebenaspekt dieses ungesunden Strebens nach Vollkommenheit ist: Haben Sie sich mit der Tatsache ausgesöhnt, daß es keinen Weihnachtsmann gibt? Damit meinen wir: Haben Sie akzeptiert, daß kein anderer Mensch für Sie den vollkommenen Gott spielen kann? Ein unerledigtes Geschäft kann auch darin bestehen, nach dem vollkommenen Beschützer, dem vollkommenen Vater, dem vollkommenen Partner oder der guten Fee zu suchen, die auf alles eine Antwort hat.

Ein weiterer Aspekt läßt sich mit dem Begriff *Vollendung der Persönlichkeit* bezeichnen. Die Eltern sehen bei sich ein tatsächliches oder imaginäres Defizit, eine Unzulänglichkeit ihrer eigenen Persönlichkeit. Dieses Problem fault ungelöst vor sich hin, und die Eltern versuchen das Defizit nicht bei sich selbst, sondern bei ihren Kindern aufzufüllen.

Anfälligkeit für Sucht und Zwanghaftigkeit

Wenn zwanghaftes Verhalten oder Suchtverhalten nicht verarbeitet wurde, stellt es ein unerledigtes Geschäft dar. Werden die Kinder diese Verhaltensweisen übernehmen? Unweigerlich – ebenso wie es Jennifer Newport tat. Zwar werden die Kinder als Erwachsene nicht unbedingt unter derselben Sucht oder demselben Zwang leiden wie ihre Eltern, aber wenn nicht, werden sie irgendein anderes Sucht- oder Zwangsverhalten entwickeln: Alkohol, Drogen, Arbeitssucht, Waschzwang, Perfektionismus, Wutanfälle, zwanghafte Fitneßbemühungen, Eßstörungen und zwanghafter Sex.

Beziehung zu Gott

Ein berühmter Mann wurde einmal auf dem Sterbebett von einem Priester gefragt: „Haben Sie Ihren Frieden mit Gott gemacht?“

„Ich wußte gar nicht, daß wir im Krieg miteinander lagen“, erwiderte der Mann.

Denken Sie über diese letzte Frage nach: Haben Sie Ihren Frieden mit Gott gemacht?

„Ich glaube nicht an Gott“, antworten Sie vielleicht.

Das mag sein, aber seine Existenz hängt nicht von Ihrem Glauben ab. Ob Sie nun an ihn glauben oder nicht, er existiert, er ist, und man muß sich mit ihm befassen. Die meisten Menschen spüren das, auch wenn sie es nach außen hin verleugnen.

Gelegentlich stellen wir fest, daß auch Leute, die an Gott glauben, nicht unbedingt ihren Frieden mit ihm gemacht haben. In der Minirth-Meier-Klinik werden viele Patienten behandelt, die sich als Christen bezeichnen. Infolgedessen begegnen wir vielen Menschen, die Gott gut kennen und ihm treu dienen – und trotzdem nie ihren Frieden mit ihm gemacht haben.

Frieden mit Gott machen bedeutet im Grunde, daß man sich klar macht, wer er ist und wer er nicht ist. Betrachten Sie einmal Ihre Beziehung zu Gott nicht so sehr unter dem Aspekt, wie oft Sie beten oder wie viele Stunden Sie im Dienst für ihn verbringen, sondern wie Ihre innerste Einstellung zu ihm aussieht. Vergleichen Sie dies mit den folgenden Fällen aus unserer Praxis:

Jack W. war stolz auf seine intensive Mitarbeit in seiner christlichen Gemeinde. Er konnte buchstäblich nicht genug für seinen Herrn tun. Doch als er seine tiefere Motivation erforschte, erkannte er, daß er sich verzweifelt abmühte, die Liebe eines fernen, fordernden Gottes zu erringen. Heute tut er so viel für Gott wie eh und je, aber er tut es jetzt mit Freude, nachdem er sich bewußt gemacht hat, daß Gott ihn schon jetzt bedingungslos liebt. Jack konnte sich diese Liebe nicht erkaufen, aber er kann sich darin sonnen und Gott aus Dankbarkeit dienen.

Marilyn R. verlor eine Tochter durch Leukämie. Nach außen hin nahm sie weiter am Gemeindeleben teil und lobte Gott mit ihren Lippen. Doch tief in ihrem Innern hatte sie Gott nicht vergeben, daß er ihr ihr Kind weggenommen hatte. Sie hatte keinen Frieden mit Gott.

„Marilyn", fragten wir sie, „warum, glauben Sie, hat Gott Sie diesen Verlust erleiden lassen, während seine anderen Nachfolger nicht leiden müssen?"

„Wie meinen Sie das?" protestierte sie. „Denken Sie an all die Heiligen der frühen Kirche, die als Märtyrer starben! Und an die vielen Leute, die noch heute wegen ihres Glaubens sterben oder ins Gefängnis gehen müssen ..." Sie unterbrach sich. Dann flüsterte sie: „Ich stehe nicht allein."

„Glauben heißt, Gott zu vertrauen, daß er weiß, was er tut. Er allein sieht den großen Zusammenhang. Sie sehen nur ein winziges Stück vom Ganzen: Ihr eigenes Leben. Es ist ein sehr wichtiges Stück für Gott, aber nur ein Stück."

Der Friede kehrte ein, als sie den Umfang der Allwissenheit und Liebe Gottes erkannte. Sie vergab ihm, wie er ihr vergab. Sie gab ihm gegenüber zu, daß diese Vergebung ausschließlich zu ihrem eigenen Besten geschah; er hatte ihre Vergebung nicht nötig.

Haben Sie die Tiefe und Breite Gottes ausreichend begriffen, um ihn so zu akzeptieren, wie er ist – als den einzig vollkommenen Vater, der Sie ohne jeden Vorbehalt liebt?

Keine Freiheit der Wahl

Ein Kind, das unter dem Druck steht, die unerledigten Geschäfte der Eltern zu verarbeiten, hat seine Freiheit der Wahl verloren. Da es gezwungen ist, den Traum zu verwirklichen, das Unrecht wiedergutzumachen, die unausgesprochene Erwartung zu erfüllen, hat es keine Chance, seine eigenen Träume und persönlichen Erwartungen auszuleben. Das Tragischste ist, daß ein solches Kind in seinem Leben nicht dem Willen Gottes folgen kann. Diese kaum verstandenen Behinderungen verursachen ständige Frustrationen, die dann normalerweise als chronische Depression, Zorn oder gar körperliche Krankheit an die Oberfläche dringen.

Maggie, eine vierundzwanzigjährige Frau, ist ein Beispiel für die heimtückischen Folgen unerledigter Geschäfte. Sie kam in unsere Klinik, um ihre starken Depressionen aufzuarbeiten, da sie selbst keine Ursache dafür entdecken konnte. Während die Klinikroutine ihre körperlichen Probleme regulierte, von denen einige durch schiere Nachlässigkeit bedingt waren – sie ernährte sich nicht vernünftig –, setzten wir uns mit ihr zusammen und arbeiteten ihre Lebensumstände auf. Es erforderte viele Tage intensiven Nachforschens, den unerledigten Geschäften auf die Spur zu kommen, die die Wurzel ihrer Depression waren.

Maggie war das Nesthäkchen von vier Geschwistern, die im Alter über drei Jahrzehnte auseinanderlagen. Ihr ältester Bruder war neunundvierzig, die anderen drei Geschwister dazwischen verstreut. Alle fünf wuchsen in einer fröhlichen, liebevollen Umgebung auf. Alle fünf gingen aufs College. Ihr ältester Bruder war Zahnarzt, die älteste Schwester Kieferchirurgin, die mittlere Schwester Universitätsprofessorin, und der zweite Bruder Computerexperte. Alle außer Maggie hatten geheiratet. Sie lebte zu Hause bei ihren Eltern und begann gerade ihre berufliche Laufbahn als Sonderschullehrerin.

All das war Oberfläche. Darunter lagen die Botschaften. Schon als Baby schien sie dazu bestimmt zu sein, zurückzubleiben und sich um die Eltern zu kümmern. Alle anderen hatten die stillschweigende Erlaubnis, fortzugehen und Familien zu gründen. Maggie war es, wie den anderen, erlaubt, aufs College zu gehen. Doch dann „mußte" sie zurück zu ihren Eltern ziehen und unverheiratet bleiben.

Nicht, daß irgend jemand je diese Erwartungen laut ausgesprochen hätte. Wahrscheinlich waren sie keinem der Geschwister auch nur bewußt, obwohl in ihren Köpfen immer die gleichen Botschaften abgespielt wurden: „Mit meiner Familie kann ich mich nicht auch noch um Mutter und Vater kümmern. Maggie ist noch nicht verheiratet; für sie ist es am leichtesten."

Diese Edikte waren ebenso wirksam wie geschriebene Gesetze. Hier war das kollektive Ego der Familie am Werk. Maggie war zur Lösung eines unausgesprochenen Problems geworden, gezwungen, eine bestimmte Rolle auszufüllen, die sie nicht selbst wählen konnte. Sie hatte nicht die Freiheit, zu heiraten, die Stadt zu verlassen, ein von ihren Eltern unabhängiges Leben zu suchen.

Sie erzählte uns von mehreren jungen Männern, die sie hatte heiraten wollen, ohne daß je etwas daraus geworden war. Sie dachte an eine Forschungsposition in einer anderen Stadt, die ihr angeboten worden war und die ihren beruflichen Status erheblich gehoben hätte. Jetzt, im Therapiegespräch, erschienen ihr die Gründe, aus denen sie abgelehnt hatte, als fadenscheinig. Eine tiefe Trauer überflutete sie, ein deutliches Bewußtsein des Verlustes.

Maggie hielt sich für frei, aber in Wirklichkeit steckte sie in einem Gefängnis aus unausgesprochenen, unerledigten Geschäften. Durch ihre chronischen Depressionen drang ihre Lage schließlich an die Oberfläche. Depression ist nach innen gerichteter Zorn, und man kann sehr zornig sein, ohne zu wissen, warum.

Für Maggie war es notwendig, die Botschaften zu verändern, die in ihrem eigenen Kopf abgespielt wurden. Sie mußte den Gedanken erfassen: „Mein Leben ist wertvoll. Es ist mein Leben. Euer Leben ist euer Leben. Ich kann nicht eures leben, und ihr dürft nicht meines leben."

Die nächsten Schritte

Die kleine Jenny läßt der Familie Newport immer noch keine Ruhe. Joey Trask rührt keinen Finger für das kollektive Ego seiner Familie. Die Kolbins haben keine Freude an ihren Kindern; sie ertragen sie.

Der Beginn der Heilung besteht darin, zu lernen, über die Kluft zwischen den Generationen aufeinander zu hören und einander zu *verstehen.*

Lernen Sie sich kennen

„In meinem Sprechzimmer gelten drei Regeln", sagte Dr. Warren zu Joey Trask. „Erstens: Du darfst reden – du darfst sagen, was du willst. Und du darfst auch nichts sagen; du mußt nicht über irgend etwas sprechen, wenn du nicht willst. Zweitens: Es interessiert uns nicht, ob du recht oder unrecht hast. Du kannst ehrlich sein, ohne dafür bestraft zu werden. Wir wollen deine Gedanken erforschen, nicht beurteilen. Drittens: Ich lasse dich nicht im Stich. Ich bleibe an deiner Seite und gehe mit dir."

Joey hob den Kopf und sah Dr. Warren zum ersten Mal richtig ins Gesicht. „Was heißt das?"

„Ich begleite dich durch den ganzen Prozeß hindurch. Ich werde nicht deine Probleme für dich lösen. Ich werde dich nicht retten. Aber ich werde dich auch nicht im Stich lassen. Du wirst das besser verstehen, wenn wir ein Stück hinter uns gebracht haben. Ach, und noch etwas: Ich werde nicht ‚singen'. Ich werde nichts an deine Eltern weitergeben, mit einer sehr wichtigen Ausnahme. Wenn du mir von etwas erzählst, das möglicherweise schädlich für dich ist – etwas, das dich wirklich verletzen kann –, dann werde ich ihnen davon erzählen, weil mir deine Sicherheit nicht egal ist. Aber – ein wichtiges Aber: Ich werde dir vorher sagen, daß ich diese Absicht habe, und du wirst dabei sein, wenn ich es tue. Es wird niemals hinter deinem Rücken geschehen. Sind wir uns einig?"

Wieder dieses hoffnungslose Achselzucken. „Denke schon."

„Gut, dann laß uns anfangen. Erzähl mir von deiner Familie."

Erster Schritt: Zuhören

Ob nun Dr. Hemfelt mit Erwachsenen arbeitet oder Dr. Warren mit Kindern, beide fangen auf die gleiche Weise an. Sie hören zu. Nun haben Therapeuten einen großen Vorsprung vor Eltern, wenn es ums Zuhören geht. Therapeuten sind gründlich dafür ausgebildet, nicht nur auf die Worte zu hören, sondern auch auf die Körpersprache, die subtilen Nuancen und Untertöne herauszuhören, die entweder die Worte unterstreichen oder ihnen widersprechen. Außerdem ist ein Therapeut emotional nicht so stark beteiligt und kann darum objektiver zuhören als die Eltern.

Dennoch kann es für Eltern sehr nützlich sein, sich mit einigen der Methoden vertraut zu machen, die von professionellen Therapeuten eingesetzt werden. Zumindest können sie dadurch ein wenig mehr Einsichten darüber gewinnen, wie ihre Kinder die Welt sehen. Auch hier sollten Dr. Warrens Spielregeln beachtet werden: Du hast die Erlaubnis, über alles oder gar nichts zu reden. Wir werden dich nicht verurteilen. Wir werden dich auf deinem Weg nicht im Stich lassen.

Sehr allgemein gesprochen (es gibt da viele löbliche Ausnahmen) sind Eltern hervorragende Erzähler und lausige Zuhörer. Sie haben ja soviel Lebenserfahrung, und dieser Grünschnabel fängt gerade erst an zu leben; da ist die Versuchung groß, ihn mit Ihrer reichen Erfahrung zu beglücken. Das Kind ist in vielen Bereichen naiv und macht sich falsche Vorstellungen. Hat man da als Vater oder Mutter nicht die Verantwortung, ihm den Kopf zurechtzurücken?

Normalerweise ja. Aber nicht immer. *Kinder denken nicht wie Erwachsene.* Ihre geistigen Fähigkeiten und Maßstäbe sind denen der Erwachsenen nicht unterlegen; sie sind einfach anders. Es ist wirklich erstaunlich, wieviel Sie über Ihr Kind lernen werden, wenn Sie ihm zuhören, ohne ihm Ihre erwachsene Denkweise überzustülpen. Konzentrieren wir uns darauf, Ihre Fähigkeit zum Zuhören aufzupolieren.

Dr. Warrens Definition für „Spielen“ lautet „dem Kind auf seiner eigenen Ebene begegnen“. Das ist eine flexible Definition, die sich auf ein dreizehnjähriges Kind ebenso anwenden läßt wie auf ein neunjähriges. Spielen ist die wirksamste Form der Kommunikation mit Kindern unter neun Jahren. Diskussionen, besonders über abstrakte Dinge oder über

Einzelheiten aus der Vergangenheit, bringen einfach nicht viel. Bestimmte Spiele und Phantasiespielzeuge sind besonders geeignet, um durchs Spielen dem Kind zuzuhören.

Phantasiespielzeuge sind etwa Malblöcke und Stifte an einem Regennachmittag und Puppenhäuser oder Spiel-Schulhäuser, in denen das Kind ausspielen kann, was es erlebt. Sie müssen nicht aufwendig sein; im Gegenteil, sie sind sogar besser für unseren Zweck geeignet, wenn sie es nicht sind. Wenn Sie kein Puppenhaus haben, zeichnen Sie einige Vierecke auf ein großes Stück Pappe auf dem Boden. *Dieses Viereck ist die Küche. Hier malen wir einen Herd, siehst du die Herdplatten? Dieses Viereck ist das Schlafzimmer. Wo wollen wir das Bett hinstellen?* Wenn Sie Puppen brauchen, um Ihre Familie darzustellen, greifen Sie auf die altehrwürdige Methode zurück, mit der sich unsere Großeltern als Kinder Papierpuppen verschafft haben: Schneiden Sie sie einfach aus Zeitschriften oder Katalogen aus. Jetzt müssen Sie sich nur noch hinsetzen und spielen – und zuhören.

Machen Sie sich darauf gefaßt, daß es ein ziemlicher Schock für Sie sein kann, was Ihr Kind beim Spielen so von sich gibt! Wenn ein Fünfjähriger davon redet, das Baby in Stücke zu schneiden, sitzen Sie sprachlos da und fragen sich, wer dem Kind ein Rambo-Video gezeigt hat. Doch selbst in einem so extremen Fall gibt es bestimmte Dinge, die Dr. Warren niemals zu einem Kind sagen wird, und Sie sollten es ebenfalls nicht tun.

Bestreiten Sie nicht die Gefühle des Kindes. Zum Beispiel, indem Sie sagen: „Ach, das glaubst du doch nicht wirklich, oder?“ „Wie kannst du so etwas sagen!“ „Das ist ja furchtbar!“ „Das meinst du doch nicht so, oder?“ Verurteilende Aussagen wie diese können die Atmosphäre sofort abkühlen lassen. Außerdem haben Sie versprochen, auf solche Aussagen zu verzichten, erinnern Sie sich?

„Das ist Unsinn!“ ist eine weitere Aussage, vor der Sie sich hüten sollten. Es ist vielleicht Unsinn für Sie. Vielleicht ist es auch Unsinn für das Kind. Aber Unsinn bedeutet für Kinder etwas anderes als für uns. Für sie ist Unsinn glaubhaft. Wenn man klein ist, ist nichts Unglaubhaftes daran, daß Peter Pan

fliegen kann. Achten Sie darauf, das Spielen nicht aus der Perspektive eines Erwachsenen zu betrachten.

Vermeiden Sie es, die Führung zu übernehmen oder lenkende Fragen zu stellen. Lassen Sie das Kind die Richtung des Spiels bestimmen. Sagen Sie nicht Dinge wie: „Oh, schau mal – wir haben ja schon seit zehn Minuten nicht mehr mit der Papa-Puppe gespielt. Was macht denn Papa?" Vielleicht macht er in der Vorstellung des Kindes gar nichts, und das allein sollte Ihnen schon eine Menge sagen.

„Laß es uns so machen" ist auch eine Methode, das Kind zu lenken. Schauen Sie lieber zu, wohin es von allein geht.

In seiner Praxis tritt Dr. Warren oft in die Spielwelt eines Kindes ein. Er setzt sich neben (nicht hinter und nicht vor) das Kind und nimmt sich eine Puppe, die ihn selbst darstellen soll. Dann läßt er die Puppe die Bühne betreten. „Hallo, ich heiße Paul. Was machst du denn gerade?" Durch die Puppe steigt er in die Zauberwelt ein, die freilich für das Kind keine Zauberwelt ist. Sie gehört ebenso zur Wirklichkeit wie jedes Ereignis außerhalb des Spielzimmers.

Zweiter Schritt: Nachdenken

Schön. Sie haben sich entschlossen, zuzuhören, wie das Kind sein Schauspiel entfaltet. Jetzt denken Sie über das nach, was Sie hören.

Wie nimmt Ihr Kind seine Familie wahr? Die kleine Elaine zum Beispiel legte die Vaterpuppe immer wieder zur Seite.

Dr. Warren nahm sich eine Puppe und trat in die Spielwelt ein. „Hallo, ich bin Paul. Ich dachte, ich schaue mal vorbei. Wo ist denn dein Papa?"

„Ach, der ist verreist."

Ein anderes Mal: „Der ist weg." Und. „Der arbeitet." „Der schläft." „Er ist weggegangen."

In Wirklichkeit war Elaines Vater selten auf Geschäftsreise und verbrachte viel Zeit zu Hause. Durch diesen Widerspruch aufmerksam geworden, konnte sich Dr. Warren der Frage zuwenden, warum sich Elaine nicht mit ihrem Vater beschäftigte. Es stellte sich heraus, daß ihr Vater tatsächlich sehr distanziert war. Als Literaturagent verbrachte er viel Zeit in Gegenwart der Familie, aber in Gedanken war er immer woanders. Er machte sich Notizen, tätigte Anrufe (selbst während Elaines Geburtstagsparty), las Manuskripte, brachte Klienten mit nach Hause. Seine Frau und seine Kinder hatten nie seine volle Aufmerksamkeit, ohne daß er oder seine Frau das bemerkten. Doch die sechsjährige Elaine wußte es.

Achten Sie vor allen Dingen auf Beziehungen. Wie gehen die Figuren miteinander um? Wer hat die größten Rollen und die meiste Zeit auf der Bühne? Warum? Wer wird zur Seite gedrängt? Wer verhält sich gewälttätig? Wer spielt den Schlichter? Wer bekommt Eifersucht oder Zorn zu spüren? Stimmt die Art und Weise, wie Ihr Kind Ihre Familie sieht, mit Ihrem eigenen Bild von Ihrer Familie in etwa überein? Das Spiel Ihres Kindes ist ein Spiegel seiner Realitätswahrnehmung.

Die Welt eines Kindes ist fast ausschließlich eine Welt der Beziehungen. Gegenstände oder Besitz spielen eine relativ kleine Rolle, anders als in der Welt, die wir als Erwachsene oft für uns aufbauen. Deshalb ist es ratsam, nicht nur darauf zu achten, wie Ihr Kind die Beziehungen sieht, sondern auch besonders, wie es sich selbst sieht. Setzt es sich selbst herab? Spielt es sich auf? Ist es ganz abwesend? Betrachten Sie die Figuren des Spiels als Spiegel. Sind sie sich ihrer selbst unsicher? Sind sie edel? Hinterhältig? Zornig?

Eine andere gute Möglichkeit zum Zuhören ist das gemeinsame Malen. Zügeln Sie Ihre hervorragenden künstlerischen Fähigkeiten und zeichnen Sie Strichmännchen und -szenen. Schließlich geht es darum, *mit* dem Kind zu spielen. Stellen Sie gelegentlich Fragen zu den Bemühungen des Kindes:

- „Was passiert in deinem Bild? Weißt du, was als nächstes passieren wird?“
- „Erklär mir das.“
- „Das ist ein schöner Fisch.“ (Vergewissern Sie sich zuvor, daß es auch ein Fisch *ist*!) „Warum wolltest du diesen Fisch malen?“

Was sagt das Kind, sowohl in Worten als auch in Bildern? Sind die Bilder hell oder dunkel?

Auch ältere Kinder malen gern, um ihre Gefühle auszudrücken, obwohl sie vermutlich nicht viel davon halten, es mit ihren Eltern gemeinsam zu tun. Joey Trask brachte zu einer seiner Sitzungen mit Dr. Warren einen Zeichenblock mit. Schüchtern machte er Bemerkungen zu jedem Blatt. „Das hier ist nicht besonders gut; ich kann es eigentlich besser. Das hier ist total mißraten. Und das ist ganz schlecht. Ich habe sie nur mitgebracht, weil wir uns neulich übers Zeichnen unterhalten haben."

„Nett von dir. Ich interessiere mich sehr fürs Zeichnen. Danke."

Daß Joey sich so abfällig über seine Arbeiten äußerte (mit denen er sich offensichtlich eine Menge Mühe gemacht hatte), warf ein bezeichnendes Licht auf seine Selbsteinschätzung: Er hielt nicht viel von sich selbst als Künstler.

Der Spiralblock begann mit Bären, Hirschen, Adlern und dergleichen und ging dann über zu Monstern und Skeletten. Da er direkt aus der Schule kam, hatte Joey seine Bücher dabei. Er malte in seinen Heften herum, wie es alle Schüler tun. Von Speeren durchbohrte Figuren, Messer und Totenschädel füllten die freien Stellen. In den Zeichnungen dieses christlichen Jungen tauchten immer wieder okkulte Elemente auf.

(An dieser Stelle ist eine Nebenbemerkung angebracht: Therapeuten stellen immer wieder fest, daß Kinder sich beiläufig und spielerisch mit dem Okkulten befassen; nicht, weil sie sich sonderlich dafür interessieren, sondern weil es Rebellion symbolisiert. Sich gegenüber frommen Eltern einen okkulten Anstrich zu geben ist ein sicheres Mittel, um sie zu schockieren. Dieses Schockieren ist es, worum es den Kindern geht, zumindest am Anfang. Das Streben nach okkulter Macht kommt später, wenn überhaupt. Nehmen Sie dennoch nichts auf die leichte Schulter, was Ihnen Ihr Kind erzählt.)

Schließlich sollten Sie beim Zuhören stark auf Unstimmigkeiten achten. Was drückt das Kind durch seine Körpersprache aus? Ein Kind, das „Alles in Ordnung" sagt, während es kaum die Tränen zurückhalten kann, zeigt eine Unstimmigkeit. Kinder sind sehr gut darin, ihre eigenen Gefühle zur Seite zu drängen, um statt dessen das zu sagen, was Sie hören wollen oder wovon sie meinen, daß Sie es hören wollen.

Ein Beispiel für ein Kind, daß seine eigenen Gefühle verleugnete, war Martin. Mit knapp neun Jahren war Martin der Traum aller Eltern – reif, fröhlich, gut in der Schule. Als seine Mutter ihre Scheidung durchmachte, unterstützte er sie sehr. „Ich weiß nicht, was ich ohne ihn gemacht hätte", sagte sie, „besonders, da sein kleiner Bruder Raul vollkommen ausrastete. Er bekam einen Wutanfall nach dem anderen. Es dauerte ein Jahr, bis er die Sache verdaut hatte. Martin dagegen hat alles so gut überstanden. Er war mir eine echte Stütze."

„Vor kurzem ist Martin in seiner Schule einem Test unterzogen worden."

„Ja. Wegen zu kurzer Aufmerksamkeitsspanne und Lernschwierigkeiten. Das ist nicht Martin. Es ist, als ob die von einem anderen Kind redeten. Als er bei einem Ladendiebstahl erwischt wurde, sagte man mir, ich solle mich um Hilfe für ihn kümmern. Und deshalb bin ich hier. Ladendiebstahl! Herr Doktor, auch das ist nicht mein Martin."

Von der Mutter erfuhr Dr. Warren ausgiebig, was Martin alles nicht war. In seinen Gesprächen mit Martin ging er der Frage nach, was Martin war. Eine Routinefrage zum Kennenlernen ist: „Erzähl mir von deiner Familie." Martin erzählte von seinem Stiefvater, zu dem er wenig Kontakt hatte. Er sprach von seinem kleinen Bruder, der jetzt in der Schule besser zurechtkam als Martin selbst. Er erzählte von seiner Mutter. Und je länger er sprach, desto trauriger wurde er.

„Wie ich höre, haben deine Mutter und dein Vater sich vor einigen Jahren scheiden lassen. Wie hast du das empfunden?"

„Ich bin ganz gut drüber weggekommen." Und hier zeigte sich die erste Unstimmigkeit. Sein Kopf hing herab, und er sah gar nicht danach aus, als ob er darüber hinweg wäre. In seinen Augen schimmerte es feucht.

Schweigen.

Dr. Warren ließ ihm einen Moment Zeit. „Es macht dich wohl ziemlich traurig, darüber zu reden."

„Nö, ich habe nur was im Auge."

„Ach so. Ich dachte, du wärst vielleicht traurig, denn ich finde es sehr traurig, wenn ich von einem Zwölfjährigen höre, dessen Eltern sich scheiden lassen haben. Ich glaube, alle Kinder in deinem Alter wünschen sich, daß ihre Eltern zusammen sind."

Wieder hing ein langes Schweigen in der Luft. Und Martin, der so gut über die Scheidung hinweggekommen war, fing an zu heulen.

Fälle wie dieser, in denen der kleine Held seine Gefühle beiseite schiebt und dann zusammenbricht, weil er sich ihnen nie gestellt hat, begegnen Dr. Warren sehr häufig. Wir berichten diese Episode deswegen, weil sie ein Beispiel für eine weitere Methode ist, die Dr. Warren und seine Kollegen benutzen. Sie *unterhalten* sich nicht nur mit den Kindern, sondern sie bemühen sich, ein *Bündnis* mit ihnen zu schließen.

Wenn Martin seine Geschichte erzählt, wird Dr. Warren traurig, und das ist nicht gespielt. Der Verlust, den dieses Kind erlitten hat, ist wirklich eine traurige Sache. Dergleichen kann man nicht vorspielen. Doch wenn ehrliches Mitgefühl geäußert wird, gewinnt Ihr Kind einen Verbündeten bei der Aufarbeitung seiner Gefühle.

Die Aufgaben der Heilung

Im zweiten Teil werden wir uns drei Schritte anschauen, die sowohl die Kinder als auch die Eltern auf eine Wiederherstellung hin tun können, um ein gesundes Leben und eine vielversprechende Zukunft zu gewinnen. Die drei Fragen, die Patienten helfen, diese Schritte zu tun, lauten:

1. *Wer bin ich innerlich?* Gesunde Kinder mit einem starken und wachsenden Bewußtsein der eigenen Identität sind sich ihrer Gefühle bewußt. Ein verletztes Kind versteht seine eigenen Gefühle nicht, und das hat verheerende Folgen. Ihr

Kind muß so weit kommen, daß ihm alles vertraut ist, was sich in seinem Zimmer im Puppenhaus befindet.

Inzwischen legen wir den Erwachsenen nahe, sich sorgfältig mit ihren Ursprungsfamilien – also mit ihren Eltern und Großeltern – auseinanderzusetzen, um Einsichten in ihre eigene Entwicklung zu gewinnen. Sie wissen nicht, wohin Sie gehen, solange Sie nicht wissen, woher Sie kommen und wo Sie im Augenblick sind.

2. *Wer bin ich in der Familie?* Das Kind muß wissen, wo die Zimmer der anderen sind, was seine eigene Position ist, was sich wahrscheinlich verändern wird und wie fest die Wände sind. Eltern müssen sich mit ihrer ehelichen Bindung befassen und sie stärken, wo immer sich Schwächen zeigen. Wenn diese Bindung aufgelöst ist, muß der alleinerziehende Elternteil herausfinden, ob die Trennung auf gesunde Weise verarbeitet wurde.

3. *Wer bin ich in der Gemeinschaft?* Ganz kleine Kinder sind sich einer größeren Gemeinschaft nicht bewußt. Mutter, Vater und Familie bilden ihre ganze Welt. Früher oder später jedoch muß das Kind seinen Platz außerhalb dieses geschlossenen Raumes finden. Sich außerhalb des Puppenhauses wohlzufühlen (und dazu gehört, sich in Gottes Familie einzufügen), ist der ganze Zweck des Erwachsenwerdens.

Die folgenden konkreten Elemente des Heilungsprozesses werden Kindern und Eltern helfen, das letzte Ziel der Wiederherstellung zu erreichen:

- Ich brauche die Erlaubnis, zu erforschen, wer ich innerlich bin. (Wenn ich ein Kind bin, muß diese Erlaubnis sowohl von meinen Autoritätspersonen als auch von mir selbst kommen.)
- Ich brauche bei dieser Erforschung einen Partner, einen Reisegefährten, denn die Sache kann bisweilen recht beängstigend werden. Teile von mir, die ich bisher nicht zur Kenntnis nehmen wollte oder von deren Existenz ich keine Ahnung hatte, können mir große Angst einjagen. Deshalb brauche ich an meiner Seite jemanden, der sich in meine Lage versetzen kann (im Fall eines Kindes ent-

weder ein Elternteil oder Eltern und Therapeut gemeinsam; bei einem Erwachsenen ein Therapeut, Ehepartner oder Freund).

- Ich muß wissen, was in mir vorgeht. Das heißt, ich muß es als Teil von mir akzeptieren, sowohl das Gute als auch das Schlechte.
- Ich brauche Hilfe dabei, die traurigen Dinge, die ich über mich in Erfahrung bringe, zu durchtrauern. Zur Trauer gehören Angst, Zorn und Niedergeschlagenheit. Ich darf das, was mir an mir nicht gefällt, nicht abblocken (d. h. abspalten, verleugnen). Ich darf die unangenehmen Seiten nicht verstecken, damit sie sich nicht durch den Hintereingang hineinschleichen und mich im späteren Leben verletzen.
- Ich muß erkennen, daß ich wichtig bin, ganz einfach so, wie ich bin. Außerdem muß ich wissen, daß ich letzten Endes darüber entscheide, was ich mit meinem Leben mache, nicht irgend jemand anderes. Ich muß die Verantwortung für mich selbst übernehmen.

Ihr Kind braucht einen Reisegefährten, einen Menschen, der auf einem erschreckenden, unbekannten Weg an seiner Seite bleibt. Sie können diesen Weg mit ihm gehen; manchmal, indem Sie sanft führen – schließlich haben Sie weitaus mehr Lebenserfahrung als Ihr Kind –, aber meistens, indem Sie einfach zuhören und mitgehen. Wir können Ihnen eine allgemeine Karte anbieten, der Sie und Ihr Kind folgen können, wenn Sie Ihrem Kind die nötige Kameradschaft bieten.

Zweiter Teil:
Der individuelle Weg zur Heilung

Das Kind: Wer bin ich innerlich?

Der Mann zieht einen langen, gelben Mantel, große schwarze Stiefel und große, unförmige gelbe Hosen an, alles mit Reflektorstreifen versehen. In dem Zeug sieht er viel größer aus, als er in Wirklichkeit ist. Er setzt einen großen Helm auf, der ihm ein erschreckendes Aussehen gibt. Die vierjährige Jessica zuckt zusammen. Dann klappt er auch noch ein Visier über sein Gesicht. Jetzt kann man seine Augen nicht mehr sehen, und das macht ihn noch erschreckender. Er setzt einen Rucksack mit einem Tank und eine merkwürdige, häßliche Atemmaske auf. Die Hände stecken in dicken Handschuhen. Jessica springt von ihrem Sitz auf und preßt sich an Mrs. Cooney, ihre Lehrerin. Mrs. Cooney lächelt und hält ihre Hand.

Der maskierte Mann schnaubt und schnauft ganz unheimlich und geht zwischen den Kindern umher, tätschelt ihnen die Köpfe und umarmt die Tapferen. Er ist so gruselig! Schließlich schafft er es, sie alle zu umarmen, sogar Jessica. Dann nimmt er die Atemmaske vom Gesicht und setzt den Rucksack ab, hebt das Visier und setzt den Helm auf den Kopf von Roy, der der älteste und tapferste Junge in Jessicas Kindergartengruppe ist. Er zieht den Mantel aus und umarmt Jessica noch einmal.

Der Mann ist ein Feuerwehrmann außer Dienst, der in den Kindergarten gekommen ist, um den Kindern beizubringen, sich nicht vor Feuerwehrleuten zu fürchten. Außerdem ist er Jessicas Papa.

Mit ihren vier Jahren wußte Jessica vom Kopf her ganz genau, daß dies ihr Papa war. Doch in diesem Alter herrschen die Augen über das Herz und bestimmen die Ängste; der Kopf hat dabei wenig mitzureden. Sie wußte auch, daß er ein Feuerwehrmann war, aber ihre Erfahrung war zu begrenzt, als daß sie schon eine Vorstellung davon gehabt hätte, wie ein Feuerwehrmann aussah und was er tat.

Die tragischste Situation, die einem Feuerwehrmann begegnen kann, ist die, daß er in ein brennendes Haus vordringt, um die Kinder zu retten, und dann merkt, daß die verängstigten Kleinen sich vor ihm verstecken. Die Feuerwehren geben sich große Mühe, Kindern beizubringen, in Notsituationen zu den Leuten in Schutzkleidung zu kommen. Doch das furchterregende Äußere ist fast unmöglich beiseite zu schieben, wenn man klein ist, weil die Logik der Erwachsenen („dieser Feuerwehrmann ist hier, um mir zu helfen") einfach nicht funktioniert.

Erwachsene Denkweisen funktionieren nicht bei Kindern.

Mehr noch: *Kindliche Denkweisen sind altersabhängig und verändern sich während des Aufwachsens.*

Das Kind, das Sie heute kennen, ist nicht das Kind, dem Sie morgen begegnen werden. Während sich der Horizont ausweitet, verändern sich auch die Einstellungen, und die sexuelle Reifung schreitet in ihrem eigenen Tempo fort. Auch die Wahrnehmung der Zeit verändert sich; ein Punkt, den wir als Erwachsene oft vergessen. Vor allem ändert sich die Fähigkeit des Kindes, Gefühle auszudrücken, auf radikale Weise. Ganz kleine Kinder können ihre Gefühle noch nicht verbal ausdrücken. Selbst ein Achtzehnjähriger ist vielleicht noch nicht in der Lage, das wirksam zu tun. Zumindest jedoch kann der Achtzehnjährige ein besseres Bewußtsein seiner selbst entwickeln und sich seine Gefühle bewußt machen.

Mit ihren neun Jahren war Jennifer Newport kein kleines Kind mehr. Aber sie war auch noch kein großes Kind. Das ist für jedes Kind ein verwirrender Wendepunkt. Da ihr Vater so stark von seiner Arbeit in Anspruch genommen war und ihre Mutter Probleme mit Medikamentenmißbrauch hatte, fehlte ihr ein Reisegefährte auf der Reise vom Kleinsein zum Großsein. Sie saß in Dr. Warrens Sprechzimmer auf der vordersten Kante ihres Stuhls und zappelte unruhig mit den Füßen, begierig, endlich ins Spielzimmer zu kommen.

„Wie geht es zu Hause?" fragte Dr. Warren.

„Ganz gut, glaube ich", sagte Jennifer achselzuckend. „Mrs. Bomberg aus der Gemeinde kommt regelmäßig vorbei und hilft bei der Wäsche und so. Sie kocht schrecklich. Sie paßt auf uns auf, bis Papa nach Hause kommt. Sie ist ein Drachen. Total streng. Ich hoffe, Mama kommt bald aus dem Krankenhaus. Wann kommt sie nach Hause?"

„Ihr Arzt hat es mir nicht gesagt. Er hat aber gesagt, daß sie gute Fortschritte macht. Es ist sehr schwer, alte Gewohnheiten zu durchbrechen, besonders wenn es um Medikamente geht, aber sie schafft es."

„Ich will, daß sie jetzt nach Hause kommt!" Jennifer hielt einen Moment inne. „Was bedeutet das, ‚ein Kind sein'?"

„Das kommt auf das Kind an. Kinder sind unterschiedlich, je nachdem, wie alt sie sind; und Jungen sind auch anders als Mädchen. Wo hast du das gehört? Kannst du mir erklären, woran du denkst?"

„Papa hat gesagt, Sie hätten ihm gesagt, daß es nicht immer an Brian hängenbleiben soll, auf mich aufzupassen, weil er auch Zeit braucht, um ein Kind zu sein. Darum kommt Mrs. Bomberg jetzt immer. Ich weiß nicht, warum Brian Zeit braucht, um ein Kind zu sein. Er tut doch nichts anderes, als sich in seinem Zimmer zu verkriechen und blöde Zeitschriften zu lesen." Sie riß ihre Packung Kekse auf

„Manchmal denken die Leute, Herumgammeln sei verschwendete Zeit. Aber das ist es nicht, besonders, wenn man ein Kind ist. Kinder brauchen Zeit zum Herumgammeln, um einfach zu tun, was sie wollen, sich zu entspannen und sich selbst kennenzulernen."

„So wie Brian möchte ich aber gar nicht über mich Bescheid wissen. Seine Zeitschriften sind eklig. Einmal habe ich mir eine angeguckt, bis er mich erwischt hat. Junge, ist der wütend geworden!" Sie bot dem Doktor einen Keks an.

Dr. Warren nahm ihn. „Würdest du auch wütend werden, wenn er sich deine Sachen nehmen würde?"

„Das will er gar nicht. Er meint, Mädchen sind blöd."

„Hat er recht?"

„Keine Ahnung." Sie runzelte die Stirn. „Sind Mädchen blöd?"

„Ich habe bisher noch kein blödes Mädchen getroffen. Manchmal machen Mädchen Sachen, die blöd aussehen, aber das tun Jungs auch. Mir scheint, Mädchen machen manche Sachen, die richtig schön sind. Ich habe das Spielzimmer für diese Stunde für uns reserviert. Hast du Lust?"

„Ja!" Jenny sprang auf die Füße und stürmte zur Tür. Sie drehte sich um und wartete auf ihren Spielpartner. „Ich finde es schrecklich, daß Mama weg ist. Wann kommt sie nach Hause?"

Erlaubnis zum In-sich-gehen

Ihre Kinder brauchen die Erlaubnis, sich innerlich zu erforschen, und sie brauchen auch einen Reisegefährten – und der sind wahrscheinlich Sie, der Leser oder die Leserin dieses Buches. Kinder brauchen Hilfe dabei, ihre Gefühle zu verstehen und zu akzeptieren, über die bitteren und harten Dinge in ihrem Leben zu trauern und schließlich die Verantwortung für sich selbst zu übernehmen.

Eine der Möglichkeiten, Ihren Kindern die Erlaubnis zu geben, sich innerlich zu erforschen, ist: Geben Sie Ihren Kindern Zeit. Eine andere Möglichkeit ist das kreative gemeinsame Spiel. Lassen Sie uns, während wir diese Möglichkeiten betrachten, auch die Faktoren beachten, die Ihnen und Ihrem Kind die notwendige Zeit stehlen könnten.

Zeit

Jason Collander ist gesund, fügt sich gut ein und muß nicht den Schmerz eines anderen mit sich herumschleppen. Montags hat er Klavierstunde und danach Übungsstunde mit dem Spielmannszug. Dienstag ist der Büchereitag, an dem die Kinder nach der Schule in die Stadtbücherei gehen, um zu lesen und zu spielen. Mittwoch ist Jugendchorstunde. Donnerstag ist Trompetenunterricht, Freitag Fußballtraining. An den Samstagen ist immer irgend etwas los, meistens gleich zwei oder drei Dinge. Im Sommer macht die Familie manchmal Ausflüge in den Zoo oder in den Vergnügungspark. Sonntags ist Sonntagsschule, Gottesdienst und abends Kindergottesdienst. Am Montagmorgen geht es wieder ab in die Schule, und die nächste Woche in der Terminmühle bricht an. Dabei sind die Lieblingssendungen im Fernsehen noch gar nicht eingerechnet.

Gegen keine dieser Unternehmungen, an denen Jason teilnimmt, ist etwas einzuwenden, und er hat an allen Spaß. Nun ja, zumindest an den meisten. Auf die Klavierstunde könnte er verzichten, sagt er. Er lernt viel über Fußball, die Bibel, Jesus, das Klavierspielen und die Trompete, aber wann lernt er etwas über Jason? Bestimmt nicht beim Fernsehen. Kurz, er hat so gut wie keine Zeit, einfach mal in sich selbst hineinzuschauen.

Das ist nicht Jasons Schuld. Schuld hat vielleicht der vorherrschende Mythos der modernen Gesellschaft, daß unverplante Zeit verschwendete Zeit sei. Und verschwendete Zeit ist Müll.

Jason lernt durchaus wertvolle Dinge über sich selbst, während er seinen geplanten Aktivitäten nachgeht. Fußball, der Spielmannszug – ja, auch das Klavierspielen – all das fordert seine Geschicklichkeit und verschafft ihm Erfolgserlebnisse. Er lernt, was er tun kann und wie gut er es kann – wichtige Lektionen. Im Spiegel seiner Leistungen kann er sich selbst wachsen sehen.

Wenn alles in Jasons Leben perfekt wäre, könnte er mit diesen Lektionen auskommen. Leider ist er jedoch nur ein Mensch. Er macht beim Vorspielen auf dem Klavier einen Schnitzer. Er kann beim Fußball ein entscheidendes Tor nicht halten, und die gegnerische Mannschaft gewinnt. Er kommt im Spielmannszug aus dem Takt – und das mitten in einer Parade. Sein bester Freund ist sauer auf ihn und erzählt in der Schule erlogene und peinliche Geschichten über ihn.

Jason muß lernen, mit diesen Dingen fertigzuwerden, und dazu braucht er einen Reisegefährten. Vor allem braucht er ein starkes Bewußtsein dafür, wer Jason ist.

Spiel ist die Arbeit der Kinder. Spiel ist für Kinder keine Freizeitbeschäftigung. Es ist für sie keine Zeit, die sie mit Müßiggang verbringen. Durch Spielen und Phantasie verarbeiten Kinder ihre Umwelt, wenn auch auf eine Art und Weise, die von vielen Erwachsenen vielleicht für töricht, sinnlos oder gar schädlich gehalten wird.

Das Spiel der Kinder ist für sie das Tor zum Verständnis sowohl ihrer selbst als auch ihrer Umwelt.

Das trifft nicht nur auf ganz kleine Kinder zu, sondern auf alle, und es ist besonders wichtig für Kinder mit Problemen. Wenn wir Kinder in der Therapie haben, behandeln wir sie zumindest teilweise durch Spiel, und dieses Spiel ist um so wichtiger, je jünger das Kind ist. Ermutigen Sie Ihr Kind zu den Spielen, die ihm am meisten dabei helfen, sich selbst zu entdecken.

Denken Sie an Jennifer Newport, die an der Schwelle zwischen „nur Spielen" und „Reden und Spielen" steht (Joey Trask ist eine Stufe weiter, an der Grenze zwischen „Reden und Spielen" und „Reden"). Jennifer hockte im Spielzimmer und spielte mit einem Lastwagen. Dr. Warren saß dabei.

Mit den entsprechenden Geräuschen ließ Jennifer ihren Lastwagen um eine scharfe Kurve rasen. Dr. Warren „fuhr" mit einem Streifenwagen auf die Szene und ließ seine Sirene heulen. „He, Sie da! Was fällt Ihnen ein, so durch die Stadt zu rasen?"

„Wir sind hier nicht in der Stadt. Wir sind draußen auf dem Land bei den Schlangen und Kaninchen."

„Oh. Na, dann ist es ja gut. Warum bist du denn aufs Land hinausgefahren?"

„Ich muß fliehen."

„Oh. Wovor denn?"

„Vor Brian." Plötzlich vollzog der Lastwagen eine weitere scharfe Wendung und rammte den Streifenwagen. Kichernd ließ Jennifer ihren Motor aufheulen, fuhr über den Streifenwagen drüber und auf und davon. So etwas kann man nur im Spiel machen.

Spielsachen, die Kindern helfen, sich zu offenbaren, nennen wir „Offenbarungsspielsachen". Das ist nur ein anderer Ausdruck für Spielsachen, die die Vorstellungskraft und Phantasie ansprechen und dadurch Kindern helfen, sich und die Welt zu verstehen.

Offenbarungsspielzeug

Bei der Beratung von Eltern zieht es Dr. Warren vor, keine konkreten „akzeptablen" Spielsachen aufzulisten. Statt dessen schlägt er Gruppen von Spielsachen vor, die offenbar Kinder dazu anreizen, Einsichten über ihre Umwelt zu gewinnen.

Bauspielzeug ist eine gute Wahl – Bauklötze, Duplosteine, Legosteine, ein Sandkasten, alles entsprechend den Bedürfnissen und Fähigkeiten des jeweiligen Alters. Mit seinen Bauklötzen kann der vierjährige Victor Kolbin bauen. Er kann zerstören. Gewisse Grenzen können nicht überschritten werden, und Victor muß lernen, innerhalb dieser Grenzen zu arbeiten. Zum Beispiel kann er die Bauklötze nur bis zu einer gewissen Höhe aufschichten.

Anders als Victor kann Regina Kolbin mit ihren fast acht Jahren bereits einige der unverletzlichen Regeln verbalisieren: „Du kannst sie nicht so hoch aufstapeln, Victor; sie werden zusammenstürzen." Außerdem kann sie mit komplizierteren Spielsachen wie Lego oder Playmobil umgehen, ohne frustriert zu werden. Mit seinen zwölf Jahren baut Joey Trask erstaunliche Modellautos aus Plastik.

Spielsachen, die dem Kind das Gehen, Reden und Handeln nicht abnehmen, aktivieren seine Vorstellungskraft. Action-Spielsachen sind schön und gut, solange das Kind sie manipulieren und seine Gefühle und Wahrnehmungen nonverbal durch sie ausdrücken kann. Schlichte Puppen sind hervorragend. Puppen mit Batterien weniger.

Schlichte, spartanische Spielsachen sind am wirksamsten. Bei hochkomplizierten Spielsachen kann der Spielwert auf der Strecke bleiben, da zu wenig Raum für die Vorstellungskraft bleibt. Kinder profitieren viel davon, die Wirklichkeit zu manipulieren, bis sie ihnen paßt. Zu oft gehen Eltern unbewußt davon aus, daß sie nicht soviel Zeit mit den Kindern verbringen müssen, wenn sie ihnen nur aufwendiges Spielzeug schenken. Aber das Spielzeug reicht nicht aus.

Im Grunde ist das Spielen zu einer vergessenen Kunst geworden. Fernsehen ist die Antithese des Spielens. Wir haben eine Generation von Kindern großgezogen, denen die Erfahrung des praktischen Spielens entgangen ist, die für ihre Entwicklung so wichtig gewesen wäre. Aufgrund dieses Mangels werden sie im späteren Leben süchtig nach Spielzeug, denn sie haben diese notwendigen frühen Entwicklungsaufgaben nie erfüllt; sie sind nie zum Spielen gekommen.

Wenn Sie Ihr Kind zum Spielen ermutigen (und sich mit ihm zum Spielen hinsetzen), vergessen Sie nicht, daß Eltern das Spielen äußerst schwer fällt. Es erfordert Übung, sich auf die Ebene eines Kindes herabzulassen und sich rückhaltlos auf echtes Spielen einzulassen. Echtes Spielen schüttelt die Fesseln der Wirklichkeit ab. Gegenstände können plötzlich fliegen. Sie können wachsen oder schrumpfen. Gegenstände können sprechen und unaussprechlichen Gedanken Ausdruck verleihen.

Und dann sind da die Ablenkungen für die Erwachsenen. Sie sitzen auf dem Wohnzimmerteppich. Wo das Kind eine zerklüftete Spiellandschaft sieht, sehen Sie nur den Teppich, der dringend mal wieder gesaugt werden müßte. Andere Dinge rufen nach Ihnen, vor denen Sie die Ohren verschließen müssen.

Dr. Hemfelt hatte einmal einen jungen Mann namens Sam in der Therapie, dessen Vater ein Workaholic war. „Es war mir zuwider, wenn mein Vater mich zum Angeln mitnahm oder mit mir Ball spielte, was selten vorkam. Ich fühlte mich nie wohl dabei. Ich hatte immer dieses Gefühl, ihn von etwas Wichtigerem abzuhalten. Wir konnten uns nicht entspannen." Kinder nehmen derartige unausgesprochene Botschaften klar auf.

Dazu kommt, daß viele Eltern offenbar Schwierigkeiten haben, mit Kindern über deren Gefühle zu reden, und das gehört sowohl zu Gesprächen als auch zum Spielen dazu.

Der sechzehnjährige Brian Newport meinte: „Meine Eltern reden immer nur davon, was ich mache. Sie fragen mich nie, wie ich etwas empfinde. Ich wünschte, sie würden manchmal über mich reden anstatt über meine Noten oder über das, was ich mache."

Joey Trask meinte: „In der Grundschule war ich dauernd beschäftigt. Die ganzen Jahre habe ich ständig irgendwelche Sachen gemacht. Aber es waren nie meine eigenen Sachen. Manchmal wollte ich einfach mal allein sein, wissen Sie? Mich hängen lassen. Meinen Gedanken nachhängen, ohne meinen Körper zu bewegen."

„Hast du je mit deinen Eltern darüber geredet?" fragte Dr. Warren.

„Einmal, als Papa mit mir zum Fußballtraining fuhr. Er lachte nur darüber und meinte, mit Tagträumen komme man nicht weiter. Also habe ich nie wieder davon angefangen. Was sollte die Mühe? Meine Gefühle waren ihnen egal."

Gespräch, Spiel und freie Zeit sind natürliche Wege, auf denen Kinder mehr über sich selbst lernen können.

Das Spiel nutzen

Spielen ist von entscheidender Bedeutung für Kinder, um zu erforschen, wer sie innerlich sind; es ist bei weitem das Wichtigste, was Kinder tun. Durch Spielen lernen sie, mit neuen Empfindungen umzugehen, seien es Aggressionen, Angst oder was auch immer.

Durch den Zauber des Spiels können wir die unausgesprochenen Gedankengänge von Kindern erreichen, denn *durch das Spiel kann man noch kommunizieren, wenn Vorträge und Erklärungen nicht mehr durchdringen, besonders bei Kindern, die noch nicht abstrakt denken können.*

Wir verwenden dazu je nach den individuellen Bedürfnissen des Kindes verschiedene Methoden. Vielleicht wollen Sie mehrere davon ausprobieren. Der Sinn solchen Spielens ist übrigens nicht, das Verhalten der Kinder zu korrigieren, sondern andere Möglichkeiten anzubieten, über eine Sache zu denken. Zum Beispiel wollen wir ein Kind erreichen, das auf alle Situationen mit Zorn reagiert. Das ist ein unbewußter Prozeß, kein erlerntes Verhalten.

Beim Spielen mit Spielsachen gestalten wir Vorbilder für das Kind, wie es einfacher mit seinen Gedanken und Gefühlen umgehen kann. Ein Beispiel war unsere rastlose kleine Jennifer Newport. Wir brachten sie dazu, eine Geschichte zu erzählen und Bilder dazu zu malen.

In Jennifers Geschichte wurde ein kleines Mädchen sehr, sehr zornig. Sie ging hinaus in den Wald und fällte alle Bäume. Ihre Eltern und der Förster rasten vor Wut und versetzten ihr eine Tracht Prügel. Zur Strafe mußte sie ein Jahr lang Kiefernnadeln essen.

Dr. Warren nickte zufrieden. „Das ist eine gute Geschichte! Jetzt bin ich dran." Er nahm sich einen Stift und zeichnete mit ein paar groben Strichen seine Geschichte. „Es war einmal ein kleines Mädchen namens Jane. Bei Jane ging alles mögliche schief. Ihre Mama wurde krank. Ihr Papa ging fort. Ihr Bruder schrie sie an und schlug die Tür zu, so daß sie sich die Finger darin einklemmte. Junge, da war Jane aber wütend! Da nahm sie sich eine Axt und ging hinaus und wanderte ganz weit weg, bis sie in den Wald kam."

Bis zu diesem Punkt verlief Dr. Warrens Geschichte fast so wie Jennifers. Doch dann wich er von ihrem Szenario ab.

„Sie war so wütend, daß sie mit ihrer Axt alle Bäume umhauen wollte. Als sie die Axt nahm und zum ersten Schlag ausholte, hörte sie plötzlich jemand rufen: ‚He!'

‚Hä?' sagte sie und ließ die Axt sinken. ‚Wer hat da gerufen?'

Und was glaubst du, wer da ankam? Da kam ein Uhu, ein richtiger großer Uhu. Er setzte sich neben sie auf einen Baum und sagte: ‚Uhuuh? Ich. Warum willst du denn alle Bäume umhauen?'

‚Weil ich wütend bin', erwiderte Jane.

‚Uhuuuh!' machte der Uhu. ‚Warum bist du denn wütend auf die Bäume? Was haben sie dir getan? Hau die Bäume bitte nicht um. Wir Vögel und Tiere wohnen doch darin. Rede lieber mit mir darüber, ja?'

Da erzählte ihm Jane alles, was bei ihr zu Hause schiefgegangen war und warum sie so wütend war. Als sie fertig war, hatte sie gar keine Lust mehr, die Bäume umzuhauen. Deshalb bekam sie auch hinterher keine Schwierigkeiten. Und jedesmal, wenn wieder etwas schiefging, ging Jane zu dem Uhu und erzählte es ihm. So lebte sie glücklich bis an ihr Lebensende."

Glücklich bis an ihr Lebensende? Selbst in der besten Familie ist nicht jeder jeden Tag glücklich. Nachdem Sie nun gesehen haben, wie Kinder sich durch Reifung verändern können, lassen Sie uns darüber nachdenken, wie Sie ihnen helfen können, wenn das Leben einmal nicht so glücklich ist.

Wie Sie Ihrem Kind über die Problempunkte hinweghelfen können

Der zweijährige Gerald Kolbin läßt seine Mama nicht aus den Augen. Sie ist sein ganzes Dasein. Wenn sie fortgeht, ist auch er irgendwie weg.

Auch der vierjährige Victor Kolbin weicht seiner Mama nicht von der Seite, allerdings aus anderen Gründen: Die Welt erscheint ihm zu beängstigend, um sich mit ihr auseinanderzusetzen, ohne daß Mama in der Nähe ist.

Die siebenjährige Regina Kolbin hat keine Angst, sich von Mama zu entfernen. Sie klaut Streichhölzer und verspürt einen Zwang, Dinge in Brand zu stecken. Warum sie das tut, weiß sie nicht, und es interessiert sie auch nicht. Es ist einfach ein geheimnisvolles, brennendes Verlangen (Wortspiel beabsichtigt).

Wenn wir Kindern helfen, sich selbst innerlich zu erforschen, werden einige Dinge süß und andere bitter schmekken. Manches in ihrem Zimmer im Puppenhaus wird den Kindern Freude und Spaß bereiten. Doch zugleich mit den Stärken und Begabungen kommen Ängste und Schrecken, die sich in den dunklen Ecken verbergen, und entsetzlich verzerrte Träume. Mit der trunkenen Freude der Entdeckung des eigenen Ich kommt die Erkenntnis, daß das Leben sehr, sehr schiefgehen kann.

Genau an dieser Stelle brauchen Ihre Kinder die stützende Begleitung eines Erwachsenen. Wenn ihnen Angst, Schmerz und Trauer begegnen, müssen die Kinder diese häßlichen Seiten des Lebens akzeptieren lernen, anstatt sie abzuspalten. Dasselbe gilt übrigens auch für uns Erwachsene. Wie können Sie Ihren Kindern helfen, mit den rauhen Seiten des Lebens fertigzuwerden? Wenden wir uns zunächst der Angst zu.

Ängste und Schrecken

Zum Leben der Kinder gehört es jeden Tag, Ängsten zu begegnen. Angst vor dem Dunkel. Vor Monstern. Vor zornigen Eltern. Vor anderen Kindern, vor allem vor denen, die größer, älter und stärker sind. Da niemand von uns seine Umwelt oder die Dinge, die uns passieren, völlig unter Kontrolle hat, fürchten wir uns natürlicherweise vor den möglichen Konsequenzen, vor dem Unbekannten. Bei Kindern wird diese Angst dadurch vergrößert, daß ihnen die Erfahrung und das Wissen fehlen, um damit fertigzuwerden.

Eine unserer Patientinnen, Marie Grolier, erzählte uns von dem folgenden Gespräch mit ihrem achtjährigen Sohn.

„Mitchell, steh auf. Du kommst noch zu spät in die Schule."

„Ich gehe nicht hin."

„Mitchell ..." Marie zögerte. War er krank? Oder nur frech? „Warum nicht?"

„Bitte, Mama, zwing mich nicht, heute in die Schule zu gehen, ja?"

„Natürlich gehst du hin. Du hast kein Fieber und bist auch nicht blaß. Es gibt keinen Grund, warum du nicht gehen solltest."

„Ich habe vor irgend etwas Angst."

„Das ist lächerlich! Steh auf und zieh dich an."

Um zwei Uhr erhielt Marie an ihrem Arbeitsplatz einen Anruf aus der Schule. Man hatte geglaubt, Mitchell fehle, aber dann hatte man entdeckt, daß er sich den ganzen Tag über auf der Jungentoilette versteckt hatte. Warum, wollte er nicht sagen.

Wir baten Marie, über ihr Verhalten nachzudenken. „Wenn Sie Ihrem Mann gegenüber vage, unklare Befürchtungen äußern würden, und Ihr Mann würde diese Befürchtungen mit einem nonchalanten ‚Das ist doch lächerlich' vom Tisch fegen, wie würden Sie darauf reagieren?"

Sie zuckte die Achseln. „Ich nehme an, mein erster Gedanke wäre, daß es vielleicht wirklich lächerlich ist."

„Aber nehmen wir an, daß es nicht lächerlich ist."

„Dann würde ich wütend werden. ‚Es ist *nicht* lächerlich, und du wirst mich zu Ende anhören! Ich habe einen berechtigten Einwand!'"

„Sehr gut. Aber Mitchell denkt nicht so. Indem Sie seine Angst mit einem brüsken ‚Das ist lächerlich' beiseite fegten, haben Sie ihm die Tür der Kommunikation vor der Nase zugeschlagen. Vergessen Sie nicht, daß Eltern für Kinder im Grundschulalter fast einen gottähnlichen Status haben. Selbst wenn sich die Kinder daneben benehmen, betrachten sie die Eltern theoretisch als vollkommen."

„Das ist beängstigend."

„Für das Kind auch. ‚Der Halbgott hat gerade meine Angst für lächerlich erklärt.' Doch für das Kind ist die Angst nicht lächerlich. Wird das Kind seine Angst gegenüber jemandem äußern, der es gerade deswegen verhöhnt hat?"

„Wohl kaum. Ich verstehe."

Um Mitchells Gefühlen auf den Grund zu gehen, setzten wir wiederum teilweise das Spiel ein. „Hier ist ein Junge, der in die Schule geht, Mitchell. Zeichnen wir ihn mit einem Schulranzen. Welche Farbe soll der Ranzen haben?"

„Rot."

Mitchells Ranzen ist ebenfalls rot.

Wir malten den Ranzen aus und schnitten die Figur aus. Dann ließen wir sie durch ein eingebildetes Klassenzimmer laufen. Ein auf der Seite liegender Karton ergibt ein hervorragendes Klassenzimmer.

Wir erzählten eine Geschichte von einem Klassenschläger, der hinten saß und Mitchell immer das Geld fürs Mittagessen wegnahm, bis Mitchell dem Lehrer davon erzählte. Dann war Mitchell an der Reihe, eine Geschichte zu erzählen. Es mußten mehrere Geschichten ausgetauscht werden, bis die Wahrheit ans Licht kam: Sein Problem war eine irrationale Angst davor, daß ihm in der Schule ein peinliches Mißgeschick passieren könnte, nämlich daß er sich vor der gesamten Klasse in die Hosen machen könnte.

Irrationale Ängste erscheinen Kindern, die darunter leiden, nicht als irrational. Kinder können solche Ängste nicht wie Erwachsene gedanklich verarbeiten.

Die überlegene Logik der Erwachsenen bedeutet einem Kind gar nichts. Wie aber können Sie bei einem Menschen, der nicht für Vernunftargumente zugänglich ist, gegen Ängste angehen? Eine Formel, die nach unserer Erfahrung funktioniert, lautet: Tatsachen plus Vertrauensbeziehung. Wie hätte Mitchells Mutter Marie mit dieser Situation anders umgehen können?

„Bitte, Mama, zwing mich nicht, heute in die Schule zu gehen, ja?"

Hier müßte das Warnlicht aufleuchten – eine mysteriöse Bitte. Marie steht vor der Entscheidung, sie zu übergehen oder sich damit auseinanderzusetzen. Sie könnte zum Beispiel fragen: „Kannst du mir denn nicht sagen, warum?"

„Ich habe Angst vor irgend etwas."

„Hm. Angst zu haben ist eine schlimme Sache. Aber du mußt jetzt aufstehen, und ich muß zur Arbeit, also können wir heute morgen nicht darüber reden. Weißt du was? Ich mache mir eine Notiz, daß ich mir heute nachmittag extra Zeit nehme, nur für dich. Dann werden wir sehen, was wir tun können, um dir zu helfen."

„Aber jetzt muß ich nicht in die Schule, ja?"

„Doch. Du mußt hingehen, das ist Gesetz. Das ist nicht meine Entscheidung. Ich gebe dir meine Telefonnummer. Steck sie dir in die Tasche. Wenn etwas schiefgeht, ruf mich an."

Dieses Gespräch wird Mitchell vielleicht nicht helfen, den ganzen Tag über immer rechtzeitig zur Toilette zu kommen, aber es ist ein Anfang. Was hat Marie anders gemacht? Sie hat genau das gleiche getan, was wir tun, wenn wir uns in der Therapie mit Kindern unterhalten.

1. *Mitgefühl zeigen.* „Ich weiß, wie du dich fühlst. Ich verstehe dich. Du mußt dir nicht dumm vorkommen." Das ist das Gegenteil von: „Das ist eine törichte Angst. Darüber brauchst du dir überhaupt keine Gedanken zu machen; so etwas kann dir gar nicht passieren."

2. *Der Angst Tatsachen entgegensetzen.* „Zur Schule gehen ist gesetzlich vorgeschrieben" ist eine gute Tatsache für den Anfang. Wenn sie später am Nachmittag mit Mitchell über

seine Angst redet, kann sie noch weitere Tatsachen ins Feld führen.

„Wenn du auf die Toilette mußt, brauchst du nur den Flur entlang zu gehen. Der Lehrer wird zwar vielleicht böse, wenn du ganz schnell aufstehen und rennen mußt, aber das ist immer noch besser als die andere Möglichkeit."

Eine weitere Tatsache: „Das ist dir noch nie passiert."

„Aber Susi ist es letzten Freitag passiert. Mitten im Unterricht", wandte Mitchell ein.

„Ist es dir jemals passiert? War es schon einmal knapp?"

„Ja. Weißt du noch, damals im Zoo?"

„Das war wirklich knapp, aber du hast es noch geschafft." Damit pflanzt Marie einen wichtigen Gedanken in Mitchells Kopf ein: *Du bist früher schon damit fertiggeworden, also kannst du auch jetzt damit fertigwerden.*

Mitgefühl und Tatsachen.

3. *Versichern Sie Ihrem Kind, daß Sie für es da sind.* Es muß sich seinen Ängsten nicht allein stellen. Marie ging mit Mitchell, so gut sie konnte. „Es ist nicht meine Entscheidung. Hier ist meine Nummer; ruf mich an, wenn nötig. Ich sorge dafür, daß wir Zeit haben, um über die Sache zu reden." Außerdem gab sie ihm das unausgesprochene Versprechen: „Wenn es dir wichtig ist, werde ich es nicht auf die leichte Schulter nehmen."

Diese drei Schritte – Mitgefühl zeigen, den Ängsten Tatsachen entgegensetzen und das Versprechen „Ich bin für dich da" – wirken unabhängig vom Alter, denn Kinder (und Erwachsene!) aller Altersgruppen erfahren Ängste und Schrekken. Leider neigen wir dazu, Ängste, die wir bei Erwachsenen als paranoid bezeichnen würden, bei Kindern herunterzuspielen und zu ignorieren.

Vorschulkinder fürchten sich oft vor Monstern oder dem Schwarzen Mann. Die Angst vor unheimlichen Wesen unter dem Bett ist bei fast allen Kindern vorhanden, wenn auch nur vorübergehend. Was machen Sie also, wenn Ihr Kind in der Nacht heult? Stecken Sie Ihren Kopf durch die Tür und schreien: „Sei nicht so dumm! Da ist kein Monster! Jetzt schlaf endlich"?

Wie wäre es, statt dessen mit einer Taschenlampe ins Zimmer zu kommen, alle Schränke auszuleuchten und zu sagen: „Siehst du? Da ist gar nichts."

Das funktioniert nicht? Vielleicht haben Sie eine Stelle übersehen, oder vielleicht sind Monster immun gegen Taschenlampen. Vielleicht könnten Sie sagen: „Ich hatte auch immer Angst. Als ich älter wurde, merkte ich, daß es überhaupt keine Monster gibt. Das Wichtige ist, du bist zu Hause, du bist hier sicher, und wir sind für dich da. Wir werden nicht zulassen, daß dir etwas passiert."

Auch hier ist wieder Mitgefühl das Gegenmittel. Der Angst Tatsachen entgegensetzen. Das ausgesprochene oder unausgesprochene Versprechen: „Ich bin bei dir, und ich bleibe bei dir."

Kinder müssen lernen, mit den alltäglichen Ängsten des Lebens fertigzuwerden, wenn sie zur rechten Zeit das Bewußtsein für die eigene Identität entwickeln sollen. Unverarbeitete Ängste können die Selbsterforschung und die Unabhängigkeit untergraben, die für den Aufbau der Identität notwendig sind. Einige Beispiele: Dadurch, daß er Angst davor hat, von Mamas Seite zu weichen oder nach draußen zu gehen, ist Victor Kolbin nicht in der Lage, seine Welt zu erkunden und sich damit auseinanderzusetzen. Zudem schwächt seine (für sein Alter) übersteigerte Abhängigkeit von Mama sowohl ihre als auch seine eigenen Abgrenzungen.

Joey Trask bekannte sich zu einer Angst, unter der sehr viele Kinder um zehn Jahre oder darüber leiden: „... der Unterricht. Ich habe Angst davor, Mist zu bauen. Ich fürchte mich davor, vor den anderen wie ein Idiot dazustehen. Dann habe ich wieder Angst vor dem Lernen, denn wenn die anderen wissen, daß ich lerne, und ich immer noch Mist baue, dann denken sie ganz bestimmt, daß ich doof bin."

Derartige Ängste sind nicht weniger irrational als die vor dem Schwarzen Mann, und es sind unter Kindern verbreitete, lähmende Ängste. Auch hier gilt: Mitgefühl („Manchen Leuten fällt es wirklich schwer, Prüfungen zu machen, selbst wenn sie den Stoff vollkommen beherrschen. Die Pädagogen haben einen Ausdruck dafür: *Prüfungsangst*"), Tatsachen

(„Du bist clever genug, um gut durchzukommen; ich habe dich schließlich schon in Aktion gesehen“) und jenes Versprechen („Ich bin für dich da“) sind die Schlüssel.

Auf dieselbe Weise können Sie Ihrem Kind beibringen, wie man trauert. Trauern ist eines der wichtigsten Elemente im Umgang mit den vielen großen und kleinen Verlusten des Lebens.

Trauern lehren

Die größte Unterlassungssünde, die wir Eltern begehen können, ist das Versäumnis, unsere Kinder das Trauern zu lehren, vor allem durch unser Vorbild. Wie können unsere Kinder trauern? Genauso, wie wir als Erwachsene es tun sollten: Die Schritte des Trauerprozesses sind folgende:

- Schock und Verleugnung;
- Zorn und Abreagieren;
- Feilschen und magisches Denken („Wenn nur diese Sache gut ausgeht, verspreche ich, das und das zu tun“);
- Traurigkeit und Depression (bei Erwachsenen zeigt sich eine Depression normalerweise in Form von Trübsalblasen. Bei Kindern kann sie sich in Form von Wutausbrüchen, Schmollen oder Streitsucht äußern);
- Auflösung und Vergebung; Verarbeitung und Akzeptieren.

Trauer ist einer der wenigen Züge, die Kinder aller Altersstufen gemeinsam haben. Sie ist notwendig, weil das Leben ein ständiges Lieben und Verlieren ist; jedes Kind muß immer wieder eine Nische der Geborgenheit verlassen und zu einer neuen Ebene des Lebens fortschreiten, wie wir gesehen haben. Der Verlust des Alten, Vertrauten muß betrauert werden. Es ist zwar nicht unmöglich, daß Kinder das allein lernen, aber die allerwenigsten schaffen es ohne Anleitung. Sie müssen es von Ihnen lernen, sei es durch Ihr Vorbild oder durch Spiel.

Kinder erfahren Trauer in Form von drei Komponenten: Angst, Zorn und Traurigkeit, gewöhnlich in dieser Reihenfolge. In der Therapie gehen wir auf diese drei Komponenten einzeln ein und führen so das Kind durch den Trauerprozeß. Ziel dabei ist es, dem Kind die Erfahrung zu vermitteln, wie man durch Trauern die Kümmernisse des Lebens verarbeitet.

Die Angst-Komponente der Trauer

Jennifer Newport rollte sich in ihrem Lieblings-Polstersessel zusammen, legte das Kinn auf die Knie und starrte in ungewöhnlich nachdenklicher Stimmung ins Leere. „Ja, ich glaube schon, daß ich manchmal Angst habe. Aber ich denke nicht besonders gern darüber nach, also lasse ich es, außer nachts."

„Worüber denkst du nachts nach?"

„Meistens über Mama. Ich habe Angst, daß sie nicht mehr nach Hause kommt. Wissen Sie, manche Leute bleiben doch ihr ganzes Leben lang im Irrenhaus. Oder vielleicht wird sie nicht mehr dieselbe sein, die sie war. Und ich weiß auch nicht, wie Papa sich halten wird. Er schreit im Moment alles an, was sich bewegt. Meistens Brian und mich. Was ist, wenn er so bleibt? So wütend?"

Dr. Warren wiegte langsam den Kopf. „Das ist eine schwere Last an Sorgen und Angst, die du da mit dir herumträgst, eine sehr schwere Last. Und das sind alles ernstzunehmende Dinge. Es tut mir sehr leid für dich, daß dir diese Last aufgeladen wurde. Übrigens, deine Mama ist nicht in einem Irrenhaus. Ich weiß, daß manche Leute ihr ganzes Leben in einem Irrenhaus verbringen, aber deine Mama ist in einem Krankenhaus, das auf die Therapie Drogenabhängiger spezialisiert ist, und sie wird bald wieder nach Hause kommen. Diesen kleinen Teil deiner Angst kann ich dir zumindest erleichtern."

Jennifer steckte in einer der Komponenten des Trauerprozesses bei Kindern – der Angst. Unsere erste Hilfestellung besteht darin, daß wir dem Kind die Erlaubnis zu dieser Angst geben. Diese Erlaubnis läßt sich durch ein schlichtes

„Es ist völlig in Ordnung, wenn du Angst hast" ausdrücken. Geben Sie Ihren Kindern die Möglichkeit, ihre Ängste auszudrücken, ohne sie dafür zu tadeln.

Sodann kommt es darauf an, das Kind wissen zu lassen, daß wir für es da sind. Wir gehen mit dieser Komponente also genauso um wie mit jeder anderen Angst: Mitgefühl zeigen, den Ängsten Tatsachen entgegensetzen und das Versprechen geben: „Ich gehe mit dir da durch."

Konkret helfen wir Kindern, mit der Angstkomponente der Trauer fertigzuwerden, indem wir drei Fragen stellen:

- Was ist mir passiert?
- Was könnte als nächstes passieren?
- Wenn diese Sache mir schaden wird, kann ich diesen Schaden abwenden oder begrenzen?

Jedes Kind hat andere Ängste, aber sie alle finden ihre Grundlage in diesen drei Fragen. Da das Kind sich seines Innenlebens vermutlich nicht bewußt genug ist, um diese Fragen zu artikulieren, führen wir es behutsam an sie heran.

Wenn Kinder ihre Angst nicht verarbeiten, bleiben sie oft darin stecken, ziehen sich in sich selbst zurück, werden mit regelrechten Phobien belastet und sind in einer Phantasiewelt gefangen.

Ein besonders trauriger Fall: Eine Klientin, Jane, brachte ihren achtjährigen Sohn Stephen in die Therapie, weil er sich weigerte, in die Schule zu gehen oder irgendwelche roten Kleidungsstücke anzuziehen. Jane berichtete, er unternehme nichts mehr mit seinen Freunden und verlasse kaum noch sein Zimmer. Sie fürchtete, er könnte den Verstand verlieren.

Zwei Sitzungen lang weigerte sich Stephen, zu sprechen oder auch nur ein Spielzeug in die Hand zu nehmen. Er sah teilnahmslos zu, während Dr. Warren allein spielte, Spielzeugautos bewegte und Brummgeräusche dazu machte, sich selbst am Puppenhaus Geschichten erzählte und gegen den Sandsack boxte. Erst in der dritten Sitzung zeigte Stephen die erste Reaktion.

Die schreckliche Antwort auf die erste Frage – was war geschehen – kam Stück für Stück ans Licht. Stephen war Zeuge eines grauenvollen Unfalls geworden: Seine Mutter hatte, rückwärts aus der Hauseinfahrt fahrend, seinen zweijährigen Bruder überrollt. Das Ereignis lag bereits zwei Jahre zurück, als Stephen zu uns in die Therapie kam. Da er damals lange darüber geweint hatte, hatte Jane angenommen, er hätte es durchtrauert. Doch das hatte er nicht; er war in der Angst-Komponente steckengeblieben.

Dr. Warren half ihm, diese Barriere zu durchbrechen, indem er mit ihm über die drei Fragen redete und sie im Spiel nachvollzog. Als die Ängste sich gelöst hatten, schritt Stephen rasch zur nächsten Komponente des Trauerprozesses fort. Diese Komponente war für Stephen, wie auch für andere, der Zorn.

Die Zorn-Komponente der Trauer

Walter Trask hatte, ohne daß es ihm bewußt war, Joey nie die Erlaubnis gegeben, zornig zu sein. Doch Kinder brauchen diese Erlaubnis. Zorn ist die am häufigsten mißverstandene Komponente der Trauer.

Kinder bis zum Alter von acht Jahren drücken ihren Zorn auf nonverbale Weise aus. Es wird ihnen nicht viel helfen, wenn man versucht, mit ihnen darüber zu reden.

Sie erinnern sich, daß die siebenjährige Regina Kolbin in die Therapie überwiesen wurde, nachdem sie die Hundehütte der Familie in Brand gesteckt hatte. Ihre Mutter Melanie fragte sie immer wieder: „Warum hast du das nur getan? Du mußt doch einen Grund dafür gehabt haben."

Und die kleine Regina antwortete wahrheitsgemäß: „Ich weiß es nicht." Nicht nur, daß sie es nicht wußte, sie hätte es auch nicht angemessen verbalisieren können, selbst wenn sie es gewußt hätte.

Dr. Warrens Aufgabe war es, Regina zu helfen, ihren Zorn zu erkennen, selbst wenn sie nicht darüber reden konnte. In einer der ersten Sitzungen saß er still neben ihr, während sie mit der Papa-Puppe spielte. Sie nahm das kleine Plastiksofa und warf es durch die Gegend. Dann tat sie das gleiche mit dem Bett.

Dr. Warren nahm sich eine Jungenpuppe und führte sie als Besucher auf die Spielszene. „Oh, Mann! Wirft dein Papa mit Möbeln um sich?"

„Ja, er ist furchtbar wütend. Er mag die Möbel nicht."

„Warum nicht?"

„Weil Opa sie mag."

Als James Kolbin kam, um Regina abzuholen, nahm Dr. Warren ihn für ein paar Minuten zur Seite. „Können Sie mir etwas über Ihr Wohnzimmersofa sagen?"

„Nun, es ist eins von diesen viktorianischen Kanapees in Hellblau. Warum?"

„Welche Bedeutung hat es für Ihren Vater?"

„Vater hat es uns geschenkt." James runzelte die Stirn und hielt inne, als ob ihm ein abwegiger Gedanke durch den Kopf ging. Dann schüttelte er den Kopf. „Nein, das kann nicht sein. Wir haben nie in Reginas Gegenwart davon gesprochen. Sie kann es unmöglich wissen."

„Was kann sie nicht wissen?"

„Mein Vater kam eines Tages zu uns und meinte, unsere Möbel seien alle Schrott. Waren sie natürlich nicht. Es waren skandinavische Möbel, wirklich schöne Sachen. Melanie und ich, wir mögen beide ultramoderne Möbel. Jede Menge Glas und Chrom. Ein paar Tage später kamen diese Möbel an. Mein Vater hatte uns eine komplett neue Wohnzimmerausstattung in so einem pseudoländlichen Stil gekauft. Er meinte, unsere Wohnung brauche etwas mehr Wärme. Ich kann Ihnen gar nicht sagen, wie sehr wir diese Möbel hassen. Aber zu den Kindern haben wir nie etwas darüber gesagt."

„Sie dachten, sie könnten die Sachen nicht ablehnen?"

„Er hat schon dreimal sein Testament geändert. Keines von uns Kindern wagt es, sich ihm zu widersetzen."

„Nun, ich glaube, eine Quelle für den Zorn Ihrer Tochter haben wir entdeckt. Sie trägt Ihren Zorn."

Wir erwähnten bereits, daß manches an dem phantasievollen Spiel Ihrer Kinder Sie schockieren könnte. Victor, der vierjährige Sohn der Kolbins, vergrub sämtliche Familienpuppen tief im Reiskasten. Jennifer Newport hatte eine Schwäche für Autounfälle und warf einmal alle Familienmitglieder außer dem Mädchen vom Dach des Puppenhauses. All dies waren intuitive Ausdrucksformen von Zorn.

Wir helfen Kindern, mit ihrem Zorn fertigzuwerden, indem wir wiederum drei Fragen stellen:

- Warum muß das mir passieren? Es ist nicht fair!
- Warum kann das Leben nicht einfach sein wie früher? Warum muß ich das alles durchmachen?
- Was soll ich mit meinem Zorn anfangen?

Kinder sind fast nie so abgeklärt, daß ihnen bewußt wäre, daß sie sich innerlich diese Fragen stellen. Im allgemeinen versucht Dr. Warren sie behutsam auf die richtige Spur zu bringen, etwa durch Bemerkungen wie: „Wenn mir so etwas passieren würde, würde ich denken, das ist nicht fair. Ich würde mich fragen, warum ausgerechnet ich? Warum passiert das mir?" Manchmal hilft es Kindern, sich ihrer eigenen Gedanken bewußt zu werden, wenn man ihnen die Worte in den Mund legt.

Ältere Kinder können, wenn sie ihren Zorn einmal erkannt haben, möglicherweise schon selbständig die dritte Frage stellen: „Wie kann ich meinen Zorn ausdrücken?" Die Kanäle, die sich Kinder spontan dafür aussuchen würden, sind ihnen in unserer zivilisierten Gesellschaft versperrt worden. Sie können nicht, um ihrem Zorn Luft zu machen, herumlaufen und auf Leute einschlagen, Dinge zerstören oder mit spitzen Stöcken nach kleinen Tieren werfen. Doch solange Zorn auf unangemessene Weise ausgedrückt wird, wie bei Joey oder Regina, oder auch überhaupt nicht, kann er den Trauerprozeß nicht voranbringen.

Dr. Warren versucht, Kindern individuell zu helfen, ihren Zorn in gesunde und nützliche Kanäle umzuleiten. Welche Kanäle das sind, hängt vom Alter ab. Kleine Kinder wie Victor und Regina könnten ihren Zorn durch wildes, vielleicht auch gewalttätiges Spiel im Freien sublimieren. Grundschulkinder wie Jennifer können ihren Zorn durch Mannschaftssport oder andere außerschulische Aktivitäten abreagieren. Je älter die Kinder werden, desto stärker verlagert sich das Ziel darauf, den Zorn zu verbalisieren.

Die richtigen Worte finden. Besonders älteren Kindern versuchen wir zu helfen, sich über ihren Zorn einfach auszusprechen. Worüber bist du zornig? Auf wen bist du zornig?

Joey Trask erschien zu einer Sitzung in einem T-Shirt, auf dessen Vorderseite ein Totenschädel aufgedruckt war. Aus dem grinsenden Mund und den Augenhöhlen quoll Blut und sickerte zu seiner Rocker-Gürtelschnalle herab.

„Wo in aller Welt treibst du immer diese T-Shirts auf?“ fragte Dr. Warren.

„In der Stadt gibt es einen Laden, wo man sie kaufen kann.“

„Aber da darfst du doch nicht hin.“

„Ich nicht, aber mein Freund Chuck. Ich gebe Chuck Geld und sage ihm, er soll mir was richtig Grelles aussuchen. Das hat er gut drauf.“

„Er ist ein Genie darin. Erzähl mir, worüber du gestern zornig warst.“

„Über nichts.“

„Gar nichts?“

„Ging alles ziemlich glatt.“

Dr. Warren nickte. „Hast du deine Klassenarbeit schon zurückbekommen?“

„Ja.“ Pause.

„Und?“

Joey zuckte die Achseln. „Von meiner Antwort auf die Aufsatzfrage hat sie nicht viel gehalten, aber sonst war es ganz gut. Nur eine von fünfzig Fragen falsch.“

„Mmm.“ Dr. Warren blickte einen Moment lang nachdenklich drein. „Weißt du, ich habe mich einmal auf einer Konferenz mit einer Schriftstellerin unterhalten. Sie meinte, wenn man etwas schreibt, dann sei das eine sehr persönliche Sache, weil es aus dem Innern kommt. Und wenn ein Lektor das dann ablehnt, weiß man zwar im Kopf, daß diese Ablehnung einen rein geschäftlichen Hintergrund hat, aber irgendwie fühlt man sich doch auch persönlich abgelehnt. Ich erinnere mich noch gut an meine Aufsätze in der Schule. Wenn ein Lehrer meine Antworten korrigierte oder ablehnte, dann tat mir das richtig weh. Das hätte nicht sein müssen, aber es war so."

„Ja, das ist wohl so."

„Ich schätze, wenn ich eine gute Arbeit zurückbekäme, aber der Aufsatzteil wäre nicht gut ausgefallen, dann wäre ich wütend."

„Ja." Joeys Gesicht verfinsterte sich, als der Zorn an die Oberfläche drang. „Ich wette, sie hat es nicht einmal gelesen. Sie sagt immer, wenn ich mir die Haare schneiden lasse und aufhöre, ein Punk zu sein, dann würde ich besser zurechtkommen."

„Kommt mir bekannt vor."

„Wie meinen Sie das?"

„Es gibt noch jemanden, der das sagt."

„Ach ja ... Papa. Darüber habe ich noch nie nachgedacht. Sie redet tatsächlich wie Papa."

„Und du bist zornig auf deinen Vater", fügte Dr. Warren hinzu.

„Meinen Sie, das färbt ab? Der Zorn, meine ich?"

„Manchmal. Sogar ziemlich oft. Andere Leute behandeln dich so, wie deine Eltern es tun, und du wirst wütend auf sie, nicht wegen der Dinge, die sie tun, sondern weil du auf deine Eltern wütend bist."

„Es ist eine Sünde, auf seine Eltern wütend zu sein", protestierte Joey.

„Es ist menschlich, auf seine Eltern wütend zu sein. Es ist eine Sünde, auf seine Eltern wütend zu *bleiben*. Als der Apostel Paulus sagte: ‚Laßt die Sonne nicht über eurem Zorn untergehen' (Epheser 4,26), meinte er damit, daß wir unseren Zorn verarbeiten und hinter uns lassen sollen. Wir sollen ihn nicht festhalten."

Je mehr wir in dieser Richtung weiterdiskutierten, desto wohler fühlte sich Joey dabei, über seine Empfindungen zu reden, die er bisher für Sünde gehalten hatte.

Kinder, die es nicht schaffen, die Worte auszusprechen,

sind manchmal in der Lage, sie aufzuschreiben. Häufig bittet Dr. Warren ein älteres Kind, einen Brief an seine Eltern zu schreiben. Der Brief wird natürlich nie abgeschickt, und auch Dr. Warren muß ihn nicht zu Gesicht bekommen, wenn das Kind es nicht ausdrücklich will. Normalerweise jedoch bitten die Kinder den Doktor, ihren Brief zu lesen.

Weitere Möglichkeiten. Kleine Kinder sind einfach nicht in der Lage, ihre Gefühle zu verbalisieren. Wir haben festgestellt, daß Malen mit Fingerfarben für die ganz Kleinen eine hervorragende Möglichkeit ist, ihren Zorn auszudrücken. Normalerweise greifen die Kinder zu Rot und Schwarz, den Farben des Zornes und der Angst. Dabei können sie buchstäblich bis zu den Ellbogen in der Aufgabe versinken, ihrem Zorn Luft zu machen, denn Fingerfarben sind ein herrliches „greifbares“ Medium. Und natürlich malen wir auch Bilder.

Manche kleinen Kinder lassen ihren Zorn an dem Sandsack in der Ecke des Spielzimmers aus. Sie stellen sich auf das Podest darunter, ziehen die dicken Boxhandschuhe an und prügeln drauflos. Kinder, besonders die kleinen, sind nun einmal physisch orientierte Leute.

Fesseln lösen. Manchmal bleiben Kinder (und oft auch Erwachsene) in den Fesseln des Zorns hängen und kommen im Trauerprozeß nicht weiter voran.

Dr. Warren sah zu, wie Joey bei einem Damespiel über drei seiner Steine hinweghüpfte. „Also, als dein Hund überfahren wurde und starb, warst du da zornig?“

„Ja. Ich meine, dieser Spinner muß mit achtzig durch die Nebenstraße gerast sein. Mich hat er nur um ein paar Handbreit verfehlt.“

„Und als dein Fußballtrainer – wie war noch gleich sein Name?“

„Hank Sprague.“

„Richtig. Als Mr. Sprague dir die Schuld an der Niederlage gab, wurdest du wütend.“

„Ja.“

„Keine Traurigkeit? Kein Blues?“

„Er war ein Spinner."

„Mir scheint, daß bei dir alles in Form von Zorn herauskommt." Diese Beobachtung macht Dr. Warren oft bei Kindern. „Wenn du traurig bist, wirst du wütend. Wenn du Angst empfindest, verhältst du dich zornig."

Joey fingerte geistesabwesend an den Ketten herum, die er um den Hals trug. „Ja. Ich bin lieber wütend als traurig. Das tut nicht so weh."

Das tut nicht so weh. Erwachsene versuchen aus genau demselben Grund, der Traurigkeit aus dem Weg zu gehen. Ja, Erwachsene – Eltern, Lehrer und andere – blockieren oft unwissentlich den Trauerprozeß bei Kindern, indem sie Angst und Zorn abwürgen oder ableiten. Doch wenn ein Kind im Zornstadium steckenbleibt, wie es bei Joey geschehen war, verhindert diese Blockierung weitere Fortschritte im Trauerprozeß.

Wir versuchen, Kinder aus dieser Fessel zu befreien, indem wir ihnen wiederum ausdrücklich die Erlaubnis geben, zum nächsten Stadium weiterzugehen.

Die Traurigkeits-Komponente der Trauer

Um die Traurigkeits-Komponente einzuleiten, stellen wir vier Fragen:

- Weiß irgend jemand, wie traurig ich bin?
- Ist irgend jemand anderes auch so traurig?
- Nimmt irgend jemand Anteil daran, wie es mir geht?
- Wird es mir je wieder besser gehen? Geht diese Traurigkeit irgendwann weg?

Normalerweise sind wir es, die diese Gefühle ausdrücken, weil Kinder sie nicht artikulieren können. Und im allgemeinen formulieren wir diese Fragen auf mitfühlende Art und Weise – wir versuchen, das Gefühl mit den Kindern gemeinsam zu empfinden, anstatt sie anzupredigen.

Zum Beispiel: „Wenn ich so traurig wäre, würde ich denken, daß bestimmt niemand anderes weiß, wie schlecht es mir geht. Glaubst du, daß irgend jemand richtig einschätzen kann, wie du dich fühlst?"

Als Antwort kommt fast immer: „Nein. Das weiß niemand."

Das eröffnet die Möglichkeit für uns, den Kindern zu versichern: „Ich weiß es. Ich verstehe dich. Du bist nicht allein."

Um die Frage zu stellen, ob andere jemals so traurig sind, beginnen wir mit konkreten Personen: „Sind deine Eltern auch manchmal traurig?"

„Ja, ich glaube schon."

„Worüber, glaubst du?" Und schon sind wir mitten im Gespräch darüber, was Menschen traurig macht, sei es die Mutter, der Vater oder das Kind. Ziel ist es, das Gefühl der Isolation bei dem Kind zu lindern.

Wenn Kinder sich selbst gut genug verstehen würden, um ihre Eltern fragen zu können: „Nimmst du Anteil daran, wie ich mich fühle?", so würden die Eltern gewiß antworten: „Natürlich!" Oft jedoch vermitteln Eltern den Eindruck, daß sie nicht viel Anteil daran nehmen, indem sie sich selten Zeit dafür nehmen, ihren Kindern zuzuhören und ihr Mitgefühl zu zeigen. Zuhören erfordert eine Menge Zeit. Manchmal scheint es unwichtig zu sein. Aber es ist wichtig. Es ist sehr, sehr wichtig.

Bevor Sie die vierte Frage des Kindes – „Geht die Traurigkeit irgendwann weg?" – glaubwürdig beantworten können, müssen Sie das Vertrauen des Kindes gewinnen. Dies erreichen Sie, indem Sie ein treuer Reisegefährte durch den schmerzlichen Trauerprozeß sind.

Sobald das Kind die zuvor verborgene Traurigkeit in sich entdeckt hat, ermutigen wir es auf verschiedene Weise, diese Empfindungen auszudrücken.

Wir geben die Erlaubnis. Ihr Kind braucht die Zusicherung: „Es ist in Ordnung, wenn du traurig bist." Auf diesen Aspekt der Erlaubnis legen wir äußersten Nachdruck. Das sollten auch Sie tun, besonders, wenn in Ihrer Familie Traurigkeit bisher unterdrückt oder verleugnet wurde.

Traurigkeit braucht einen Reisegefährten. Traurigkeit erfordert Zeit. Ein echter Reisegefährte ist bereit, unterwegs jederzeit Halt zu machen und zu warten, solange es eben dauert. Stellen Sie sich die Fortschritte Ihres Kindes während dieser Phase des Trauerprozesses als eine Wanderung auf einem Bergpfad vor. Unterwegs gibt es immer wieder numerierte Markierungen, Dinge, über die man nachdenken muß oder die einen an etwas erinnern. Der Reisegefährte wird das Kind auf diesem Pfad nicht zur Eile antreiben. Ein weißes Kreuz neben dem Pfad markiert vielleicht einen Verlust. Wir können dort stehenbleiben, vielleicht darüber reden, vielleicht ein paar Tränen vergießen, vielleicht auch nur schweigen. Auch Schweigen ist auf seine Art ein Ausdruck der Traurigkeit.

Das bedeutet, daß Sie als Reisegefährte bereit sein müssen, über manche Dinge immer wieder zu sprechen, während Ihr Kind sie verarbeitet. Dazu gehört Geduld.

Die Heilung der Eltern

Während Kinder zu der Frage hingeführt werden: „Wer bin ich innerlich?", beginnt die Heilung der Eltern im wesentlichen mit derselben Frage. Auch sie müssen lernen, wie man richtig trauert.

Rob Newport trat zufällig etwa zur gleichen Zeit wie Jennifer in seine Phase der Traurigkeit ein. Eines Abends räumten Brian und Jennifer nach einem besonders trübsinnigen und stillen Abendessen gemeinsam den Tisch ab. Rob ging ins Wohnzimmer und setzte sich. Jennifer konnte nicht sagen, warum sie es tat, denn sie hatte es noch nie zuvor getan, aber an diesem Abend ging sie still zu ihrem Papa hinüber und kletterte auf seinen Schoß. Er schloß seine Arme um sie; auch das war noch nie geschehen. Sie schluchzte. Er schluchzte. Sie weinten gemeinsam.

„In jenem Augenblick", erzählte Rob Tage später, „wurde ich zum ersten Mal in meinem Leben zu einem richtigen Papa. Und der Schmerz über all die verlorenen Jahre machte mich nur noch trauriger."

Die Eltern: Wer bin ich innerlich?

Rob Newport ließ den Motor an, aber er fuhr noch nicht los. Ein letztes Mal blickte er auf die großen Krankenhaustüren, die sich soeben zwischen ihm und Alice geschlossen hatten. Jetzt war sie dort drinnen. Für sechs Wochen, wie ihr Arzt empfahl. So lange würde es vermutlich dauern, bis ihre Abhängigkeit durchbrochen war. Er ließ ein paar Minuten lang die Klimaanlage laufen und blieb nachdenklich im Wagen sitzen.

Drogenabhängig. Alice. Nein. Drogenabhängige sind diese verwahrlosten Gammler in den Straßen der Innenstadt. Drogenabhängige sind Leute, die in Opiumhöhlen herumhängen, Leute, die Läden ausrauben, Hippies mit wirrem Haar und Lederklamotten – keine sauberen, gepflegten, gebildeten Hausfrauen, die alles haben, was sie sich nur wünschen können. Keine Vorstadtmütter von niedlichen Kindern. Nicht seine Alice. Dennoch hatte er vorhin mit eigenen Augen ihre Laborergebnisse gesehen, all die Gifte, die in ihren Adern flossen.

Warum? Er hatte ihr alles gegeben, was sie sich gewünscht hatte. Ein schönes Haus, hübsche Kleider, freie Hand mit dem Scheckbuch. Er arbeitete hart und sorgte gut für seine Familie. Er war die Sorte Ehemann und Vater, nach der sich jede Frau sehnen würde, solide und verantwortungsbewußt. Wie konnte sie nur?

Die Fassungslosigkeit setzte seinen Zorn in Brand. Wie konnte sie nur! Rob Newport schlang seine kräftigen Arme ums Steuerrad, vergrub sein Gesicht darin und weinte.

Kinder können nicht gesund werden, solange ihre Eltern es nicht sind.

Wenn Eltern ihre Familie in die Therapie bringen, dann sieht ihre Prioritätenliste fast immer folgendermaßen aus:

1. Bringen Sie das Kind in Ordnung, das aus der Reihe tanzt.

2. Na schön, wenn Sie unbedingt auch ein bißchen an unserer Ehe herumbasteln wollen, schaden kann es wohl nicht. Vielleicht nützt es sogar etwas.

3. Mich persönlich in Ordnung bringen? Das habe ich nicht nötig. Es geht um das Kind.

Und fast ohne Ausnahme sieht die korrekte Prioritätenfolge genau umgekehrt aus:

1. Heile dich selbst.

2. Arbeite an deiner Ehe.

3. Und jetzt hilf deinen Kindern, ihre Probleme ohne Druck von oben zu lösen.

Alle Generationenebenen des dreidimensionalen Schachbretts aus dem ersten Kapitel müssen mit in Betracht gezogen werden, wenn Sie die Verletzung Ihres Kindes heilen wollen. Solange Sie Ihre Bemühungen nur auf die unterste Ebene konzentrieren, werden Sie nicht viel erreichen, denn die Figuren der anderen beiden Ebenen können jederzeit eingreifen und Ihre Spielstrategie durcheinanderbringen. Noch einmal: Wenn ein Kind ein Verhaltensproblem zeigt, dann liegt der Ursprung fast nie bei dem Kind selbst.

In diesem Teil des Buches betrachten wir Möglichkeiten, wie Sie einem Kind helfen können, seine innere Persönlichkeit zu verstehen und mit Verletzungen umzugehen, mit den Beziehungen innerhalb der Familie fertigzuwerden und schließlich die Außenwelt in Angriff zu nehmen. Von dieser Hilfe, die Sie ihm bieten, kann das Kind profitieren, ob nun die Familie als Gruppe an den Problemen arbeitet oder nicht.

Doch am besten ist es für Ihr Kind, wenn die ganze Familie konstruktive Veränderungen vornimmt.

„Ich brauche keine Hilfe“, beharren Sie. „Ich habe dieses Buch gekauft, damit ich meinem Kind helfen kann, glücklicher durchs Leben zu gehen.“

Vielleicht. Aber wenn Ihr Kind die Probleme eines anderen trägt, dann sind dieser andere vermutlich Sie. Indem Sie sich selbst unter die Lupe nehmen, können Sie tatsächlich eine Last von den Schultern Ihres Kindes nehmen, ohne sie dabei sich selbst aufzuladen. Außerdem könnten Sie verborgene Probleme entdecken, die Sie für die Generation vor Ihnen getragen haben.

Falls Sie sich durch Therapie oder Bücher wie *Mut zur Liebe* schon mit Ihrer eigenen Kodependenz auseinandergesetzt haben, werden Sie mit einigen der Gedanken in diesem Abschnitt bereits vertraut sein. Doch die Therapiegespräche oder Bücher, mit denen Sie sich allein befaßt haben, hatten vermutlich nicht direkt mit Ihrem Kind zu tun. Wenn Sie nun diesen Abschnitt durcharbeiten, nachdem Sie sich damit beschäftigt haben, wie Ihr Kind sein eigenes Innenleben entdeckt, werden Sie deutlich die Zusammenhänge zwischen Ihrer Kodependenz und dem Verhalten des Kindes erkennen, das unter Ihren Problemen leidet.

Das Wichtigste zuerst

Es gibt Speckstein, und es gibt Granit. Speckstein läßt sich (für einen Stein) recht leicht modellieren und zu einem weichen, marmorierten Glanz polieren. Auch Granit fügt sich den Werkzeugen des Bildhauers, aber äußerst widerstrebend. Das Schneiden, Formen und Polieren kostet unendliche Mühe und geht sehr langsam voran. Rob Newport war Speckstein. Walter Trask war Granit.

Über solche Unterschiede der Steinsorten dachte Dr. Hemfelt nach, während Beth und Walter Trask in seinem Sprechzimmer Platz nahmen. Als Paul Warren ihm die Trasks überwiesen hatte, hatte er erläutert, was seiner Meinung nach in dieser Familie vorging. Nach der ersten Sitzung mit den beiden stimmte Dr. Hemfelt mit Pauls Einschätzung überein.

Dr. Warren hatte den Eindruck, daß die Eltern, denen es sehr widerstrebte, sich von ihrem kleinen Jungen zu verabschieden, unbewußt versuchten, seinen Aufbruch ins Jugendalter zu verzögern – was ihnen auf die Dauer unmöglich gelingen konnte. Das erzeugte eine Menge Zorn auf beiden Seiten. Zorn muß irgendwo heraus, und in diesem Fall äußerte er sich durch Walters Unnachgiebigkeit, Beths unberechenbare Stimmungsschwankungen und Joeys trotziges Verhalten. Nach Dr. Warrens Einschätzung fügte Beth dieser unheilvollen Suppe eine Menge eigenen Zorn hinzu, den sie aus ihrer Kindheit mitgebracht hatte. Der Topf war am Überkochen.

Die Sitzung begann routinemäßig mit den Fragen über die familiären Beziehungen, die Dr. Hemfelt immer zur ersten Orientierung stellt.

Er runzelte die Stirn. „Beth, verstehe ich Sie richtig, daß Sie sozusagen immer die Vermittlerin zwischen Ihrem Mann und Ihrem Sohn spielen?“

„Nun ja, ich glaube, man könnte es so nennen. Ich stimme allerdings meistens mit Walters Ansicht überein; es trifft also nicht genau zu.“

„Und, Walter, Sie führen mit Ihrem Sohn überhaupt keine nennenswerten Gespräche, außer ‚Reich mir mal das Salz‘. Ist das richtig?“

„Joey weiß, was ich von Rockmusik halte. Sie ist schmutzig. Ich will mit niemandem etwas zu tun haben, der sich solche Musik anhört. Wenn er reden will, soll er seine Krachmaschine abschalten.“

Dr. Hemfelt erkannte, daß Walter Beth die Aufgabe überlassen hatte, Joey den Kopf zurechtzurücken – er hatte ihr den Schlachtplan gegeben und ihr aufgetragen, ihn durchzuführen. Es versteht sich, daß jeder Tag voll von Streitigkeiten und Reibereien war.

Er wandte sich an Beth: „Sie sagen, daß Sie meistens mit Ihrem Mann übereinstimmen. Wo stimmen Sie nicht mit ihm überein?“

„Joey ist so einsam und bläst immerzu Trübsal. Walter sagt, er glaubt mir das nicht, aber ich bin sicher, daß Walters Liebe und Aufmerksamkeit das ist, was Joey am meisten braucht.“

„Na ja“, brummte Walter, „die kann er bekommen, wenn er aufhört, sich diese Musik anzuhören, wieder Sport macht und sich die Haare schneiden läßt.“

Eine ausweglose Situation.

Derartige ausweglose Situationen müssen zuerst einmal aufgelöst werden. Ein Weg dazu besteht darin, sie als das zu erkennen, was sie sind: Nonsenszyklen.

Heraus aus der Nonsensschleife

In der Sprechstunde benutzt Dr. Hemfelt manchmal eine alberne kleine Übung, die jedoch tiefgreifende Implikationen hat. Kodependente Menschen legen es immer darauf an, daß die anderen sich ändern, niemals sie selbst. „Wenn *du* dich nur ändern würdest, kämen wir prima miteinander aus."

Das führt zu einem Kreislauf, bei dem es vermutlich nie zu einer Veränderung kommen wird. Jemand muß den ersten Schritt tun. Und niemand kann von einem Kind, das von Natur aus zum Folgen neigt, erwarten, einen ersten Schritt zu tun, den der Elternteil, der Führer, nicht zu tun bereit ist. Die Übung zeigt den Eltern, daß die Veränderung „bei mir" beginnen muß.

Das Spiel läßt sich auch variieren: „Ich höre auf, dich zu verletzen, wenn du aufhörst, mich zu verletzen." „Ich gebe nach, wenn du nachgibst."

Einen solchen Zyklus können Sie zwischen Walter und Joey in voller Funktion sehen. Stellen Sie sich nun die Frage: „Welche Zyklen bestehen in meinen wichtigsten Beziehungen, insbesondere zwischen mir und meinem Kind?"

Wie entwickeln sich solche Zyklen, und warum können sie sich einnisten? „Sturheit", sagen Sie vielleicht, oder Stolz – oder auch Angst, etwas Wertvolles zu verlieren. Stimmt. Aber es gibt noch tiefere Ursachen, die im Verlauf der Heilung aufgedeckt und beseitigt werden müssen. Dieser Heilungsprozeß beinhaltet fünf Schritte:

1. Die Verleugnung durchbrechen;
2. die eigene Kindheit prüfen;
3. Abschied nehmen von falschen Sicherheitssymbolen;
4. den Schmerz durch Trauerarbeit hinausspülen; und
5. sich selbst aufbauen, indem Sie dem kleinen Kind in Ihrem Innern ein guter Vater oder eine gute Mutter werden.

Nehmen Sie die Dinge unter die Lupe, die in Ihrem Leben geschehen sind und heute geschehen. Suchen Sie sich eine Situation heraus, die wir X nennen wollen. X könnte eine ständige Frustration über irgend etwas sein, häufige Streitigkeiten, eine Enttäuschung oder ein Verlust. X könnte auch eine Sucht oder Zwanghaftigkeit sein – Wutausbrüche, Alkohol und Tabak, Drogen, absolute Kontrolle über alles, Arbeit, Einkaufen, extrem starre religiöse Ansichten, übertriebene Reinlichkeit, ständige Gedanken ans Essen oder Gewichtsverlust/-zunahme, intensive Verstrickung in eine andere Person – all diese oder andere Dinge könnten unmerklich über die Grenze vom „Gesunden und Wünschenswerten“ zur „Abhängigkeit“ geglitten sein.

Ihre Süchte und Zwanghaftigkeiten waren vielleicht bisher säuberlich unter der Verleugnung verborgen. In Worte gefaßt, sagt die Verleugnung:

- „Ja, aber mein starkes Bedürfnis nach Reinlichkeit ist unwichtig. Es ist sogar sehr nützlich.“
- „Ich gebe bei weitem nicht so viel Geld aus wie manche andere.“
- „Es ist Soundsos Schuld, wenn ich so wütend werde, daß ich überkoche. Der Schwarze Peter liegt nicht bei mir. Solange Soundso sich nicht ändert ...“
- „Seine Alkoholabhängigkeit wird sich mit der Zeit schon bessern. Er ist ein besonnener Mann. Er wird schon zur Vernunft kommen.“
- „Das bißchen Valium macht doch nichts. Ich könnte jederzeit damit aufhören, wenn ich mir nur ein bißchen Mühe geben würde.“
- „Meine sexuelle Zwanghaftigkeit habe ich schon lange hinter mir gelassen. Das ist Vergangenheit. Ich habe es längst vergessen.“

All dies sind Aussagen der Verleugnung. Wenn X Ihnen jemals Schmerz oder Verlust zugefügt hat oder es jetzt tut, oder wenn es einen breiten Raum in Ihrem Leben einnimmt, dann müssen Sie sich damit auseinandersetzen. Keines der oben genannten Argumente trifft.

Die Wurzeln der Verleugnung und die Störungen, die sich hinter der Verleugnung verbergen, reichen sehr weit zurück. Durch die Störungen werden unbefriedigte Bedürfnisse aus längst vergangener Zeit erfüllt, doch es liegt auf der Hand, daß dies ein schlechter Weg ist, um irgendein Bedürfnis zu erfüllen. Graben wir als nächstes die Wurzeln aus und nehmen sie unter die Lupe.

Zweiter Schritt: Blicken Sie zurück auf Ihre Kindheit

Fehlerhafter Sektor. Fehlerhafter Sektor. Jeder Computeranwender haßt diese beiden Worte. Sie bedeuten, daß ein Sektor auf der Diskette oder Festplatte beschädigt ist. Der ganze Sektor ist nicht mehr verwendbar, vielleicht sogar die ganze Diskette. Alle Daten auf dem Sektor und oft auf der ganzen Diskette sind unwiederbringlich verloren. Die verlorene Kindheit ist ein fehlerhafter Sektor auf der Diskette Ihrer Lebenserfahrungen.

Die Mißhandlungen und Störungen, die wir im ersten Teil erörtert haben, richten viel mehr Schaden an als nur ein paar verletzte Gefühle. Sie werden sich erinnern, daß ein Kind beim Aufwachsen bestimmte Entwicklungsaufgaben bewältigen muß. Wenn diese Aufgaben nicht vollständig erfüllt werden, wird die übrige Entwicklung darunter leiden. Ein anderer Ausdruck für diese übersprungene Wachstumsphase ist „verlorene Kindheit“. Ein Teil der Kindheit, und zwar meistens ein notwendiger Teil, ist buchstäblich beschädigt oder zerstört worden. Wenn Sie als Elternteil Probleme mit Kodependenz haben, dann gibt es auch bei Ihnen fehlerhafte Sektoren, die zu löschen und wiederherzustellen sind.

Gehen Sie gedanklich noch einmal die Formen der Mißhandlung durch, von denen wir im ersten Teil gesprochen haben. Mußten Sie körperliche oder sexuelle Mißhandlung erleiden? Wie steht es mit den passiven Formen solcher Mißhandlung? Waren Ihre Eltern sehr streng autoritär? Starre, enge Abgrenzungen lassen keinen Raum fürs Wachstum. Oder waren sie extrem nachgiebig? Das Fehlen von Abgrenzungen ist ebenso schädlich. Verbale Mißhandlungen? Oder das Gegenteil – die fernen, zurückgezogenen Eltern? Haben ihre Eltern sich bei Ihnen ausgesprochen wie bei einem Erwachsenen, Sie als Kumpel oder sogar als Ersatzelternteil behandelt? Haben Ihre Eltern sich scheiden lassen? Haben Sie ein Elternteil durch Tod verloren? Litt ein Elternteil oder beide Eltern an einer Sucht?

In der Klinik gehen wir von folgender Prämisse aus:

Nichts geschieht isoliert oder zufällig.

Ein aggressives Kind spiegelt fast immer den umfassenderen Schmerz in der Familie wider. Wenn der Junior den Schulleiter vors Schienbein tritt, während die chronisch depressive Mutter zu Hause auf dem Sofa schläft, dann hängen diese beiden Ereignisse miteinander zusammen.

Wenn Sie auf Ihre Kindheit zurückblicken, woher sollen Sie dann wissen, wo die Grenze zwischen übermäßigen und normalen Streitigkeiten in der Familie liegt? Wo liegt die Grenze zwischen Exzentrizität und passiver oder aktiver Mißhandlung? Ihr Kind kann das nicht wissen, denn für Ihr Kind ist Ihre Familie das Normale. „So sind Familien nun einmal, denn meine Familie ist so."

Sie jedoch wissen es inzwischen besser. Sie haben genügend andere Familien kennengelernt. Sie wissen bis zu einem gewissen Grad, was dort vorgeht und wie diese Familien funktionieren. Sie haben zumindest teilweise einen Begriff davon, was normal und alltäglich ist und was nicht.

Dr. Hemfelt ging die Frage der verlorenen Kindheit mit Joeys Eltern, Beth und Walter Trask, während ihrer dritten Sitzung an. Beth ließ sich in ihrem Polstersessel nieder, während Walter kerzengerade auf seinem Sessel hockte und irritiert dreinblickte.

„Beth", begann Dr. Hemfelt, „erzählen Sie mir von Ihrer Kindheit."

Sie breitete die Hände aus. „Was soll ich dazu sagen? Völlig normal. Gute, gottesfürchtige Eltern, die mich liebten; meine Brüder waren nicht garstiger oder netter als die Brüder meiner Freundinnen; wir wuchsen behütet auf ... nichts Bemerkenswertes."

„Schön. Walter?"

„Mein Vater war Alkoholiker. Er verließ uns, als ich acht war. Mutter weinte viel damals, und wir lebten unser Leben weiter. Gott sei Dank hat keines von uns drei Kindern je Alkohol angerührt. Ihre Statistik darüber, daß Alkoholiker immer neue Alkoholiker zeugen, stimmt also anscheinend nicht immer."

Dr. Hemfelt nickte. „Letztes Mal haben wir uns über aktive und passive Mißhandlung unterhalten, erinnern Sie sich? Schauen wir uns Druckpunkte in Ihrer Kindheit an. Aktive Mißhandlungen. Walter, Sie hatten unter den Mißhandlungen durch das unberechenbare Verhalten Ihres Vaters zu leiden, sowohl bevor als auch nachdem er Ihre Familie verlassen hatte."

„Ja, aber –"

„Uns geht es jetzt noch nicht darum, welcher Art diese Mißhandlungen waren, wie schlimm sie waren oder wie Sie damit umgegangen sind. Es geht im Augenblick ausschließlich um die Bestandsaufnahme. Haben Mißhandlungen stattgefunden?"

„Ja, aber –"

„Beth, erinnern Sie sich an aktive Mißhandlungen?"

„Nein."

„Und wie steht es mit diesen subtilen, passiven Mißhandlungen?"

„Nichts dergleichen. Ich hatte eine völlig unproblematische Kindheit."

Dr. Hemfelt ließ die aktiven oder passiven Mißhandlungen für den Augenblick links liegen und wandte sich der Möglichkeit von emotionalem Inzest, unerledigten Geschäften und negativen Botschaften zu.

„Was meinen Sie mit offenen oder verdeckten negativen Botschaften?" fragte Beth.

Dr. Hemfelt schilderte, wie Botschaften der Eltern wie „Du bist zu nichts nutze" oder „Aus dir wird nie etwas" manchmal laut ausgesprochen und manchmal durch das Verhalten impliziert werden. Während er sprach, wurde Walter immer unruhiger.

Schließlich explodierte Walter. „Ich sehe nicht, daß uns das irgendwo hinführt. Worauf wollen Sie überhaupt hinaus?“

„Mein achtzehn Monate alter Sohn hat sich letzten Samstag einen Eimer mit Bauklötzen auf den Fuß fallen lassen“, begann Dr. Hemfelt. „Natürlich heulte er, es tat weh. Aber noch bevor er anfing zu heulen, versetze er dem Eimer einen wütenden Tritt. Er ist noch zu klein, um sich Abwehrmechanismen dagegen aufzubauen, den Schmerz auszudrücken oder zu durchtrauern. Er tat das, was für den Trauerprozeß ganz natürlich ist, einschließlich des Zorns.

Wir abgeklärten Erwachsenen gebrauchen unsere Logik und andere hemmende Kräfte, um alles Unangenehme zu vergraben. Wir ersticken die gottgegebene Trauerreaktion. Doch wenn wir die schlimmen Dinge nicht ausräumen, die Mißhandlungen, die alltäglichen Probleme und Enttäuschungen, dann häufen sie sich auf und spalten sich ab, und die Kinder schnappen den Schmerz auf. Mit anderen Worten, wenn Sie sich nicht damit auseinandersetzen, wird es Ihr Kind tun müssen.“

„Das ist doch Unsinn.“

„Ich erlebe es aber immer wieder in diesem Sprechzimmer. Es ist schwer, das zu akzeptieren, da gebe ich Ihnen recht, aber so laufen die Dinge. Es gibt zwei Gründe, warum Erwachsene lernen müssen zu trauern. Erstens um die Traumata und Belastungen des eigenen Lebens zu verarbeiten. Zweitens um Ihrem Kind ein Beispiel für richtiges Trauern zu geben, denn so lernen Kinder, mit ihrem eigenen Schmerz richtig umzugehen. Kinder lernen mehr aus dem, was sie sehen, als aus dem, was sie hören.“

Beth schüttelte den Kopf. „Wenn ich das mit den negativen Botschaften richtig verstehe, dann bekommt Walter heute noch solche Botschaften von seiner Mutter. Ich glaube, er erinnert sie zu sehr an seinen Vater. Sie beschwert sich dauernd darüber, daß er Joey nicht richtig erzieht und ihr nicht genug Aufmerksamkeit schenkt. Wenn sie so redet, hat man den Eindruck, daß er nichts ganz richtig machen kann.“

„Das sind mächtige negative Botschaften! Wie steht es mit Ihnen, Beth? Sie sagen, daß Ihre Kindheit ruhig war, und ich zweifle nicht daran. Was für Botschaften haben Sie empfangen?“

„Nichts, was mit Walters vergleichbar wäre. Mein Vater ist ein Pedant. Alles muß genau nach seinen Vorstellungen gehen. Meine Mutter hält das Haus in makellosem Zustand, und er sorgt für perfekte Ordnung in der Garage und im Garten. So war es immer. Eine Botschaft wäre also wohl ‚Sei ordentlich‘. Das ist nicht negativ.“

„Halten Sie die Hingabe Ihrer Eltern an Ordnung und Reinlichkeit für zwanghaft?“

„In gewisser Weise schon.“

„Wie wirkte sich diese zwanghafte Reinlichkeit auf Sie und Ihre Geschwister aus?“

Beth betrachtete einen Augenblick lang stirnrunzelnd ihre Knie. „Wir Kinder haben ständig irgend etwas saubergemacht. Das Auto, die Gartenwerkzeuge, jedesmal, wenn sie benutzt worden waren. Jedesmal, wenn mein Bruder den Rasen mähte – und im Frühjahr war das zweimal in der Woche –, mußte er hinterher den Rasenmäher abspritzen. Wenn wir irgendwelchen Schmutz oder abgeschnittene Grashalme an uns hatten, durften wir nicht ins Haus. Es war so, als wären wir nicht willkommen in unserem eigenen Haus, solange wir nicht makellos sauber waren. Aber Kinder sind nun einmal nicht makellos sauber.“

„Außerdem?“

Sie blickte auf. „Vernachlässigung. Ich kann mich nicht erinnern, daß Mutter oder Vater etwas mit uns unternommen hätten, außer einem Besuch im Zoo einmal im Jahr. Das war unser Ausflug. Der einzige.“

„Also hören Sie mal!“ schäumte Walter. „Sie hat Ihnen gesagt, daß es keine Probleme in ihre Kindheit gab, aber Sie sind fest entschlossen, welche zu finden, also bohren Sie nach, bis sie eines gefunden haben, ob es nun tatsächlich da ist oder nicht.“

„Ich habe bereits erwähnt, daß wir Erwachsenen sehr gut darin sind, den Schmerz in unserer Vergangenheit wegzuerklären oder zu verdecken. Da muß man schon einmal nachbohren. Schmerz kommt nicht automatisch an die Oberfläche, wenn man ihn ruft. Beth bekam nicht die Fürsorge, die sie brauchte. Suchtverhalten und Abhängigkeit verschlingen ungeheure Mengen an Energie. Als ihre Eltern ihre ganze Energie in einen Bereich investierten, hatten sie keine mehr für andere Bereiche übrig – in diesem Fall dafür, auf den Hunger ihrer Kinder nach Aufmerksamkeit einzugehen."

Walter blickte immer noch skeptisch drein.

„Wenn wir uns diesem Schmerz aus unserer Kindheit nicht stellen, kann es geschehen, daß wir blind sind für den Schmerz, den wir als Erwachsene tragen. Und schlimmer noch, blind für den Schmerz, den wir an unsere Kinder weitergeben."

Dritter Schritt: Abschied von falschen Sicherheitssymbolen

Abschiednehmen? Das ist doch das, was kleine Kinder tun müssen, wenn sie größer werden. Haben Erwachsene das nicht längst hinter sich? Wenn es nur so wäre! Doch wie für alle anderen Menschen ist auch für Eltern das Leben ein ständiges Abschiednehmen, und das gilt verstärkt für kodependente Eltern. Ein kodependenter Mensch neigt dazu, in allem bis ins Extrem zu gehen. Liebe? Niemals war eine Beziehung so intensiv. Arbeit? Sechzig Stunden in der Woche sind das mindeste, wenn Sie in dieser Welt vorankommen wollen. Erholung? Feiern wir die Nacht durch! Das Wesen der Sucht ist es, über die Stränge zu schlagen.

Als erstes müssen Eltern Abschied nehmen von jeglichen Abhängigkeiten, Zwanghaftigkeiten oder Besessenheiten. Abhängigkeiten sind wie ein Sirenengesang. Sie schleichen sich ein und ergreifen Besitz vom Augenblick, vom ganzen Tag, vom ganzen Leben. Solange Sie im Bann Ihrer Abhängigkeiten stehen, kann sich Ihre Situation nicht bessern.

Abschied von Abhängigkeiten und Zwanghaftigkeiten. Als erstes mußte Alice Newport ihre Drogenabhängigkeit abschütteln, und zwar aus folgendem Grund: Abhängigkeiten haben buchstäblich ein Eigenleben. Solange sie von ihren Medikamenten abhängig war, würde kein Argument, keine Therapie, kein Überredungsversuch, wie überzeugend auch immer, zu ihr durchdringen können. Ihre Situation erforderte fachkundige Hilfe im Umfeld eines Krankenhauses.

Walter Trask war süchtig nach Kontrolle. Diese Abhängigkeit entstand aus seiner chaotischen und unsicheren Jugend in einem Elternhaus, in dem ein verantwortungsloser Alkoholiker die beherrschende Rolle spielte. In seinem Bewußtsein glaubte er aufrichtig, das geistliche Prinzip, das dem Mann die Rolle des Hauptes der Familie zuschrieb, bedeute, daß der Mann jede Entscheidung zu treffen habe und das Familienleben in allen Einzelheiten nach seinen Vorstellungen gestalten solle. Er befand sich in einem aufrichtigen Irrtum. Zu seiner Familie gehörten drei völlig verschiedene Persönlichkeiten, nicht nur eine, und er überging die Bedürfnisse der anderen beiden. Dennoch wollte, konnte er seine Kontrolle nicht lockern.

Walters Abhängigkeit hielt ihn gefangen, und er konnte einfach nicht verstehen, was wir ihm zu sagen versuchten, nicht einmal als Beth und Joey schließlich erkannten, wo die Probleme lagen. Es gab verschiedene Möglichkeiten für ihn, sein Problem als das zu erkennen, was es war, und etwas dagegen zu tun. Da er so großen Wert auf das Wort Gottes als Richtschnur für sein Leben legte, konnte ihm durch ein Bibelstudium über ausgewogene Autorität und Kontrolle und über opferbereite Liebe ein Licht aufgehen. Hier hatte er einen entscheidenden Vorteil: Der Heilige Geist führt den ans Ziel, der aufrichtig und fragend nach einer Antwort sucht. Der Heilige Geist ist der beste Lehrer, wenn es um wirksamere christliche Liebe und Fürsorge geht. Außerdem konnte Walter die Beobachtung positiver Veränderungen bei Beth und Joey dazu helfen, sich selbst ebenfalls zu ändern.

Abschied vom elterlichen Schutz. Als zweites müssen Sie Abschied von Ihren eigenen Eltern nehmen, den Großeltern Ihres Kindes. Vielleicht sind Sie geneigt, diesen Gedanken aus einem der folgenden Gründe beiseite zu schieben:

- „Tut mir leid. Meine Eltern sind schon seit sieben Jahren tot."
- „Träumen Sie weiter. Meinen Eltern ist nichts recht, was mir etwas bedeutet, einschließlich meines Ehepartners. Wir haben seit unserer Hochzeit nicht mehr miteinander geredet."
- „Was soll das heißen, Abschiednehmen? Wir besuchen sie jedes Wochenende."

Zum Abschied von den Eltern gehören mehrere Dimensionen. Da ist der Abschied vom Elternhaus, wenn Sie Ihren eigenen Hausstand gründen. Da ist der finanzielle Abschied, wenn Sie die Nabelschnur des Scheckbuchs durchtrennen. Wenn Sie in dieser Hinsicht Abschied genommen haben, haben Sie es dann auch in geistlicher Hinsicht getan? Das heißt, sind Ihre religiösen Ansichten wirklich Ihre eigenen oder nur eine Verlängerung der Ansichten Ihrer Eltern? Wie sieht es in emotionaler Hinsicht aus? Sie leben vielleicht zweitausend Kilometer von Ihren Eltern entfernt, aber stehen Sie emotional auf eigenen Füßen? Vielleicht haben Sie mit einer besonderen Ironie dabei zu kämpfen: Abschiednehmen ist immer schwierig, aber es ist besonders schwierig, sich von den schmerzlichen Erinnerungen an eine gestörte Familie zu lösen.

Denken Sie einen Augenblick darüber nach, ob Sie in dieser Richtung ein Problem haben. Rufen Sie ständig zu Hause an, um Rat zu erbitten und sich die Meinung Ihrer Eltern zu Entscheidungen anzuhören, die Sie treffen müssen? Jane Blacklock, die kürzlich in unsere Sprechstunde kam, war ein Beispiel dafür.

Janes Ehemann, ein Hauptmann bei der Luftwaffe, war im Luftwaffenstützpunkt Edwards in Kalifornien stationiert. Ihre Eltern lebten am anderen Ende der Vereinigten Staaten, in Rochester im Staat New York. Zweimal, manchmal dreimal in der Woche rief Jane sie an, weil sie so ungern Briefe schrieb. Die Eltern riefen sie wiederum jeden Samstagvormittag an, wenn die Gebühren günstig waren. Sie sprach mit ihnen über all ihre Entscheidungen und sorgte stets dafür, daß sie immer pünktlich von den neuesten Kapriolen ihrer Enkelkinder erfuhren. Die Eltern bekamen alles über die kalifornische Sonne zu hören, und Jane war immer auf dem laufenden über das Wetter in Rochester. Ihr Körper und ihr Kopf mochten in Kalifornien sein, aber ihr Herz hing immer noch in Rochester. Sie hatte sich nie emotional von ihrem Elternhaus gelöst.

Als nächstes muß Abschied genommen werden von falschen Sicherheitssymbolen. Was ist darunter zu verstehen? Dinge, auf die Sie Ihr Leben stützen und von denen Sie die Sicherung Ihrer Zukunft erwarten, obwohl sie keinen Bestand haben. Prestige, Geld, sexuelle Leistungsfähigkeit, ja selbst das Essen – all diese Dinge können zum Gott ihres Lebens avancieren.

Abschied von falschen Sicherheitssymbolen. „Ich habe fast eine sechsstellige Summe auf Konten und in Wertpapieren angelegt", brüstete sich Rob Newport. „Ein hübsches Kissen, falls es mit dem Baugeschäft einmal bergab geht."

„Und was ist, wenn es mit der Bank bergab geht?"

Rob wurde nüchtern. „Ich weiß nicht ..."

Kodependente Menschen machen häufig ihren Ehepartner zu einer Art Gott ihres Lebens. Unsere Empfehlung ist gewiß nicht, von diesem Ehepartner Abschied zu nehmen und ihn zu verlassen. Doch der Ehepartner sollte sanft von seinem Podest heruntergeholt und als das geschätzt werden, was er oder sie wirklich ist: ein Mensch aus Fleisch und Blut. Wir legen Ihnen nahe, die ungesunden Aspekte einer Beziehung zwischen Anbeter und Götzenbild emotional aufzugeben.

Abschied von der Illusion, die Familiengeschichte umschreiben zu können. Unsere Patienten versuchen auf verschiedenerlei Weise, ihre Familiengeschichte im Nachhinein zu verändern, wobei ihnen selten klar ist, was sie da gerade zu tun versuchen.

Dieses magische Denken, das selten erkannt und noch seltener verbalisiert wird, läuft etwa so: „Wenn ich heute das und das erreichen kann, repariere ich dadurch den Schaden, der vor langer, langer Zeit entstanden ist." Diese Illusion, der schmerzliche oder unangenehme Verlauf der Kindheit könne nachträglich verändert werden, bildet die Grundlage vieler Zwanghaftigkeiten, die wir bei Eltern vorfinden.

Henry Gross ist ein gutes Beispiel dafür. Henry kam zu uns, als er nach zehn Jahren als Pastor völlig ausgebrannt war. Der Pastorendienst war einmal sein großer Traum gewesen. Jetzt war ihm jede Minute verhaßt. Im Gespräch erfuhren wir, daß seine Eltern keine Christen waren. Henrys magisches Denken: „Wenn ich meine Gemeinde retten kann, oder vielleicht, wenn ich tausend Menschen das Heil bringen kann, wird sich die geistliche Leere meiner Jugend füllen, und ich werde meine Eltern retten." Er versuchte, die geistliche Geschichte seiner Familie umzuschreiben.

Abschied von der Illusion, allmächtige Eltern zu haben. Wäre es nicht wunderbar, sich immer an jemanden wenden zu können, der auf alles die richtige Antwort hat? Könnten Sie nicht auch jemanden gebrauchen, der Ihnen den richtigen Weg zeigt, wenn Sie sich verirrt haben? Und ist es nicht ein Jammer, daß kein einzelner Mensch dazu in der Lage ist?

In unserem Sprechzimmer begegnen wir Leuten, die sich durch die Tatsache, daß Menschen fehlbar sind, nicht davon abhalten lassen, einen Freund oder Angehörigen zum Status eines Halbgottes zu erheben.

- „Ich frage Frank, der wird Rat wissen. Frank weiß alles."
- „Mein Chef kann mich aus dieser Situation herauspauken. Er ist ein Meister darin, an den richtigen Fäden zu ziehen."

Die Gefahr bei diesem Denken liegt darin, daß die Abgrenzungen des Anbeters verblassen und mit denen des Angebeteten verschmelzen. Am Ende verstrickt sich der Anbeter in eine Person, die er als gottähnlich empfindet, doch diese Person ist ebensowenig frei von Irrtümern wie jeder andere Mensch. Ein Extremfall dieses Vorgangs ereignete sich in

Jonestown, Guyana, wo fast tausend Angehörige der Volkstempel-Sekte sich auf Geheiß ihres glühend verehrten Führers das Leben nahmen.

Nur Jesus Christus allein ist frei von Irrtümern und Fehlern. Er allein ist vollkommen. Auf ihn allein können Sie sich verlassen. Alle anderen werden Sie letzten Endes im Stich lassen, und wenn Sie nicht sehr, sehr feste Abgrenzungen haben, werden Sie mit ihnen auf der Strecke bleiben.

Wie nimmt man Abschied? Das Wissen, wovon Sie sich verabschieden müssen, ist die halbe Miete; die andere Hälfte besteht darin, zu wissen, wie Sie es tun können. Hier einige Hinweise.

1. Machen Sie Inventur. Gehen Sie sorgfältig und genau vor. Machen Sie sich genau klar, von wem oder von was Sie sich verabschieden müssen. James Kolbin zum Beispiel machte Inventur bei seiner Neigung zu Wutanfällen. Er wußte aus Erfahrung, daß es nicht das geringste nützen würde, sich einfach nur zu sagen: „Ich muß meine Wutanfälle in den Griff kriegen." Wenn man sie auf einen Sitz anzugehen versucht, ist es nahezu unmöglich, eine Sucht oder Zwanghaftigkeit abzuschütteln. Leichter wird es, wenn man die Aufgabe in klar abgegrenzte Teilziele aufteilt. Deshalb machte sich James zwei Listen:

Auf der ersten Liste führte er die Dinge auf, die er tun würde, um einem Wutanfall vorzubeugen: vor dem Reden auf seine Liste schauen; sich die Frage stellen: „Bin ich wirklich zornig? Oder verbirgt sich hinter meinem Zorn ein anderes wichtiges Gefühl?"; niemals reden, ohne vorher bis zwanzig gezählt zu haben; die Hände in die Taschen stecken, wenn er zornig wurde (um nicht mit ihnen herumzufuchteln); sich verbale Ausbrüche wie Sarkasmus, Schreien, Schimpfworte und Flüche verkneifen.

Die zweite Liste begann mit der Erinnerung, daß es in Ordnung ist, zornig zu sein, und führte dann Alternativen zu den Wutausbrüchen auf: jemandem sagen, warum er wütend war; das Zimmer verlassen und tief durchatmen; sich hinsetzen und einen Brief an denjenigen schreiben, gegen den sich der Zorn richtet; gegen den Sandsack im Keller boxen. Sofort nachdem er die Liste fertiggestellt hatte, ging James in die Stadt und kaufte einen Sandsack, um ihn im Keller aufzuhängen.

2. Verpflichten Sie sich zur Rechenschaft einer anderen Person gegenüber. Das kann ein vertrauter Freund, ein Pastor, eine Selbsthilfegruppe oder für manche Menschen auch ein Seelsorger sein. Wer immer es ist, lassen Sie diese Person wissen, was für ein Problem Sie haben und wie Sie es in den Griff bekommen möchten. Dann erstatten Sie in regelmäßigen Abständen Bericht. Geben Sie dieser Person die pauschale Erlaubnis, aufdringlich zu werden und nachzufragen: „Wie geht es dir mit deinem Problem?“ Wir finden es am besten, wenn eine Person, die von einem Problem oder einer Einstellung Abschied nehmen will, ihren Unterstützer regelmäßig anruft. Ein kurzes Gespräch reicht – gerade so viel, daß beide wissen, wie die Dinge stehen.

Selbsthilfegruppen wie die Anonymen Alkoholiker, Emotions Anonymous und Al-Anon sind hervorragende Hilfen für Menschen mit tiefsitzenden, hartnäckigen Problemen. Halten Sie sich jedoch vor Augen: „Niemand kann mir diese Aufgabe abnehmen. Aber ich muß es nicht allein schaffen.“

3. Nehmen Sie Gottes Hilfe in Anspruch. Gott wird Ihnen die Aufgabe nicht abnehmen, ebensowenig wie eine Selbsthilfegruppe, aber er wird Sie gewiß dazu befähigen, es zu schaffen. Unsere Patienten drücken immer wieder ihre Erleichterung aus, wenn wir ihnen versichern, daß die menschliche Willenskraft allein nicht ausreicht. „Wie viele Jahre habe ich immer nur zu hören bekommen: ‚Du mußt dir mehr Mühe geben.‘ Ich gebe mir Mühe! Und ich schaffe es trotzdem nicht.“ Lassen Sie sich nicht auf theologische Debatten ein, ob Jesus das wirklich gemeint habe, als er von seiner Last und seinem Joch sprach. Machen Sie sich keine Gedanken darüber, ob Sie Gott überhaupt bitten sollten oder ob er ohnehin schon weiß, was Sie brauchen. Lassen Sie die Theologie beiseite und reden Sie mit Gott, wie es ein kleines Kind tun würde. Sagen Sie ihm in schlichtem, kindlichem Gebet, was Sie brauchen.

4. Suchen Sie sich alternative Mechanismen, um mit kritischen Situationen fertigzuwerden. Ein Raucher kann auf Lutscher ausweichen. Ein Mann, der zu Wutanfällen neigt, kann sich streßableitenden Aktivitäten wie Joggen oder Rudern zuwenden. Ein Einzelgänger kann sich bewußt Interessengruppen oder Vereinen anschließen, um Bekanntschaften zu schließen.

Welche Hobbys und Aktivitäten könnten Ihnen eine Hilfe sein? Was für Beziehungen könnten Sie aufbauen, um ungesunde Beziehungen, von denen Sie Abschied nehmen wollen, zu ersetzen oder auszugleichen? Lassen Sie keine Lücke, in der sich neue Probleme breitmachen können.

Der nächste Schritt zur Gesundheit besteht darin, den alten Schmerz hinauszuspülen. Dieser Schritt wird nicht nur Ihnen helfen, sondern auch Ihren Kindern, denn auf ihnen lastet dieser Schmerz.

Vierter Schritt: Den Schmerz durchtrauern

Wir schütteln die Köpfe über den orientalischen Brauch, Klageweiber anzuheuern, damit sie die Toten beweinen. Wie unecht! Wir spotten über den sentimentalen Firlefanz, der im letzten Jahrhundert um den Tod veranstaltet wurde.

Wir dagegen, unendlich weise, wie wir sind, verschreiben frisch Verwitweten bewußtseinsverändernde Medikamente, um ihren Schmerz zu lindern und den Schock abzumildern. Ein paar Worte auf einer Trauerfeier, und schon wenden wir dem Tod und dem Verlust wieder den Rücken zu, damit er uns nicht zu weh tut. Damit schaden wir uns selbst.

Was ist die Alternative zur Trauer? Abspalten – den Verlust ignorieren, verleugnen, herunterspielen. Doch Schmerz ist wie Giftmüll – er geht nicht einfach weg davon, daß man ihn vergräbt. Früher oder später dringt er an die Oberfläche oder sickert ins Grundwasser und vergiftet die ganze Gegend. Nur richtiges Trauern kann die Giftstoffen hinausspülen.

Ihr nächster Schritt zur Gesundheit, damit Sie Ihren Kindern besser helfen können, besteht darin, alle Verluste Ihres

Lebens zu betrauern. Graben Sie sie aus, jeden einzelnen. Machen Sie sich eine Liste davon. Lassen Sie sich von ihnen schockieren und in Zorn versetzen. Das gehört zum Trauerprozeß dazu.

Seien Sie sich jedoch dabei über ein heimtückisches Hindernis des Trauerns im klaren – die Angst. Ängste werden immer wieder den Prozeß zu unterminieren versuchen. Walter hatte Angst davor, Gefühle der Trauer auszudrücken. Ein Mensch, der sich selbst als Held oder Stoiker sieht, hat ungemein große Angst davor, ausgelacht, mißverstanden oder auch nur ignoriert zu werden.

Viele unserer Patienten fürchten sich davor, mit ihrem tiefsten Schmerz in Berührung zu kommen. „Wenn ich erst einmal anfange zu weinen, werde ich nicht mehr aufhören können." Doch bisher ist noch keiner unserer Patienten von unaufhörlicher Trauer so überwältigt worden, wie es diese Angst androht.

Am meisten fürchten sich die Leute davor, verletzlich zu werden. „Ich hatte eine Todesangst vor diesem ersten Schritt", hören wir immer wieder. Stellen Sie sich ein dreijähriges Kind auf einem Schlitten vor. Es möchte gerne den Hang hinabrasen, aber gleichzeitig hat es schreckliche Angst davor. Also geht es entweder zu Fuß hinunter, oder es bremst mit den Füßen die Abfahrt zu einem langsamen Rucken ab. Erwachsene sind nicht anders. Wenn ein Erwachsener auf dem Schlitten sitzt und den Mut zusammenzuraffen versucht, den Trauerprozeß zu beginnen oder fortzusetzen, dann scheint der unbekannte Ausgang wie ein tiefer Abgrund vor ihm zu gähnen.

An dieser Stelle kann ein Therapeut, eine Selbsthilfegruppe oder ein guter Freund eine unschätzbare Hilfe sein und der Person helfen, sich auf den Abhang zu wagen und ihre Ängste zu erkennen und zu lindern. Wenn Sie diese Ängste als das erkennen, was sie sind – künstliche Hindernisse – dann können Sie sie entweder ignorieren – zumindest teilweise – oder sich mit ihnen auseinandersetzen und den Schmerz durchtrauern.

Die Schritte des Trauerprozesses sind bekannt:

1. Schock und Verleugnung
2. Zorn
3. Vorübergehende Depression
4. Feilschen und magisches Denken
5. Tiefe Traurigkeit
6. Akzeptieren, Auflösung, Vergebung

All das muß kommen. Es kommt vielleicht nicht unbedingt in dieser Reihenfolge, und Teile des Prozesses können sich auch wiederholen. Doch alle sind notwendig.

Jeden schweren Verlust müssen Sie durchtrauern und zur Auflösung gelangen. Das Buch *Mut zur Liebe* von Dr. Robert Hemfelt, Dr. Frank Minirth und Dr. Paul Meier kann Ihnen dabei eine Hilfe sein. Was für Verluste meinen wir? Todesfälle. Scheidungen, sowohl Ihre eigene als auch die Ihrer Eltern. Schwere Krankheiten. Nicht nur jegliche Süchte und Abhängigkeiten, sondern auch das Elend und die Verluste, die diese Abhängigkeiten begleiten – verlorene Liebe, verlorenes Glück, verlorene Arbeitszeit, verlorenes Geld, verlorener gesellschaftlicher Status, um nur einige zu nennen.

Schock und Verleugnung. Lida Armstrong hatte eine gescheiterte Ehe mit einem Alkoholiker hinter sich. Zunächst weigerte sie sich hartnäckig zuzugeben, daß sie den Verlust ihrer Ehe noch nicht verarbeitet hatte. Hatte sie nicht oft genug vor Gericht gestanden? Hatte sie nicht genug Tränen vergossen?

Während ihrer dritten Sitzung wiederholte sie einen Einwand, den sie schon mehrmals zuvor erhoben hatte. „Dr. Hemfelt, nicht *ich* bin der Alkoholiker. *Ich* bin nicht jeden zweiten Tag betrunken nach Hause gekommen. Sicher, ich war es, die die Scheidung eingereicht hat, aber es war nicht ich, die unsere Ehe zugrunde gerichtet hat."

„Das ist mir klar", versicherte ihr Dr. Hemfelt. „Aber wenn ein Mensch für längere Zeit in einer unbefriedigenden Beziehung lebt, wie es Ihre Ehe war, dann nimmt auch er selbst dabei Schaden. Wir nennen das Kodependenz."

„Ich kenne den Ausdruck. Aber ich bin nicht depressiv."

„Sind Sie denn glücklich?"

„Natürlich nicht! Randy zahlt keinen Unterhalt für die Kinder. Ich muß arbeiten gehen, und alles andere bleibt auch an mir hängen."

„Haben Sie sich mit Ihrer Scheidung ausgesöhnt?"

„Randy läßt das nicht zu. Er strengt immer neue Verfahren an, nur um mich zu ärgern. Ich würde mich liebend gern damit aussöhnen."

„Ich rede nicht von juristischen Verfahren. Ich spreche von Ihrem Innenleben. Nimmt Ihre Scheidung – und Ihr Ex-Mann – immer noch Ihre Zeit und Ihre Gedanken in Beschlag?"

„Irgendwie schon, glaube ich, aber –"

„Sie sind erschöpft, wenn Sie von der Arbeit nach Hause kommen. Ist die Arbeit selbst so anstrengend?"

„Nein. Es sind all die anderen Sachen, die ich zu tun habe."

„Aber dann strengen ja diese anderen Sachen Sie schon an, bevor Sie sie getan haben. Sie kommen nach Hause, machen sich eine Dose Cola auf und sitzen erst einmal eine Weile da und starren die Wand an, stimmt's? Sie sind erschöpft, bevor Sie zu Hause einen Finger gerührt haben."

„Ja, aber ..." Sie lächelte. „Genauso ist es. Und ich schreie die Kinder an, wenn sie ins Zimmer kommen, bis ich das Essenmachen nicht länger hinausschieben kann."

„Auch das ist eine Depression, Lida, wenn Sie es auch noch so sehr verleugnen. Depression ist nach innen gerichteter Zorn. Sie haben Ihre Verluste nicht vollständig durchtrauert, und nur so könnten Sie mit Ihrem Zorn fertigwerden. Im Augenblick vergiftet der Zorn Ihr ganzes Leben."

„Das ist doch verrückt!" schäumte Lida. „Natürlich habe ich getrauert. Ich habe mir die Augen ausgeheult, während wir noch verheiratet waren, und dann noch mehr, als wir uns trennten."

„Weinen ist nur *ein* Aspekt des Trauerns. Aber", sagte Dr. Hemfelt sanft, „wenn Sie Ihr eigenes Leben betrachten und ausrufen: ‚Das kann nicht sein! Nein! Es ist nicht so!', dann gibt es zwei Möglichkeiten: Entweder haben Sie recht, und es war wirklich nicht so, oder Sie stecken im ersten Stadium der Trauer – Schock und Verleugnung – dem notwendigen ersten Schritt."

Das zweite Stadium der Trauer ist der Zorn.

Zorn. Wenn man Sie fragt, wie Zorn aussieht, werden Sie vielleicht antworten: „Sicher weiß ich, wie Zorn aussieht. Zorn sieht aus wie ein großer, schwarzer, knurrender Dobermann." Oder: „Wie mein alter Herr, wenn er einen getankt hatte und schrie und um sich schlug." Oder: „Zorn sehe ich jedesmal, wenn ich fünf Minuten zu spät nach Hause komme. Er ist lautlos und dunkel und brütend, eine riesige, schwere Wolke. Manchmal redet sie stundenlang kein Wort mit mir."

Die vielen Gesichter des Zorns. Im Grund sind dies nur die sichtbaren Erscheinungsformen. Zorn kann auch sehr subtil sein, manchmal unmerklich. Im wesentlichen kann Zorn in vier verschiedene Richtungen gehen. Nach innen gerichtet wird er zur Depression, jener sich immer mehr ausbreitenden Epidemie in unserer Gesellschaft. Zorn kann nach außen explodieren und sich als „Abreagieren" äußern. Jennifer Newports hyperaktive Neigung zum Unfug ist ein solches Verhalten, ebenso wie Joey Trasks Trotz. Abreagieren ist das Symptom, das am häufigsten dazu führt, daß sich frustrierte Eltern an einen Therapeuten wenden.

Zorn kann sich auch auf eine subtile Weise zeigen, die vielleicht nicht einmal der Leidende selbst erkennt, nämlich als passiv-aggressives Verhalten. Ein Beispiel dafür ist der Fall von Herb und Mabel. Mabel ist, nun ja, sie ist eine ziemlich fordernde Frau; sogar eine sehr fordernde Frau. Und Herb? Er ist unbekümmert und zwanglos. Ihre Tochter kam in der Schule nicht gut zurecht, und so kamen sie zusammen mit dem Mädchen zu uns in die Sprechstunde.

Herbs chronische Unpünktlichkeit wurde regelmäßig zur Zielscheibe für Witze in seiner Selbsthilfegruppe. Er verpaßte immer die ersten zehn Minuten. Ein paarmal schaffte er es überhaupt nicht. Zu Hause kam er ständig zu spät zum

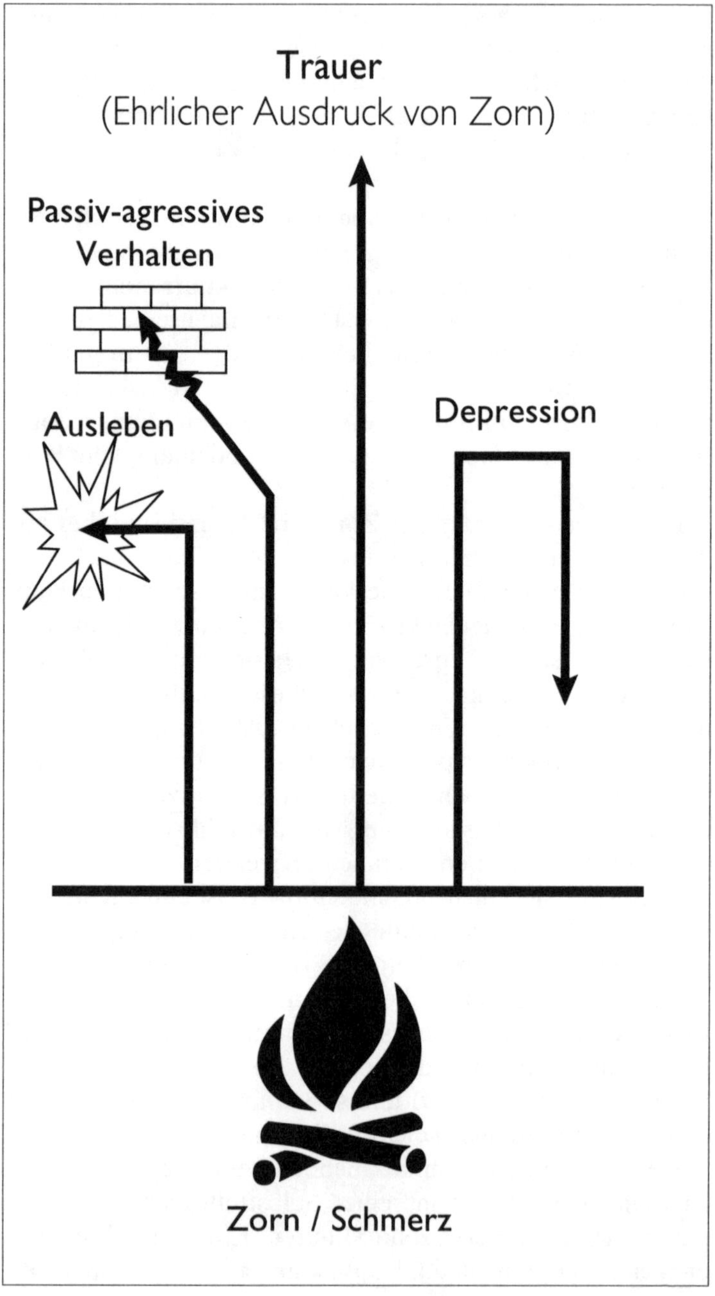
Trauer
(Ehrlicher Ausdruck von Zorn)
Passiv-agressives
Verhalten
Ausleben
Depression
Zorn / Schmerz

Abendessen. In einem Monat vergaß er, die Rate für sein Haus zu bezahlen. In einem anderen Monat wurde ihnen der Strom abgestellt, weil er einfach versäumt hatte, die Rechnungen rechtzeitig zu bezahlen. Seine nachlässige Art brachte Mabel in Rage.

Und das war die ganze Geschichte. Herb schien stets zu lächeln, doch es war sein ungemein starker Zorn, der sich nicht in gewaltsamen Ausbrüchen äußerte, sondern in fröhlicher Vergeßlichkeit, die unbewußt darauf kalkuliert war, Mabel da zu treffen, wo es ihr am meisten weh tat: genau zwischen ihrer Ordnungsliebe und ihrer Pünktlichkeit.

Die einzig akzeptable Möglichkeit, Zorn abzuleiten, besteht darin, den Zorn und seine Wurzeln zu durchtrauern. Trauer, diese verschollene Kunst, bereinigt den Zorn, schaltet ihn aus, hindert ihn daran, an einer anderen Stelle hervorzubrechen, wo er Probleme verursacht. Offener, sichtbarer Zorn ist ein notwendiger Bestandteil des Trauerprozesses.

Als Rob Newport erst einmal den Schock hinter sich hatte, durchlitt er eine schreckliche Phase intensiven Zorns über die Situation, in die sich Alice hatte abgleiten lassen. Er tobte über die allgemeine Ungerechtigkeit des Lebens. Die Kinder bekamen es zu spüren.

„Ich bleibe vorsichtshalber in meinem Zimmer, wenn Papa zu Hause ist", sagte Jennifer. „Wird er jetzt immer so bleiben?"

„Nein", versicherte ihr Dr. Warren. „Ich weiß, daß es im Augenblick schwer für dich ist. Für ihn ist es auch schwer, glaube mir. Ich bin sicher, daß es nicht so bleiben wird. Halte durch. Es wird viel, viel besser werden."

Auch Beth Trask kochte vor Zorn. Je mehr sie über all die Jahre der Verleugnung nachdachte, in denen sie ihre Gefühle irgendwohin weggesteckt und sich in einen geistlosen Roboter verwandelt hatte, desto zorniger wurde sie. Walter wiederum wurde zornig über ihren Zorn.

Eines Morgens fuhr er sie beim Frühstück an: „Jetzt habe ich aber genug! Du schnappst und knurrst wie ein Hund, der einen Knochen verteidigt. Ich bin es leid. Von jetzt an wirst du dich zusammenreißen."

Noch einen Monat zuvor hätte sich Beth überschwenglich für ihre Unvollkommenheit und offensichtliche Gedankenlosigkeit entschuldigt und ihre Gefühle wieder einmal ungefühlt weggesteckt. Doch das war einen Monat her.

Sie setzte sich ihm gegenüber und achtete darauf, so gelassen wie möglich zu sprechen. „Ist dir das schon einmal aufgefallen? Joey hat nicht die Erlaubnis, zornig zu werden. Du magst keine Wutanfälle. *Es gehört sich nicht,* sagst du immer. Wann immer Joey versucht, seinen Zorn auszudrücken, klappst du den Deckel zu und wirst zornig auf ihn, weil er zornig ist. Als ob er nicht genauso ein Mensch wäre wie ein Erwachsener."

„Das hat nichts damit zu tun, wie –"

„Bitte. Ich bin noch nicht fertig. Dasselbe hast du mit mir gemacht, die ganze Zeit über, seit wir geheiratet haben. *Du* hast die Freiheit, deinen Zorn auszudrücken; *du* darfst wüten. Aber *ich* darf keinen Zorn empfinden. Jedenfalls darf ich bestimmt nicht dein bequemes Boot ins Schwanken bringen, indem ich meinen Zorn zeige. Diese Zeit ist vorbei, Walter. Von jetzt an werden Joey und ich ganz normale Menschen sein, mit derselben Bandbreite von Emotionen, die du so deutlich sichtbar vorführst."

„Du weißt, daß ich es nicht mag, wenn –"

„Bitte unterbrich mich nicht. Unser Zorn bedeutet nicht, daß wir dich jetzt weniger lieben. Er bedeutet nicht, daß wir keine glückliche Familie sind. Er bedeutet nur, daß wir Menschen sind. Ich war –"

„Natürlich seid ihr das. Aber ich möchte –"

„Ich bin noch nicht ganz fertig. Man hat mir versichert, daß dieser Zustand nicht unbegrenzt anhält, und das glaube ich auch. Es ist jetzt schon nicht mehr so intensiv wie vor ein paar Tagen. Aber es wird immer wieder einmal vorkommen, daß ich zornig werde, und wenn das geschieht, werde ich meinen Zorn nicht mehr vergraben. Wir haben dein Wüten und Schnappen und Knurren, wie du es nennst, jahrelang über uns ergehen lassen. Ich bin sicher, du bist Manns genug, dasselbe zu tun." Und damit kehrte sie an den Herd zurück, um den Speck zu wenden.

Vorübergehende Depression. Diese Phase nennen wir in der Therapie stets *vorübergehende Depression,* weil viele unserer Patienten ohnehin schon mit Depressionen zu kämpfen haben. „Davon kann ich nicht noch mehr gebrauchen", sagen sie. Doch das Gute an dieser Art von Depression ist, daß sie ein gesunder und natürlicher Bestandteil des Trauerprozesses und nicht von Dauer ist.

Wenn Sie ein erwachsenes Kind gestörter Eltern sind, erleben Sie es sicherlich, daß der Gedanke der Schuld in Ihnen aufsteigt. Was immer in der Vergangenheit geschehen ist, sagen Sie sich, muß Ihre Schuld gewesen sein. Das ist keine rationale Schuldzuweisung, aber das macht die Sache nicht weniger schmerzlich. Und es wird Ihre Depression verstärken. Seien Sie darauf vorbereitet.

Feilschen und magisches Denken

● „Ich bin zu alt für Magie."

Nein, das sind Sie nicht. Gehen Sie nur einmal in ein Spielkasino – dort werden Sie Hunderte von Erwachsenen finden, die eifrig mit magischem Denken beschäftigt sind.

● „Wenn ich nur stärker nachbohre, macht Randy vielleicht eine Therapie."

● „Wenn ich nicht mehr so viel nachbohre, hört Randy vielleicht auf, so viele Probleme zu machen."

● „Jetzt weiß ich's! Ich gebe Gott ein Versprechen."

● „Wenn ich eine vergebungsbereitere Haltung einnehme, kann ich einiges von diesem Schmerz und dieser Mühe vermeiden. Ich weiß, es spielt sich alles nur im Kopf ab."

Im Kopf. Viele unserer Patienten versuchen sich an dieser Stelle einen Weg aus dem Trauerprozeß heraus zu argumentieren. Traurigkeit ist verpönt in unserer Gesellschaft. Traurigkeit ist den Menschen um uns her unangenehm. Und für uns selbst ist sie auch nicht gerade schön. Viele suchen einen schnelleren, weniger schmerzhaften Ausweg. Aber den gibt es nicht. Es gibt keine magische Handlung, die Sie vollziehen können, um die Menschen um Sie her zu verändern. Sie werden sich nicht verändern, solange sie die Motivation dazu nicht in sich selbst entdecken.

Tiefe Traurigkeit. Daria, eine junge Frau in den Zwanzigern, kam zu uns, um ihre Eßsucht in den Griff zu bekommen, die dazu geführt hatte, daß sie fast hundert Pfund Übergewicht hatte. Jahrelang hatte sie eine unerschütterliche Gelassenheit über den sexuellen Mißbrauch bewahrt, den sie in ihrer Kindheit erlitten hatte. Sie war zäh. Sie war clever. Sie wurde damit fertig.

Wir arbeiteten wochenlang mit ihr und versuchten, ihre Verleugnungsmauer zu durchstoßen. Endlich brachen ihre Verluste – der Verlust ihrer Jungfräulichkeit, ihrer Unschuld, ihrer Selbstachtung – und der Verrat, den sie erlitten hatte, hindurch. Wie sich die Traurigkeit ergoß! Der Rhythmus und der Klang ihres Weinens war genau der eines sechsjährigen Kindes. Als sie zu sprechen versuchte, klang ihre Stimme wie das hohe Jammern eines kleinen Kindes.

Wenn ein Mensch sich beim Trauern auf diese Weise zurückentwickelt, dann tut er es im allgemeinen bis zu dem spätesten geborgenen Alter, an das er sich erinnern kann. Manche unserer Patienten fallen in eine katatonische Depression, was anzeigt, daß sie sich im Grunde zuletzt im Mutterleib wirklich geborgen fühlten.

Darias Onkel, der sie mißbraucht hatte, kam in die Familie, als sie sieben war, begann bald darauf, ihr von „Geheimnissen“ zu erzählen, und begann mit offenem sexuellen Mißbrauch, als sie zehn war.

Rob Newport hatte während unserer ersten Begegnungen eine rauhe, kurz angebundene Haltung eingenommen. Dann, in einer der Sitzungen, geschah etwas – niemand von uns kann sagen, was es war – und durchbrach die rauhe Schale. Oft reicht ein Wort, ein Gedanke, auch wenn man sich eine Stunde später schon nicht mehr daran erinnert. Sein Zorn, sein insgeheimes Feilschen hatten ihre Funktion erfüllt. Als der Damm seiner Traurigkeit brach, flüsterte er: „Ich habe das getan, ich habe all das mitverschuldet. Und meine Kinder ... und Alice ... und ich ...“ In der Stille hatte er schon zuvor geweint. Jetzt tat er es öffentlich, diesmal mit Dr. Hemfelt als Reisegefährten.

Akzeptieren, Auflösung, Vergebung. Solange die vergrabenen Giftstoffe des Hasses, des Zorns und der unterdrückten Gefühle nicht von der Traurigkeit herausgespült werden, kann es nicht zu echter Vergebung kommen. Hier gibt es keine Abkürzung.

Kurz vor ihrer Entlassung aus dem Krankenhaus saß Alice Newport mit Rob und Dr. Hemfelt zusammen.

„Rob", fragte Dr. Hemfelt, „können Sie Alice vergeben?"

„Ja." Er zögerte. „Aber ich bin nicht sicher, ob ich mich daran halten kann, wenn wir das nächste Mal zornig werden."

„Eine gute Antwort. Lassen Sie mich folgendes zur Vergebung sagen: Vergeben bedeutet *nicht,* das Verhalten des anderen zu billigen. Sie müssen auch nicht vergessen. Natürlich dürfen Sie das, wenn Sie wollen, aber für die Vergebung ist es nicht notwendig. Und noch etwas: Gesunde Vergebung nützt Ihnen selbst noch mehr als demjenigen, dem Sie vergeben. Sie selbst brauchen die Vergebung noch dringender als Alice."

Der fünfte und letzte Schritt der Heilung ist so wichtig, daß wir ihm das ganze nächste Kapitel widmen: sich selbst ein guter Vater oder eine gute Mutter werden. Bedenken Sie folgendes: Wie können Sie Ihrem Kind ein guter Vater oder eine gute Mutter werden, wenn Sie nicht gelernt haben, auf Ihre eigenen Bedürfnisse fürsorglich einzugehen, sich selbst ein guter Vater oder eine gute Mutter zu sein?

Als Eltern können Sie nicht an die nächste Generation weitergeben, was Sie selbst nicht besitzen. Nur indem Sie den Schmerz Ihrer eigenen schwierigen Kindheit durchtrauern und entdecken, wie Sie sich selbst ein fürsorglicher Vater oder eine gute Mutter werden können, sind Sie auch in der Lage, der nächsten Generation die Fürsorge zuteil werden zu lassen, die sie braucht.

Neue Eltern für die Eltern

Eine erfundene Geschichte beginnt damit, daß eine junge Mutter einen Schinken zubereitete. Sie ritzte ihn ein, spickte ihn mit Gewürznelken, schnitt die Endstücke ab und verteilte Ananasringe darauf.

Daraufhin fragte ihre kleine Tochter: „Mama? Wozu sind die Gewürznelken und die Ananasstücke da?"

„Damit es schöner aussieht und besser schmeckt. Außerdem wird durch den frischen Ananassaft das Fleisch zarter."

„Und warum schneidest du die Enden ab?"

„Weil das meine Mutter auch immer so gemacht hat." Und damit schob sie den Schinken in den Ofen. Später wurde sie neugierig und rief ihre Mutter an. „Mama? Warum schneidest du eigentlich immer die Enden von deinem Schinken ab, bevor du ihn bäckst?"

„Weil das meine Mutter auch schon so gemacht hat. Ich nehme an, sie trocknen sonst aus oder so etwas."

Ein paar Tage später besuchte diese junge Mutter ihre Großmutter im Altersheim und erzählte ihr von dieser Kette von Fragen. „Oma, warum schneiden wir die Enden vom Schinken ab?"

Die alte Dame lachte. „Ich weiß nicht, warum ihr das macht. Ich habe es getan, weil der Schinken immer zu groß für meinen Backofen war."

Kochtips sind nicht das einzige, was von Generation zu Generation weitergegeben wird. Das gleiche geschieht auch mit Erziehungsmethoden, sowohl den guten als auch den verfehlten. Kaum jemand fragt jemals nach, ob eine bestimmte Methode auch funktioniert, geschweige denn wie gut sie funktioniert.

Viele gute Bücher geben Anregungen zu Situationen und Krisen in der Erziehung. Doch wenn wir hier über Ihre Fürsorge für sich selbst reden, beziehen wir uns auf einen Schritt, der erfolgen muß, bevor die Erziehungsbücher einsetzen. Wenn Sie erst einmal gelernt haben, sich selbst ein guter Vater oder eine gute Mutter zu sein (also gewissermaßen an sich selbst üben konnten), sind Sie besser dafür gerüstet, ein guter Ehepartner zu sein. Das festigt Ihre eheliche Bindung und macht Sie fähig, ein tüchtiges Mitglied eines guten Elternteams zu sein.

Zuerst werden wir ganz praktisch die Techniken der neuen Elternschaft betrachten, und dann überlegen, wie diese Techniken zu verstärken sind, damit sie ein Teil Ihres täglichen Lebens werden.

Das Gespenst der Wiederholung

Stellen Sie sich den ganzen Trauerprozeß wie ein Trampolin vor. Sie fallen hinab, erreichen den emotionalen Tiefpunkt und werden wieder emporgeschnellt. Sie sind das Negative losgeworden, und nun werden wir es durch positive Dinge ersetzen. Diesen Schritt könnten wir „Aufbau einer neuen Identität“ nennen.

Dieser Schritt ist sehr wichtig, denn wenn Sie die negativen Aspekte Ihrer Kindheit nicht ablegen und durch Positives ersetzen, verurteilen Sie Ihre Kinder dazu, sie zu wiederholen.

Beth Trask schüttelte den Kopf. „Dr. Hemfelt, Sie glauben ja nicht, wie entsetzlich es für mich war, wie meine Mutter sich an mich geklammert hat. Sie breitete alle ihre Geheimnisse vor mir aus und erwartete von mir, daß ich ihr auch alles von mir erzählte. Sie nahm sich heraus, in mein Zimmer zu kommen, wann immer sie wollte. Ich erinnere mich sogar, wie ich einmal zu ihr sagte: ‚Mama, könntest du nicht wenigstens klopfen?‘, worauf sie antwortete: ‚Ach Unsinn, ich bin es doch nur.‘ Und so sehr es mir auch verhaßt war, ich dachte immer, so sei das nun einmal zwischen Eltern und Kindern. Ich sah es nicht als etwas Ungewöhnliches oder Schädliches.“

„Heute würden wir das eine Verletzung Ihrer Abgrenzungen nennen“, sagte Dr. Hemfelt.

„Was mich am meisten schockiert ist, daß ich jetzt im Rückblick erkenne, daß ich genau dasselbe mit Joey gemacht habe. Es muß ihm ebenso verhaßt sein wie mir. Wahrscheinlich noch mehr, da er ja ein Junge ist."

Ein wichtiger Teil Ihrer eigenen Heilung wird es sein, neue Methoden der Elternschaft zu entwickeln. Wie Beth sollten Sie die Dinge ausmerzen, die Ihnen in Ihrer eigenen Kindheit zuwider waren, in dem Wissen, daß Sie sie fast mit Sicherheit wiederholen werden. Und für Ihre Kinder werden sie nicht weniger schädlich sein als für Sie selbst.

Die erste Phase besteht in positivem Selbstgespräch.

Positives Selbstgespräch

Das positive Selbstgespräch ist einfach das Gegenteil der negativen Botschaften aus Ihrer Vergangenheit; es sind positive Botschaften, die Sie an sich selbst richten und die genau auf Ihre Situation zugeschnitten sind. Sie allein können sagen, worin sie bestehen sollen. Menschen, die wissen, daß sie bisher als Eltern nicht sehr erfolgreich waren, haben an diesem Punkt besonders große Schwierigkeiten. Alice Newport, deren Medikamentenmißbrauch so lange außer Kontrolle gewesen war, brauchte eine Menge positiver Veränderungen, eine Menge positiver Verstärkung. Menschen wie Alice müssen immer wieder neu die Botschaft hören: „Ich bin fähig, meine Elternrolle besser auszufüllen als bisher."

Hier sind einige der positiven Selbst-Botschaften, die erwachsene Patienten aus unserer Praxis für sich entwerfen mußten. Vielleicht helfen Ihnen diese Beispiele, einen Anfang für Ihre eigenen Botschaften zu finden.

- *„Ich habe das Recht zu leben."*

Jeder Mensch kann diesen Anspruch erheben, aber viele Kodependente glauben tief in ihrem Innern nicht daran. Glauben Sie daran.

- *„Ich darf glücklich sein."*

Menschen mit Kodependenz-Problemen fühlen sich verantwortlich für alle Mißstände und Störungen in ihren Familien (sowohl in ihren gegenwärtigen als auch in ihren Ursprungsfamilien). Eine der Methoden, durch die sie sich selbst für diese eingebildete Schuld bestrafen, besteht darin, sich selbst das Glücklichsein zu verweigern.

● *„Es ist nichts Verkehrtes an (bitte einfügen: Sexualität, Erfolg, Zorn, mir).“*

Die Frühgeschichte der Psychiatrie konzentrierte sich zu einem großen Teil auf das Problem der unterdrückten Sexualität. Doch auf ähnliche Weise können Menschen auch ihren Erfolg unterdrücken, indem sie ihr eigenes Fortkommen in ihrem erwählten Beruf sabotieren. Sehr viele Menschen unterdrücken ihren Zorn und fügen sich damit großen Schaden zu. Zorn ist unzivilisiert, er ist nicht erwünscht, er ist bedrohlich für andere, er ist nicht „christlich“ – es gibt tausend Gründe, Zorn zu verbergen.

All diese Probleme haben eine gemeinsame Quelle: Die betroffene Person glaubt, sei es mit dem Herzen oder mit dem Verstand, daß sie im Unrecht ist. Achten Sie darauf, zwischen der Sache selbst – Sexualität, Erfolg, Zorn oder anderes – und dem falschen Gebrauch der Sache zu unterscheiden. Sexualität ist gut, wenn sie mit Zärtlichkeit und Achtung im Rahmen der Ehe ausgeübt wird; Erfolg ist gut, wenn er zum Wohle aller genutzt wird; Zorn ist nützlich, wenn wir seine Energie für eine Veränderung zum Besseren gebrauchen.

● *„Ich darf eine enge Gemeinschaft mit Gott haben, nicht weil ich dessen würdig wäre, sondern weil er mich liebt und diese Gemeinschaft möchte. Seine Liebe verleiht mir einen Wert, selbst wenn ich sonst keinen hätte.“*

Christen mit Kodependenz-Problemen stecken manchmal in einer völlig leistungsbezogenen Beziehung zu Gott fest. Wir versuchen, unsere Patienten zu einer offeneren Vater-Kind-Beziehung zu dem himmlischen Vater zu führen, in der Menschen liebevoll aufgenommen werden, einfach weil er sie liebt. Wir wollen keineswegs Sünde billigen, aber wir unterscheiden zwischen der Handlung und dem Handelnden.

● *„Gott möchte, daß ich seine Vergebung annehme.“*

„Außerdem sollte ich mir selbst vergeben. Ich bin dazu fähig! Ich kann es!“ Aber es ist sehr schwer, solange wir unsere Schuld nicht durch angemessene Trauer verarbeitet haben.

- *„Es ist in Ordnung, wenn ich eine Autoritätsstellung einnehme, besonders gegenüber meinen minderjährigen Kindern. Das ist sogar meine Aufgabe."*

Die Kolbins brauchten diese Botschaft. Sicher, gelegentlich bekam James Wutanfälle, aber in der Zwischenzeit war er nachgiebig und übte keinerlei Autorität aus. Bis die Kinder ihn wieder zur Weißglut trieben, ließ er ihnen alles durchgehen. Bei Melanie war es nicht viel besser.

„Wie kann ich mich verändern?" jammerte Melanie. „Ich bin schon immer so gewesen, schon als ich während der Schulzeit als Babysitter gejobbt habe."

„Da stehen Sie nicht allein", erwiderte Dr. Hemfelt. „Wir begegnen ständig Eltern, die noch nie diese positive Selbstaussage gemacht haben. Zuerst müssen Sie sich bewußt bereit finden, Ihren Kindern gegenüber liebevolle Autorität auszuüben.

„Um ihretwillen, ja. Ich bin bereit."

„Machen Sie immer nur einen Schritt auf einmal. Diesen Rat haben Sie sicher schon öfter gehört – er gilt auch hier."

„Sie meinen, wenn ich Gerald etwas verbiete, dann muß ich auch dabei bleiben."

„Das ist richtig. Anfangs wird es schwer sein. Die Kinder werden sich an ganz neue Erziehungsmethoden gewöhnen müssen. Um dabei am Ball zu bleiben, müssen Sie sich selbst immer wieder die positive Botschaft senden: ‚Ich bin die Person, die den Kindern durch ihr Vorbild helfen muß, Disziplin zu lernen. Ich bin dazu fähig! Es ist meine Aufgabe, in dieser Familie tagsüber die Autorität auszuüben.'"

Zum Schluß: Bewahrung des Erreichten

Auch dieses letzte Stadium im Aufbau Ihrer neuen Identität verläuft von Person zu Person unterschiedlich. Die meisten Leute mit ernsthaften Erziehungsproblemen finden es hilfreich, sich einer Selbsthilfegruppe anzuschließen. Was Sie brauchen, ist eine Familie außerhalb Ihrer Familie. Ebenso wie die Kernfamilie die Quelle der Fürsorge für die Kinder ist, so kann die Ersatzfamilie der Selbsthilfegruppe eine Quelle der Fürsorge für Sie sein.

Das ist der Kern des „Reparenting“, des Aufbaus der neuen Elternschaft. In einem sehr realen Sinn brauchen Sie für sich selbst einen Vater oder eine Mutter, eine gesunde, nicht kodependente Vertrauensperson, die Ihnen die Fürsorge geben kann, die Sie brauchen, damit Sie auch Ihren Kindern Fürsorge zuteil werden lassen können. Eine Person, die Sie um Rat fragen oder von der Sie sich auch einmal ein paar ermutigende und ehrliche Worte holen können: „In diesem Bereich machst du gute Fortschritte, aber an jenem Aspekt mußt noch arbeiten.“

Im allgemeinen empfehlen wir, daß Sie sich für diesen Aspekt des Reparenting nicht an ein Mitglied Ihrer unmittelbaren Familie wenden. Ihre unmittelbare Familie ist Ihnen in mehrfacher Hinsicht buchstäblich zu nahe. Wenn Sie Probleme mit Kodependenz haben, ist es fast sicher, daß andere Familienmitglieder ebenfalls darunter leiden. Darum ist es normalerweise am besten, wenn Sie sich außerhalb ihres unmittelbaren Familienkreises umsehen.

Schließlich, vergessen Sie nicht, daß Trauern ein natürlicher Teil des Lebens und ein notwendiger Teil des Heilungsprozesses ist. Vollziehen Sie immer wieder den Trauerprozeß, wenn es notwendig ist, um mit Verlusten der Vergangenheit und Gegenwart fertigzuwerden.

Denken Sie daran, daß Sie das nicht nur für Ihre leiblichen Kinder, sondern auch für das emotionale Kind in Ihrem Inneren tun.

Nachdem Sie nun Ihre eigene Kindheit betrachtet haben, wenden wir uns der Frage zu, der Dr. Warren in seiner Arbeit mit Kindern im Verlauf des Heilungsprozesses nachgeht: „Wer bin ich innerhalb meiner Familie?“

Das Kind: Wer bin ich innerhalb meiner Familie?

Melanie Kolbin schenkte ihrer Nachbarin Jeanne gerade Kaffee nach, als die siebenjährige Regina ins Haus kam und die Tür mit lautem Krachen zuknallen ließ. Jeanne zuckte so heftig zusammen, daß sie beinahe den Kaffee über den ganzen Küchentisch verschüttet hätte.

„Aha, die Schule ist aus." Jeanne lächelte verlegen. „Ich schätze, ich bin kleine Kinder nicht gewöhnt."

„Mami!" kam Reginas hohe, weinerliche Stimme aus dem Wohnzimmer. „Komm mal! Victor kritzelt in meinem Malbuch herum!"

Victors dünne Vierjährigenstimme heulte auf. Er begann wütend zu schreien.

Der zweijährige Gerald kletterte auf Melanies Schoß.

Regina kam in die Küche gerannt und knallte Melanie das offene Malbuch auf die Knie. „Schau dir an, was er gemacht hat!"

Hinter ihr kam Victor hereingestürmt, immer noch schreiend. Er machte einen wilden Hechtsprung auf das Malbuch zu. Als Regina es aus seiner Reichweite riß, traf sie versehentlich Gerald damit am Mund. Gerald begann zu schreien.

Jeanne erhob sich hastig. „Ich muß mich sputen. War nett, mit dir zu schwatzen, Melanie."

„Warte, Jeanne, bitte!" Melanie legte Jeanne ihre Hand auf den Arm. „Aufhören!" bellte sie. „Sofort aufhören! Alle drei!" Sie ließ die Stimme sinken. „Bitte geh noch nicht, Jeanne. Hinaus aus der Küche, Regina. Hinaus! Geh und zieh dir deine Spielklamotten an. Nein, Victor! Ich will nichts mehr hören. Niemand bekommt das Malbuch. Es bleibt hier auf dem Tisch."

Regina ging nicht, aber sie hörte immerhin auf zu lamentieren. „Ich will ein paar Kekse", jammerte sie.

„Dann hol dir welche. Bring auch ein paar für Victor mit. Aber seid still! Allesamt!“ Sie lehnte sich zurück, die Nerven bis zum Zerreißen gespannt.

Victor kletterte über einen Stuhl auf den Tisch und streckte sich weit genug aus, um das Malbuch an sich zu ziehen. Er schnappte es sich und schlüpfte hinaus ins Wohnzimmer.

Geralds Brüllen sank zu einem Wimmern herab. Er wand sich auf Melanies Schoß.

„Jeanne ...“ Melanie holte tief Luft und schaute ihrer Nachbarin in die Augen. „Jeanne, du kannst meine Kinder nicht ausstehen, stimmt's?“

Jeanne machte den Mund auf und wieder zu. „Tut mir leid, Melanie. Es stimmt. Sie sind vollkommen außer Kontrolle. Das ist ein Irrenhaus hier.“

Melanie flüchtete sich in eine Lüge. „Aber sie sind nicht viel schlimmer als anderer Leute Kinder.“

Jeanne verzog das Gesicht. „Melanie, ich weiß nicht, wie ich dir darauf antworten soll, ohne dich zu verletzen. Aber schau dir Regina an. Du hast sie aufgefordert, sich umzuziehen. Sie hat es nicht getan. Du hast sie aufgefordert, ihrem Bruder einen Keks zu geben. Das hat sie auch nicht getan. Und du hast dir nicht die Mühe gemacht, sie zum Gehorsam zu bringen. Offenbar gehört das Buch Regina, aber es scheint dich gar nicht zu stören, daß Victor es sich genommen hat.“

„Es ist doch nur ein Malbuch.“

„Aber es ist nicht *sein* Malbuch. Vor ein paar Augenblicken hast du Victor noch gesagt, daß niemand das Buch bekommt. Er hat es sich gerade eben genommen, und du hast ihn nicht dafür getadelt. Alle Kinder streiten sich gelegentlich, aber deine streiten sich ständig. Außer Gerald. Der klebt nur an dir. Es gibt hier keine Abgrenzungen, Melanie.“

„Abgrenzungen?“

„Grenzen. Linien. Die Grenzlinie zwischen Gehorsam und Ungehorsam existiert hier nicht. Persönliches Eigentum stellt eine andere Abgrenzung dar, nämlich die zwischen mein und dein. Auch die scheint hier nicht zu existieren. Gerald hat überhaupt keine Abgrenzungen. Er ist einfach nur irgendwie in deine mit eingestrickt, als wäre er ein Teil von dir.

Ich kann nicht ... es tut mir leid, Melanie. Ich habe schon zuviel gesagt. Ich muß jetzt wirklich gehen." Und damit brach Jeanne hastig auf.

Im Wohnzimmer fing Regina an zu schreien, während Victor durchdringend aufheulte. Gerald wand sich von Melanies Schoß herunter und steuerte auf die Kekse zu. Und Melanie begann zu weinen.

Wenn Dr. Warren mit Eltern arbeitet, um ihnen in ihrer Rolle als Reisegefährten zu helfen, spricht er mit ihnen über die Entwicklungsaufgaben, die Kinder in jedem Stadium ihres Heranwachsens erfüllen müssen. Diese Aufgaben formen die Identität der Kinder und geben ihnen die Möglichkeit, zu entdecken, wer sie sind und wo ihr Platz in der Welt ist. Die Abgrenzungen der Kinder schützen ihre sich entwickelnde Identität.

„Das Geheimnis des Heranwachsens", sagte Dr. Warren, „besteht darin, daß ein Kind die richtigen Abgrenzungen aufrichtet und seine eigene Identität entdeckt. Wenn Eltern die notwendigen Wachstumsschritte in jeder Phase der Entwicklung ihres Kindes verstehen, können sie das Kind sehr erfolgreich bei seinem Reifungsprozeß unterstützen."

In diesem Kapitel werden wir die Aufgaben betrachten, die ein Kind in jeder Entwicklungsphase zu bewältigen hat, um angemessene Abgrenzungen von den anderen Familienmitgliedern aufzubauen. Die Frage, die sich Kinder unbewußt stellen, lautet: „Wer bin ich innerhalb meiner Familie?" oder „Wo liegen meine Abgrenzungen gegenüber Mutter, Vater und Geschwistern?"

Stellen Sie sich ein Glas Milch vor. Die Milch ist die Identität des Kindes, das Glas stellt die Abgrenzungen dar, die diese Identität schützen. Wenn das Glas einen Sprung bekommt oder kaputtgeht, geht die Milch verloren. Ähnlich geht auch die kostbare Identität eines Kindes verloren, wenn seine Abgrenzungen beschädigt oder nicht vorhanden sind.

Ist andererseits das Glas durch einen Deckel dicht verschlossen, kann die Milch nicht getrunken werden und ist darum nutzlos. Sie bleibt stehen und wird sauer. Ebenso kann auch die Gabe der Identität eines Kindes niemals mit den anderen Familienmitgliedern geteilt werden, wenn seine Abgrenzungen zu stark sind. Genausowenig können die anderen Familienmitglieder diese starken Abgrenzungen durchdringen, um dem Kind zu helfen.

Abgrenzungen sind unsichtbare Linien, die die besondere Identität schützen, die Gott jedem Kind verliehen hat. Dr. Warrens Ziel in der Therapie ist es, Kindern zu helfen, diese ihre einzigartige Identität zu erkennen und sich selbst so zu sehen, wie Gott sie sieht, mit allen Stärken und Schwächen.

Nachdem wir die Wachstumsschritte betrachtet haben, werden wir Dr. Warren bei der Therapie von Kindern beobachten, die diese Schritte nicht richtig bewältigt haben. Dieselben Techniken können auch Sie als Elternteil und Reisegefährte anwenden, um Ihrem Kind zu helfen, diese Aufgaben in der jeweiligen Entwicklungsphase zu bewältigen.

Angemessene Abgrenzungen

Wie baut man einen Wolkenkratzer? Graben Sie bis auf den Felsengrund und legen Sie Ihr Fundament. Errichten Sie das Kellergeschoß, vermutlich eine Tiefgarage. Halten Sie einen Augenblick inne, um sich zu fragen, warum diese hohlen, weit offenen Räume – eine Tiefgarage – unter dem schweren Überbau plaziert werden. Dann bauen Sie Ihr erstes Stockwerk.

Noch ein paar Stockwerke können Sie errichten, indem Sie vom Boden aus arbeiten, aber irgendwann müssen Sie schließlich oben auf dem Gebäude einen Kran installieren, um die Materialien vom Boden zu dem jeweiligen Stockwerk, das gerade errichtet wird, heraufzuschaffen. Wenn das Stockwerk fertig ist, bockt sich der Kran buchstäblich um ein weiteres Stockwerk hoch und errichtet eine neue Schicht um seine Stelzenfüße.

Wenn zum Beispiel das vierzehnte Stockwerk fertiggestellt ist, steht der Kran darauf und hievt sich auf die Höhe des fünfzehnten Stockwerks empor. Sollte das vierzehnte Stockwerk jedoch schlecht gebaut oder statisch falsch berechnet sein, so werden alle folgenden Stockwerke, wie auch der Kran selbst, einsturzgefährdet sein.

Ein Psychologe, der beim Bau eines Wolkenkratzers zusieht, würde vielleicht sagen, daß er eine *epigenetische* Konstruktion ist, was bedeutet, daß die Festigkeit und Integrität der oberen Schichten von der Festigkeit und Integrität der unteren Schichten abhängig ist. Im gleichen Sinne sind auch die Wachstumsaufgaben eines heranwachsenden Kindes epigenetisch: Jede Aufgabe baut auf dem Fundament aller bisher bewältigten Aufgaben auf.

Der Prozeß des Heranwachsens verlangt von dem Kind, bestimmte Aufgaben zu bewältigen, gewisse Bindungen einzugehen und bestimmte konkrete Abgrenzungen aufzubauen. In einer gesunden Familie werden sich diese Aufgaben, Bindungen und Abgrenzungen von selbst ergeben. Doch in kodependenten und zerbrochenen Familien wird dieser Prozeß gestört. Wenn jedoch ein Wachstumsschritt beschädigt oder beeinträchtigt ist, wird – wie bei dem Wolkenkratzer auch – alles, was danach kommt, in Mitleidenschaft gezogen. Wenn der Schaden durch einen versäumten Schritt groß genug ist, kann es geschehen, daß das Gebäude – das erwachsene Kind – unter seinem eigenen Gewicht zusammenbricht.

Das Ziel eines Kindes ist es, eine starke persönliche Identität zu entwickeln. Ohne gute Abgrenzungen ist das nicht möglich. Umgekehrt braucht das Kind aber auch eine Identität, um gesunde Abgrenzungen aufzubauen. Sich selbst überlassen, könnte kein Kind dieses Dilemma bewältigen. Doch wenn gesunde Eltern angemessene Abgrenzungen zur Verfügung stellen und eine gesunde Familie dem Kind eine Identität verleiht, besitzt ein Kind sozusagen die Werkzeuge, um die Aufgaben und Bindungen zu bewältigen und zu einem gefestigten, glücklichen Erwachsenen heranzuwachsen.

Wenn wir nun diese Aufgaben und Bindungen erkunden, denken Sie an Ihre Kinder und an Ihre eigene Kindheit. Wie zeigen sich diese Aufgaben und Bindungen bei Ihren Kindern? Welche Schritte könnten sie versäumt haben? Stellen Sie sich den Wolkenkratzer vor, wie er sich Stockwerk für Stockwerk in die Höhe schiebt.

Um die folgenden Erörterungen anschaulicher zu machen, wollen wir das Kind durch eine Identitätsfigur darstellen. Das Kind beginnt sein Leben, ohne eine nennenswerte Identität zu besitzen, als leerer Umriß. Bei Kindern mit unsicheren Abgrenzungen können wir diesen Umriß zudem als gebrochene Linie darstellen, bei solchen mit viel zu starken Abgrenzungen als Doppellinie.

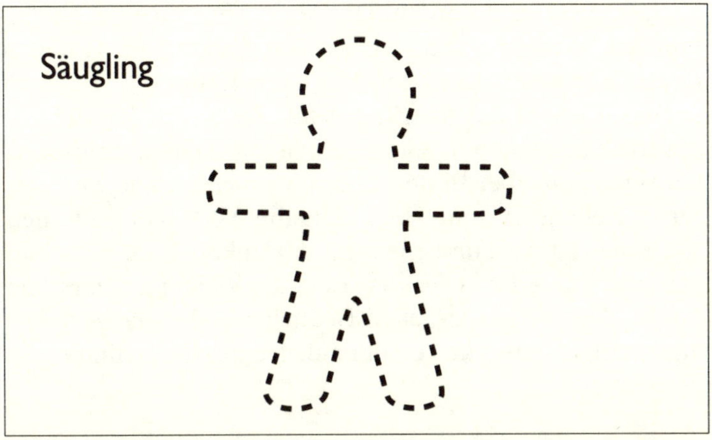

Identität, Aufgaben und Abgrenzungen des Säuglings

Identität: Bestenfalls unscharf

Die Entwicklung der Identität eines Kindes und seiner Beziehungen zur Familie beginnt im frühesten Säuglingsalter. Zu dieser Zeit sind die Abgrenzungen noch unscharf; die Identitätsfigur des Babys ist noch unausgefüllt. Seine Abgrenzungen können als gepunktete Linien gezeichnet werden, da sich die Identität des Babys aus der Familie ableitet. Man kann sogar sagen: Baby ist gleich Familie. Man vermutet, daß sich Säuglinge ihrer Mitgliedschaft in der Familie bewußt werden, noch bevor sie zum ersten Mal so etwas wie persönliche Identität empfinden.

Aufgaben und Abgrenzungen des Säuglings

Warum schreien Babys sofort nach der Geburt? Nun, stellen Sie sich vor, Sie werden wie Zahnpasta aus Ihrem warmen, bequemen Zuhause gequetscht, jemand unterzieht Sie ohne Ihre Erlaubnis einem Apgar-Test, Sie bekommen einen Klaps auf den Hintern, und schon sind Sie mit achttausend Mark Staatsschulden belastet! Das Schreien, um die Lungen zu füllen, ist eine der wenigen Pflichten, die von unseren Kleinsten verlangt werden. Die Abgrenzungen eines Neugeborenen schließen sich eng um das Kind. Sein Horizont reicht nicht weiter als bis zur Milchversorgung.

Die Pflichten des Säuglings sind elementar: Bedürfnisse ausdrücken, Atmen, Wachsen. Doch selbst ein so zartes Kind hat seine Aufgabe. In den ersten Momenten und Monaten seines Lebens ist seine Hauptaufgabe, Vertrauen zu lernen. Vertrauen ist das Fundament für alle zukünftigen Beziehungen, die solide Basis für den Rest des Wolkenkratzers. Dadurch, daß die körperlichen Bedürfnisse des Babys befriedigt werden, entwickelt es allmählich eine starke Bindung an die Mutter.

Vertrauen lernen

Melanie Kolbin saß in Dr. Warrens Sprechzimmer und sinnierte über Geralds Säuglingsalter. „Er ist nicht erst in letzter Zeit so geworden; er war schon immer so. Er hat mich nie aus den Augen gelassen. Er schreit, sobald ich das Zimmer verlasse, und hört einfach nicht wieder auf. Es ist zum Verrücktwerden. Ich kann ihn keinem Babysitter überlassen. Kein Babysitter ist bereit, ein zweites Mal zu kommen; nicht einmal, wenn ich das Doppelte bezahle."

„Sie sagen, es war von Anfang an so. Erzählen Sie mir, was in Ihrem Leben während seiner ersten beiden Monate vor sich ging."

„In meinem Leben? Na ja, äh, ich kam aus dem Krankenhaus und, äh ..." Sie runzelte die Stirn. „Nicht viel. Ich nahm eine ganze Weile lang Medikamente wegen einer schweren postnatalen Depression. James hatte berufliche Schwierigkeiten. James ist sehr ordentlich. Ich meine, er hat gerne alles ordentlich und sauber. Extrem ordentlich. Und sein Vorgesetzter hatte eher eine lässige Einstellung. Sie kamen nicht miteinander aus. Aber das hat doch nichts mit dem Baby zu tun."

Doch, das hatte es, und zwar in mehrfacher Hinsicht. Was uns hier interessiert, ist die Art, wie die Bedürfnisse des kleinen Gerald durch James' Probleme und Melanies Depression unregelmäßig befriedigt wurden: manchmal recht gut, manchmal gar nicht, manchmal verspätet. Seine Erfahrung sagte: „Ich kann mich nicht darauf verlassen, daß andere die Bedürfnisse befriedigen, die ich nicht selbst befriedigen kann." Das Baby lernte nie zu vertrauen.

Doch diese Aufgabe ist das unverzichtbare Fundament für die spätere Identität des Kindes (wir werden Ihnen noch zeigen, wie Sie dieses Fundament in der nächsten Entwicklungsphase nachholen können, wenn es im Säuglingsalter vernachlässigt wurde). Der Faden der Identität des Kindes verstärkt sich, wenn es zum Kleinkind heranwächst.

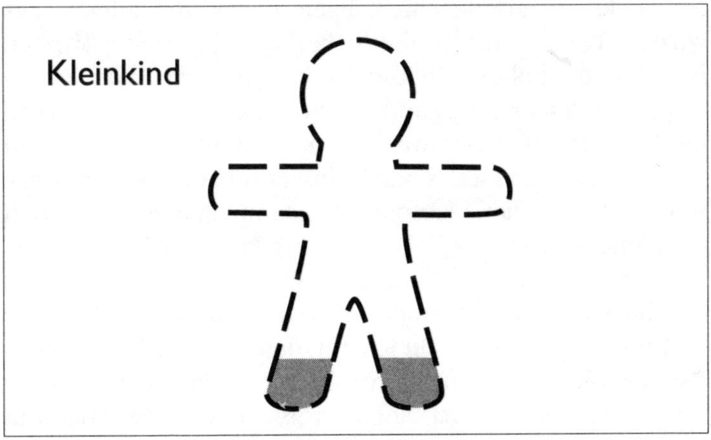

Die Identität des Kleinkindes

Wenn das Kind zu laufen beginnt, erwacht das Bewußtsein für das eigene Ich und drückt sich in einem völlig neuen Wort aus: „Nein!“ Die Identitätsfigur des Kleinkindes hat jetzt schon einen recht soliden Umriß und beginnt sich mit der Entdeckung der eigenen Individualität zu füllen. Eltern eines zweijährigen Kindes werden leicht zu der Ansicht neigen, daß ihr Kind sogar etwas zuviel Individualität entwikkelt.

Doch dies ist die wichtigste Aufgabe des Kleinkindes. Seine Wutanfälle, so lästig sie auch für die Eltern sein mögen, sind für das Kind ein Mittel, eine gewisse Autonomie zu entwickeln. Dies ist die Zeit, in der das Kind zum ersten Mal seine Abgrenzungen auszuprobieren beginnt. Bedeutet es wirklich „Nein“, wenn die Eltern „Nein“ sagen? Wie weit kann ich gehen? Wer ist hier der Boss (ich will das sein!)? Das turbulente dritte Lebensjahr ist ein Vorspiel zu dem jubelnden Ausruf: „Ich bin ich!“

Kinder wagen sich weit heraus, um ihre Identität zu erforschen, doch sie bleiben dabei eng mit der Mutter verbunden. Sie fangen an zu experimentieren, während sie immer noch fest an der Sicherheitsleine hängen. In diesem Stadium ist es wichtig, daß die Eltern die Sicherheitsleine weder kappen noch zu kurz halten. Zu kurz ist die Leine, wenn die Eltern das Erkunden und die Entdeckungsreisen des Kindes zu verhindern suchen. Doch wenn sie keine Grenzen setzen und das Kind alles und jedes ohne Einschränkung erforschen lassen – wie es Melanie Kolbin tat –, dann kappen sie dadurch die Leine.

Ein Kind braucht sichere, klare Grenzen, innerhalb derer es seine lebenslange Entdeckungsreise beginnen kann.

Kommen wir zu Gerald Kolbin, dem Zweijährigen, der in Panik gerät, wenn seine Mama ihn allein läßt. Bei ihm ist der Mangel an Identität zu einem Problem geworden, denn in seinem Alter sollte ein Kleinkind bereits einen klaren Sinn für das eigene Ich besitzen. Mit diesem Ich-Bewußtsein kommt auch das Annehmen persönlicher Verantwortung.

Ein gesunder Zweijähriger ist nicht zu jung, um zu lernen: „Ich habe ein gewisses Maß an Verantwortung für mein eigenes Handeln.“

Doch Gerald machte Fortschritte. Eben noch saß er auf Melanies Schoß, im nächsten Moment wand er sich, weil er herunter wollte.

James, Geralds Vater, schaute ungeduldig zu. „Kann der Junge nicht entscheiden, was er will?“

„Eigentlich“, warf Dr. Warren ein, „ist das genau das, was er tut.“

„Entscheiden, was er will?“

„Er trifft verschiedene Entscheidungen und probiert aus, was dabei herauskommt, ja. Um es im Fachjargon auszudrücken, er experimentiert mit Extremen, im Bestreben, die Balance zwischen Autonomie und Abhängigkeit zu finden. Und er fängt an, seine eigene Identität zu entwickeln. Er entdeckt, daß es Dinge gibt, über die er Kontrolle hat.“

„Wie können wir ihm helfen, diese Phase hinter sich zu bringen?“

Dr. Warren schmunzelte. „Interessante Art, die Sache zu betrachten. Das erste und beste, was Sie tun können, ist zu versuchen, das Leben mehr aus seinem Blickwinkel zu betrachten. Das ist übrigens eine gute Regel für den Umgang mit allen Kindern. Bedenken Sie zunächst, daß alles, was ihm begegnet und was er spürt, brandneu für ihn ist. Er versteht zum Beispiel noch nicht, was Sommer und Winter sind, weil er sie noch nicht oft genug erlebt hat.“

„Darüber habe ich noch nie nachgedacht. Der Blickwinkel des Kindes.“

„Kleine Kinder sind nicht fähig zur Mäßigung. Besonders für Gerald gibt es nur Schwarz oder Weiß, obwohl das für Regina ebenfalls zutrifft. Diese wilden Extreme zwischen Sich-Anklammern und Sich-Losreißen sind normal und notwendig. Machen Sie sich auch klar, daß bei sehr kleinen Kindern wie Gerald das Wort ‚Individuum‘ noch keine Bedeutung hat. *Wenn Mama weg ist, dann gibt es mich nicht mehr.* Kurze Trennungen können ihm die Erfahrung vermitteln, daß Mama und Papa weggehen und wiederkommen können. *Ich bin nicht verlassen. Ich bin immer noch ich.* Sie können das Trauma der Trennung lindern, indem Sie ihm vorher viel Zuspruch geben und das Wiedersehen mit Kuscheln und zärtlichen Worten feiern."

Wegen der vielen Probleme und Spannungen in der Familie Kolbin konnte Gerald diese wichtigen frühen Lektionen des Vertrauens nicht lernen. Dadurch hatte er als Kleinkind um so mehr Aufgaben zu bewältigen. Wenn seine Abgrenzungen nicht wenigstens jetzt angemessen ausgedehnt würden, würde seine Entwicklung immer schwieriger werden, je älter er würde. Deshalb empfahlen wir den Kolbins, nachdem sie nun die Probleme mit den unteren Stockwerken des Wolkenkratzers erkannt hatten, diese unteren Stockwerke abzustützen und die folgenden Schritte zu tun, um Gerald zum Vertrauen zu ermutigen:

- Rechtzeitig auf seine Bedürfnisse eingehen.
- Liebe und Fürsorge durch Worte und Taten deutlich zeigen.
- Reichlich umarmen und kuscheln, wann immer das Kind Bedürfnis danach zeigt.
- Zur Erkundung ermutigen: „Laß uns einen Spaziergang machen." „Schauen wir mal nach, ob wir hinten im Garten etwas Interessantes finden. Ich komme mit". „Das ist mein Lieblings-Bilderbuch. Wollen wir es lesen?"

Zur gleichen Zeit, in der das Kleinkind seine Identität zu entwickeln beginnt, erkennt es auch seine Abhängigkeit von Mutter und Vater. Jetzt beginnt es, auch zum Vater eine intensive Bindung aufzubauen. Papa wird endlich mehr als ein Schatten im Hintergrund oder ein Ersatz, während Mama einkaufen geht. Das Konzept der Familie, das der Säugling intuitiv aufnimmt, wird für das Kleinkind zu einer praktischen Realität. Auch die Geschwister müssen nun dem Kleinkind ihre Aufmerksamkeit zuwenden; da es jetzt beweglich ist, kann sich dieses winzige Individuum in ihrem Leben gewaltig bemerkbar machen. Es gehört dazu.

In unserem imaginären Puppenhaus hat sich das Kleinkind

ein eigenes Zimmer erarbeitet, mit festen Wänden, die es sowohl mit den Zimmern der Eltern verbinden als auch davon trennen. Zur Welt außerhalb der Familie hat das Kleinkind noch kaum einen Bezug; doch im Innern fühlt es sich jetzt völlig zu Hause. Das Kleinkind hat mit der schwierigen Aufgabe begonnen, seine Autonomie und seine Abhängigkeit von anderen Familienmitgliedern auszubalancieren, eine Aufgabe, die es für den Rest seines Entwicklungsprozesses beschäftigen wird.

Die schweren Aufgaben der Vorschulkinder (drei bis fünf Jahre)

Eltern behaupten normalerweise, daß nach dem dritten Lebensjahr das vierte eine Kleinigkeit ist, und das ist kein Zufall. Die Abgrenzungen sind jetzt gefestigt. Sind die Kinder erst einmal drei Jahre alt, so kennen sie die räumlichen Grenzen ihres Zuhauses – sie wissen, wo sie ungefährdet spielen können und wohin sie niemals gehen dürfen. Sie wissen, wer der Boss ist und haben keine Probleme damit – meistens. Sie haben einen Namen und eine separate Identität. Die ersten beiden Stockwerke ihres Hochhauses sind sicher verankert, und nun können sie ungefährdet wachsen.

Früher glaubte man, daß Vorschulkinder sozusagen vegetieren, also körperlich wachsen, aber nicht viel mehr. Das war ein Irrtum. Inzwischen weiß man, daß die Aufgaben, die sie bewältigen, und die Bindungen, die sie aufbauen müssen, sich prägend auf den Rest ihres Lebens auswirken. Drei- bis Fünfjährige müssen die Einzelheiten ihres Körpers entdekken, sich über sich selbst klarwerden und ihre sexuelle Rolle im Leben kennenlernen. Das ist allerhand zu tun für ein Vorschulkind!

Vorschulkinder entdecken diese Einzelheiten ihres Körpers – wie stark sie sind, wozu sie fähig sind, wie die einzelnen Körperteile aussehen – fast ausschließlich durch Spiel und Erkundung. Das Spiel mit Bauklötzen und ähnlichen Spielsachen verschafft ihnen Einsicht in das physische Universum und in ihre eigenen Fähigkeiten. Kinder von außerhalb treten in ihre Welt ein, und sie selbst wagen sich an der Hand der Mutter über die Beziehungen innerhalb des Puppenhauses hinaus. Da draußen ist eine riesige Welt voller Menschen. Schon bald stecken Vorschulkinder bis zum Kragen in beängstigenden Entdeckungen und in der Welt der Phantasie.

Phantasie

Beth Trask saß im Sprechzimmer und erzählte kopfschüttelnd von Joeys Vorschulzeit. „Spiderman. Joey interessierte sich nur für Spiderman. Er verbrachte Stunden damit, zu versuchen, die Wände hinaufzugehen. Spiderman ging ja noch, aber Blitz … Blitz mußte weg. Das war einfach nicht mehr normal. Es wurde mir zuviel."

„Wer war Blitz?"

„Sein imaginärer Freund. Kennen Sie diese ‚Calvin und Hobbes'-Cartoons mit dem Plüschtiger? So ähnlich war es auch mit Blitz, nur daß Blitz angeblich ein Mensch war. Ich habe mir alles mögliche einfallen lassen, um Joey dazu zu bringen, diesen Blödsinn aufzugeben – am liebsten hätte ich eine Pistole gezogen und Blitz erschossen. Ich hatte Angst vor Schizophrenie oder dergleichen; Persönlichkeitsspaltung, wissen Sie. So schlimm war es mit ihm."

„Wie alt war er damals?"

„Ungefähr vier."

Mit vier Jahren demonstrierte Joey, verstärkt von Spiderman und Blitz, wie Vorschulkinder sich kognitiv über sich selbst klarwerden. Was Erwachsenen wie Phantasie und Unsinn erscheint, bedeutet für das Kind einfach, daß es Phantasie und Realität ausbalancieren lernt, ein natürlicher und notwendiger Prozeß. Wenn die Phantasie Kindern etwas Nonverbales über sich selbst mitteilt, bleibt die Realität als Bodensatz zurück. Spiderman kann Wände hinaufgehen; Joey wird daran durch die Schwerkraft gehindert. Aber es macht Spaß, so zu tun als ob.

Durch diesen Prozeß lernte Joey nicht nur sich selbst, sondern auch andere kennen. Er entdeckte große Geheimnisse des Lebens – wie andere Menschen sind und wie Dinge vor sich gehen. Wir Erwachsenen sind so gewöhnt daran, die harten Realitäten der Welt um uns her zu verstehen, daß wir uns gar nicht mehr an das zarte Alter erinnern, in dem uns das alles völlig neu war.

Von diesem Alter an und ein gutes Stück bis ins Grundschulalter hinein machen Kinder wie Joey ausgiebig Gebrauch von ihrer Phantasie, um sich über sich selbst und ihre Umwelt klarzuwerden. Eltern neigen dazu, das als kindliche Spinnereien abzutun. Manche verdammen es sogar als Unwahrheit.

„Du weißt genau, daß das nicht wahr ist! Du willst doch immer die Wahrheit sagen, oder nicht?"

Nein, eigentlich nicht. Die Wirklichkeit ist für ein Kind in diesem Alter etwas höchst Subjektives, und die Wahrheit ist das, was man daraus macht. Phantasie und Einbildung wiegen ebenso schwer wie Tatsachen. Mit der Zeit und mit zunehmender Reife werden sie eine feste Linie zwischen Tatsachen und Phantasie ziehen. In diesem Alter jedoch ist die Linie zwar klar, läßt sich jedoch leicht verschieben. Eltern können behutsam beeinflussen, wo diese bewegliche Linie liegt, indem sie mit dem Kind reden und spielen.

Phantasie. Sie ist der Weg zur Wirklichkeit, denn Kinder lernen die Welt nicht durch direkte Beobachtung oder durch Vorträge von Eltern kennen. Der Teil des kindlichen Gehirns, dem solche Funktionen zukommen, ist noch nicht sehr weit entwickelt. Anders hingegen ist es mit dem schöpferischen Teil des Gehirns.

Nehmen wir die Wirkung eines einfachen Märchens wie „Rotkäppchen". Selbst wenn man ein Kind für eine Lüge bestraft, versteht es noch immer nicht, daß es böse ist, die Unwahrheit zu sagen. Doch dasselbe Kind weiß genau, daß es sehr gemein und sehr, sehr böse von dem Wolf ist, Rotkäppchen zu belügen. Und daß es sehr, sehr, sehr böse von dem Wolf ist, das kleine Mädchen und seine Großmutter zu fressen. Das Gute ist strahlend gut, und das Böse ist eindeutig böse – in einer Geschichte. Darum versuchen wir, Kindern abstrakte Dinge vor allem durch Spielen zu vermitteln.

Vorträge sind auch praktisch nicht dazu geeignet, Kindern in diesem Alter ein Gefühl für Verantwortung zu vermitteln. Aufgaben hingegen (etwa das Zimmer in Ordnung zu halten) und persönliche Fähigkeiten (wie der Umgang mit Klettverschlüssen an Schuhen, wenn auch noch nicht mit Schnürsenkeln) leisten dazu einen Beitrag. Zudem dienen sie noch einem anderen Zweck. Sie sind Leistungen. Und Leistungen helfen, die Identität aufzubauen.

Identität: „Ich werde bald groß sein!"

Die Identität des Vorschulkindes ist jetzt stark genug, daß es eine erstaunliche Entdeckung machen kann: „Ich werde nicht immer klein bleiben. Ich kann sehen, wie ich wachse. Ich werde bald groß sein." Mit dieser Offenbarung tritt im kindlichen Denken eine höchst eigentümliche und wichtige Wendung ein. Diese Wendung war in der Familie Kolbin besonders deutlich zu erkennen.

Melanie Kolbin schilderte Dr. Warren die Situation. „Victor, unser Vierjähriger, hängt in letzter Zeit sehr an mir. Er hängt nicht nur an mir, er ist besitzergreifend. Er schiebt buchstäblich seinen Vater von mir weg. Wir sitzen auf dem Sofa und sehen fern, und Victor zwängt sich zwischen James und mich. Im Auto will er neben mir sitzen. Letzte Woche erklärte er, er wolle mich heiraten, und James platzte der Kragen. Ich weiß nicht, wie ich damit umgehen soll."

„Würden Sie sagen, daß Victor sich ihrem Mann gegenüber wie ein Rivale verhält?"

„Genau!"

Eigenartig, aber höchst notwendig ist diese kurze, intensive Zeit der Rivalität, die das Vorschulkind erlebt. Zuerst kommt die Offenbarung, daß es nicht immer ein Vorschulkind bleiben wird; irgendwann wird es ein Erwachsener sein. Dann kommt die Entscheidung: „Wenn ich groß bin, heirate ich Mama. (Mädchen beschließen, Papa zu heiraten.) Das macht das Kind unter Umständen sehr eifersüchtig auf seinen Rivalen. Doch dann bekommt es intuitiv mit, daß Mama unauflöslich mit Papa verheiratet ist. Diese eheliche Einheit ist nicht nur stark, sie gibt dem Kind auch viel Geborgenheit, und zwar aus folgendem Grund: Solange Mama Mama und Papa Papa und ihre Ehe fest ist, hat das Kind die Freiheit, ein Kind zu sein. Die Außenwand des Puppenhauses hält jedem Windstoß stand. Kaum merklich und unbewußt verschiebt sich die Entschlossenheit des Kindes. Es kann Mama/Papa nicht heiraten; sie sind nicht mehr zu haben; also wird es jemanden heiraten, der oder die wie Mama/Papa ist.

Dieser Prozeß erscheint so schlicht, aber er ist von entscheidender Wichtigkeit, wie wir noch sehen werden. Das Vorschulkind hat mit der wichtigen Aufgabe begonnen, nicht nur die Frage „Wer bin ich?" zu beantworten, sondern auch die Frage „Wer werde ich sein?" Ohne eine Antwort auf diese Fragen wird die weitere Entwicklung des Vorschulkindes auf gefährlich wackeligen Füßen stehen.

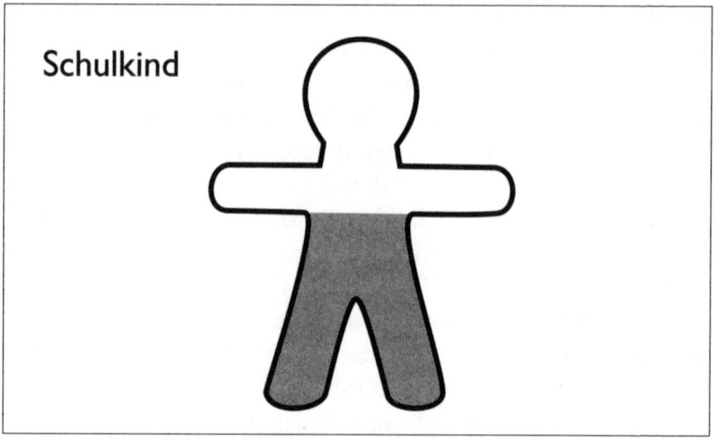

Die Aufgaben und die Identität von Schulkindern (sechs bis zwölf Jahre)

Ein Schulkind ist ein kämpferischer, manchmal streitsüchtiger Forscher. Wahrscheinlich hat niemand bemerkt, wie sehr sich seine Abgrenzungen inzwischen ausgedehnt haben. Es zieht sich allein an, macht sich vielleicht sogar sein Frühstück selbst. Dann zieht es allein hinaus in die Welt. Es verbringt Zeit in der Schule und dann weitere Zeit nach der Schule mit Leuten, die nicht zur Familie gehören. Es entwickelt starke Bindungen an gleichgeschlechtliche Freunde außerhalb der Familie. Ein Schulkind muß in drei Bereichen erfolgreich sein, von denen zwei völliges Neuland für es sind: Es muß vor seinen Eltern erfolgreich dastehen, in den Augen der Gleichaltrigen erfolgreich sein und von einem oder mehreren Erwachsenen außer seinen Eltern akzeptiert werden – zum Beispiel von einem Lehrer. Seine Abgrenzungen werden jetzt in anderen Bereichen errichtet und ausprobiert. All die Kabbeleien und Streitigkeiten beantworten dem Kind eine wichtige Frage: Wie stehe ich im Vergleich zu anderen da? Was sind meine Stärken? Meine Schwächen? Die Antworten auf diese Fragen helfen ihm, mehr Klarheit darüber zu gewinnen, wer es ist. Auch hier steht das Kind wieder vor der alles entscheidenden Aufgabe, mit der es begann, als es ein Säugling war: mehr über sich selbst zu erfahren. Wenn es damals den Beginn dieser Aufgabe nicht bewältigt hat, wird es auch jetzt nicht in der Lage sein, ein erweitertes Verständnis zu gewinnen.

Die neunjährige Jennifer Newport hatte Probleme mit dieser Entwicklungsphase, wie wir herausfanden, als wir mit ihrer Familie arbeiteten. Ihr älterer Bruder Brian hatte nur Einsen in der Schule; sie dagegen konnte mit ihrem mittelmäßigen Zeugnis bei ihren Eltern keinen Eindruck machen. In mancher Hinsicht spiegelte sie ihren Vater wider, der gelegentlich dazu neigte, sich in die Brust zu werfen und zu prahlen. Sie gab fürchterlich an – „Meinem Vater gehört die Footballmannschaft von Dallas“ –, so sehr, daß ihre Klassenkameraden sie auslachten. Sie hatte keine festen Freundinnen in ihrem Alter, und durch ihre Angeberei und ihre Hyperaktivität stieß sie auch die Erwachsenen ab. Da ihre Vertrauensbasis von Anfang an wackelig war, klammerte sie sich in ungewohnten Situationen an ihre Mutter, wobei sie manchmal auf simple neue Situationen wie etwa eine neue Sonntagsschulklasse mit Heulen und Panik reagierte.

Die Antwort auf die Frage „Wer bin ich?“ kann durchaus ihre dunkle Seite haben. Wenn sich das Schulkind mit anderen vergleicht, gefällt ihm diese Antwort vielleicht nicht. Niemand will zum Beispiel der Letzte sein, wenn im Sportunterricht die Mannschaftskapitäne ihre Mannschaften wählen.

Für jeden Gewinner gibt es auch einen Verlierer. So sehr es Erwachsenen auch zuwider ist, zu sehen, wie Kinder durch Konkurrenzkampf sortiert und in Kategorien gesteckt werden, ist auch dies ein notwendiger Wachstumsschritt. Ein Schulkind kann die Frage „Wer bin ich?“ nicht beantworten, solange es nicht seine Stärken und Schwächen kennt, denn seine Einzigartigkeit liegt in dieser besonderen Kombination. „Ich kann vielleicht nicht gut mit einem Ball umgehen, aber ich bin gut in Rechtschreibung, und dafür schätzen mich die anderen Kinder.“ So etwa sieht die Wahrnehmung eines Schulkindes aus.

Konkurrenzkampf läßt sich kontrollieren. Wo eine echte Gefahr besteht, etwa wenn ein Schulkind vom Klassenschläger hoffnungslos in die Mangel genommen wird, muß es geschützt werden. Doch in den Rangeleien, die zu dieser Altersgruppe gehören, liegt der Schlüssel zu gesunder Selbsterkenntnis, selbst für die Verlierer. Natürlicher Wettbewerb läßt sich nicht umgehen, ohne daß ein wichtiger Wachstumsschritt übersprungen wird.

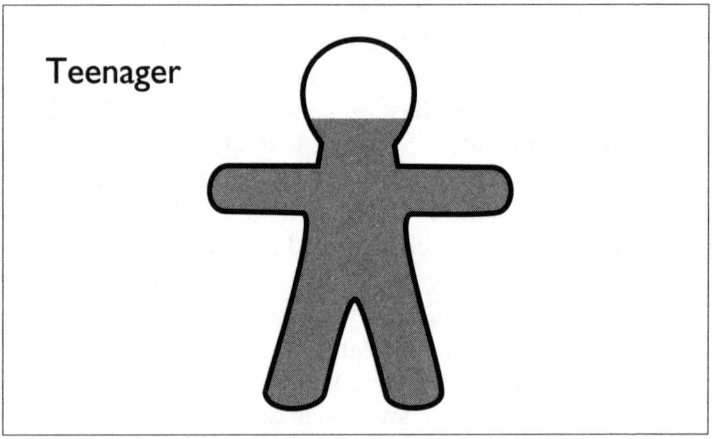

Identität am Beginn des Jugendalters

Ein Mädchen fängt an, sich intensiv für die Jungen zu interessieren, die es gestern noch durch die Bank für Abschaum hielt. Ihr zwölfjähriger Sohn kommt mit einem durchbohrten Ohrläppchen nach Hause. Plötzlich scheint Ihr Telefonhörer am Ohr Ihrer Tochter festgewachsen zu sein. Einkaufszentren werden zur natürlichen Umgebung für ein Kind, das noch vor fünf Jahren unaufhörlich jammerte, wenn Mama es von Geschäft zu Geschäft mitzerrte.

Ein junger Heranwachsender vollzieht einen gewaltigen

Schritt, wenn er anfängt, sich seine hauptsächliche Unterstützung nicht mehr bei den Eltern, sondern bei Gleichaltrigen zu suchen.

Manche Eltern, wie etwa Beth Trask, leben in ständigem Entsetzen über diese Gleichaltrigen. „Wozu werden diese Kinder meinen Joey noch verleiten?" stöhnte sie.

„Jedes Kind muß diese Veränderung durchmachen", erwiderte Dr. Warren, „trotz aller Gefahren, die damit verknüpft sind. Ich kann sie jedoch beruhigen: Es kommt nicht so sehr darauf an, wozu Joey sich verleiten läßt, was vielleicht gar nicht viel ist, sondern wie gut sein Wachstum verläuft. Wir nennen diesen Vorgang *Individuation.* Das steckt dahinter, wenn er sagt: ‚Ich will für mich allein denken' – und dann genauso denkt und herumläuft wie seine Freunde. Er ist emotional noch nicht ganz reif für zweiseitige Beziehungen zwischen Gleichaltrigen."

„O doch, das ist er!" Beth verzog wissend das Gesicht. „Sein spezieller Freund ist Barry Gardner. Er ist der Jugendkreisleiter; Joey ging immer freitags zum Jugendkreis. Barry war sein Idol. Was immer Barry sagte oder tat, war für Joey buchstäblich das Evangelium."

„Zum Beispiel?"

„Als Joey das Interesse an der Gemeinde verlor, erklärte ihm Walter immer wieder, wie wichtig der Gottesdienst ist. Er hätte genausogut gegen die Wand reden können. Dann ließ Barry nur eine Bemerkung darüber fallen, und plötzlich konnte Joey nur noch darüber reden, wie wichtig der Gottesdienst ist."

„Könnte man Joeys Fixierung auf Barry eine Schwärmerei nennen?"

„Offen gesagt, Doktor, ich fürchte ja. Ein Junge, der für einen Mann schwärmt! Ich war völlig entsetzt. Natürlich wollte Walter bei so etwas nicht tatenlos zusehen. Ich meine, Barry ist selbst noch zu unreif, um Jugendkreisleiter zu sein, und das hat Walter auch Joey gesagt. Doch Joey hat nicht auf ihn gehört, wie immer; also hat Walter ihm verboten, in den Jugendkreis zu gehen."

Beth und Walter Trask hatten einen wesentlichen Wachstumsschritt bei jungen Heranwachsenden nicht verstanden. Wenn die Eltern eine sekundäre Rolle einnehmen und die Gruppe der Gleichaltrigen an Bedeutung zunimmt, entsteht zunächst eine Leere; das Kind braucht immer noch instinktiv den Austausch mit einer Person, nicht mit einer Clique. Dieser Austausch nimmt die Form einer starken, nichtsexuellen Bindung an. Gegenstand dieser vorübergehenden Schwärmerei kann ein bekannter Künstler oder Sportler sein; meist jedoch ist es eine Person, die das Kind kennt: ein Lehrer, ein älteres Geschwister eines Freundes oder wer auch immer; das Geschlecht spielt keine Rolle. Diese Gefühle dauern nur kurze Zeit in all ihrer herrlichen, schmerzlichen Intensität an. Dann läßt dieser erste Vorgeschmack einer Bindung außerhalb der Familie nach und läßt den Heranwachsenden vielleicht ein wenig verwirrt, aber klüger zurück.

Da Beth und Walter zu stark in Joey verstrickt waren und ihn so behalten wollten, wie er war, fühlten sie sich durch seine Beziehung zu einem jungen Mann bedroht, besonders Walter. So etwas begegnet uns oft in unserer Praxis. Als Walter diese Beziehung, die er so sehr fürchtete, abbrach, schnitt er damit unwissentlich einen wichtigen Wachstumsschritt in Joeys Leben ab.

„Sie müssen bedenken", wandte sich Dr. Warren an Beth Trask, „daß Beziehungen außerhalb der Familie etwas ganz Neues für Joey sind. Er experimentiert, tastet, findet seinen Weg. Das gehört alles dazu, eine gesunde Identität und gute Abgrenzungen aufzubauen."

„Ich verstehe diese ganze Sache mit Identität und Abgrenzungen nicht ganz. Oder vielleicht verstehe ich etwas anderes darunter als Sie."

Dr. Warren lächelte. „Schon möglich. Meine Identität besteht aus all den kleinen Informationen, die ich im Lauf der Zeit über mich selbst in Erfahrung gebracht habe. Was ich kann, was ich nicht kann, was ich mag, meine körperlichen Stärken und Grenzen und so weiter. Stellen Sie sich diese Informationen als Ponys vor. Meine persönliche Abgrenzung ist die Koppel, in der diese Ponys gehalten werden. Die Koppel und die Zahl der Ponys vergrößern sich, wenn ich wachse. Wenn äußere Umstände verhindern, daß meine Koppel wächst, kann die Zahl der Ponys auch nicht wachsen. Wenn –"

„Was könnte die Koppel – die Abgrenzung – daran hindern zu wachsen?"

„Oh, zum Beispiel erlebe ich viele Fälle, in denen die Eltern ihr Kind zu sehr zu behüten versuchen; sie lassen nicht zu, daß das Kind sich hinauswagt und die Umwelt erkundet. Wenn meine Abgrenzung zu schwach oder stellenweise eingefallen ist, machen sich die Ponys davon; die Folge sind Zweifel über meine Identität. Oder meine Ponys vermischen sich mit denen eines anderen, der ebenfalls schwache, eingefallene Abgrenzungen hat. Das nennen wir Verstrickung; die Identitäten verwirren sich."

„Starke Zäune sorgen für gute Nachbarschaft. Also je stärker die Abgrenzungen sind …"

„Nicht unbedingt. Ein Kind kann auch so starke Abgrenzungen errichten, daß es unmöglich ist, neue Ponys hereinzubringen. Es kommt kein frisches Blut mehr herein. Joey hat sich einige Ponys angeeignet, die Ihnen nicht gefallen. Meine Aufgabe ist es, herauszufinden, warum er sich diese Ponys ausgesucht hat und ob sie wirklich das sind, was er haben will."

Diese unvollkommenen Eltern

Mit elf, zwölf Jahren bemerkte Joey Trask die ersten Anzeichen, daß seine Eltern hin und wieder Fehler machten. Er ignorierte es. Schließlich wollte er ihnen gefallen und kein Urteil über sie fällen. Doch als Teenager kann er es nicht mehr einfach ignorieren.

Zum Beispiel brüllte Walter ihn heftig an, weil der Rasen so schlecht gemäht war. „Schau dir diese kleinen Grasbüschel an, die überall noch vorstehen. Das sieht ja fürchterlich aus. Geh und mach es noch einmal."

„Ich war das gar nicht. Mama hat den Rasen gemäht. Sie sagt, die Klinge muß geschärft werden."

Hätte Walter an dieser Stelle seinen Irrtum eingestanden und sich entschuldigt, so hätte ein gutes Stück von dem Zaun wieder repariert werden können. Doch Walter kam nie der Gedanke, er könnte etwas anderes sein als ein idealer Vater. Kein Eingeständnis des Irrtums, keine Entschuldigung. Statt dessen machte er Joey Vorwürfe, daß er als kräftiger junger Mann seine Mutter hatte den Rasen mähen lassen. Das war Joeys Aufgabe. Die Tatsache, daß Joey sich in der Schule befand, während seine Mutter den Rasen mähte, tat in Walters Augen nichts zur Sache.

Joey erkannte Ungerechtigkeit, wenn sie ihm begegnete. Und als er Dr. Warren von dem Vorfall erzählte, traten ein paar Tränen in seine Augen. An diesem Punkt war er noch nicht so weit, seine Traurigkeit oder Empfindlichkeit einzugestehen. Das kam später.

Die größten Irrtümer, die Eltern begehen

Was tun Eltern, das so schrecklich ist, außer daß sie unvollkommen sind? Eltern können in der Beziehung zu ihren heranwachsenden Kindern in zwei extreme Irrtümer verfallen: *Überbehüten* und *Unterbehüten.*

Überbehüten. Ein klassisches Beispiel für Überbehütung erlebten wir kürzlich in unserer Praxis. Joyce und Riley Kimball hatten stapelweise Bücher darüber gelesen, was man tun kann, um die Selbstachtung seiner Kinder aufzubauen. Sie wußten, wie wichtig ein solides Selbstbewußtsein ist. Doch ihr Sohn Lane war, offen gesagt, recht nachlässig, was die Erledigung seiner Hausaufgaben anging.

Noch bevor Lane sein erstes Jahr in der High School hinter sich hatte, half Riley ihm regelmäßig bei den Aufgaben, erledigte das, womit Lane nicht fertig wurde, und schrieb Berichte und Aufsätze, für die Lane einfach keine Zeit hatte. Riley wußte einfach, daß es Lanes Selbstachtung zerstören würde, wenn seine Noten bedeutend absanken (lassen Sie uns das Wort *Versagen* nicht einmal flüstern).

Als Lane ins zweite High-School-Jahr kam, wurde auch Joyce mit eingespannt, und Lane war nicht einmal mehr dabei, während seine Hausaufgaben erledigt wurden. Als die

Kimballs gegen Ende des zweiten Jahres Dr. Warren aufsuchten, machten die Eltern immer noch die Aufgaben ihres Sohnes, aber inzwischen weigerte sich Lane, sie mit in die Schule zu nehmen. Also fuhren entweder Riley oder Joyce jeden Tag zur Schule hinüber, um die Hausaufgaben bei den Lehrern abzugeben. Es klingt unglaublich, aber es ist wahr!

„Wenn wir das nicht tun, wird Lane in der Schule scheitern, und seine Selbstachtung wird für immer zerstört sein." Überbehütung. Die Kimballs wollten ihren Sohn nicht mit fünfzehn Jahren, wo er es sich noch leisten konnte, versagen lassen. Sie hatten die Abgrenzungen zwischen Eltern und Kind, zwischen der Aufgabe der Eltern und der Verantwortung des Kindes niedergerissen. Im Moment wiederholt Lane sein zweites High-School-Jahr. Und er überlebt den Schock, plötzlich zu seinem eigenen Fortkommen den einen oder anderen Finger rühren zu müssen.

Unterbehütung. Das entgegengesetzte Extrem besteht darin, völlig auf Führung zu verzichten. „Eltern haben die Aufgabe, über uns zu wachen und dafür zu sorgen, daß wir keine Fehler machen", meinte Gregorio Munoz. „Warum wollen meine Eltern das nicht tun?"

Gregorio übertrieb ein wenig, aber nicht viel; niemand kann garantieren, daß seine Kinder keine Fehler machen. Doch seine Eltern waren so sehr mit ihren eigenen unerledigten Geschäften beschäftigt, daß sie sich nicht auch noch damit abgeben wollten, ihrem Sohn entgegenzutreten und ihm Grenzen zu setzen. Jetzt mußte sich Gregorio mit seinen vierzehn Jahren wegen versuchter Vergewaltigung vor der Jugendstrafkammer verantworten, während seine Mutter heulend und jammernd im Vorzimmer saß.

Gregorio wußte nicht, was das Wort *Vergewaltigung* genau beinhaltete. Er wußte nur, daß Vera zuerst bereit gewesen war, etwas Neues auszuprobieren, und dann auf einmal ihre Meinung geändert hatte. Er wußte, daß seine Mutter nicht wollte, daß er rauchte, aber sie sagte nie etwas über die Zigaretten, die sie gelegentlich am Waschtag in seinen Taschen fand. Er wußte, daß sein Vater in zwei Jobs arbeitete, damit das Geld reichte; deshalb erwartete er eigentlich gar nicht, daß sein Vater etwas mit ihm unternahm oder sich mit ihm zu einem Gespräch unter Männern zusammensetzte.

An jenem Tag lernte Gregorio die konkreten Tatsachen des Lebens nicht von seinen Eltern, sondern von einem Richter und einem Staatsanwalt. Außerdem lernte er aus erster Hand die Bedeutung der Worte *Bewährung, persönliche Verantwortung* und *Gnade* kennen.

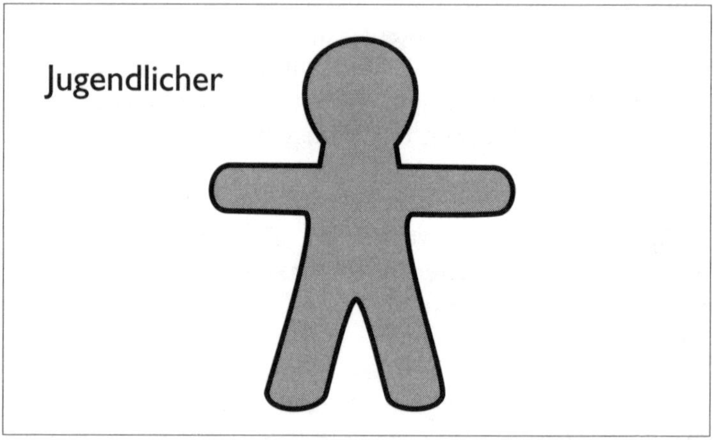

Fortgeschrittenes Jugendalter – Die große Angst

Zunehmende Reife bringt eine natürliche Sehnsucht nach mehr Unabhängigkeit mit sich. Der Jugendliche tut die ersten richtigen Schritte in die Welt hinaus. Wenn bisher alles gut gegangen ist, ist er jetzt fast so weit, daß er das Puppenhaus verlassen kann.

All das Ausprobieren und die Selbsterforschung der bisherigen Aufgaben kommt jetzt gleichzeitig zusammen. Die körperliche Entwicklung geht weiter. Im gleichen Maß wächst das Bedürfnis, die Abgrenzungen auszudehnen, doch dazu kommt ein großer Unsicherheitsfaktor: die aufblühende Sexualität.

Bei männlichen Jugendlichen wird die immer wieder gestellte, doch nie völlig beantwortete Frage „Wer bin ich?" umformuliert in „Bin ich der, der ich zu sein glaube?" Jungen, die einfach als Jungen aufgewachsen sind, beginnen plötzlich an ihrer unerprobten Männlichkeit zu zweifeln. Ein Grund, warum Jungen sich in diesem Alter so häufig vom Gemeindeleben entfernen, liegt in der Art und Weise, wie in Sonntagsschule oder Jugendkreis häufig über Sexualität geredet wird. Kaum fangen die Säfte eines Jungen an zu brodeln, bekommt er zu hören, daß Sex etwas Falsches sei. Voreheliche Sex mag falsch sein, aber sexuelle Gefühle sind etwas Natürliches, und er muß lernen, damit umzugehen. Weitere Zweifel und Schuldgefühle schleichen sich ein. An dieser Stelle müssen die Eltern deutlich machen, daß diese neuen sexuellen Gefühle nicht an sich etwas Falsches sind. Zur Sünde und zum Irrtum kommt es erst, wenn sie auf falsche Weise ausgelebt werden.

Die Erkundung der Welt nimmt eine ganz neue Richtung – es gilt, aus dem anderen Geschlecht schlau zu werden. Für Jungs sind Mädchen wie Wesen von einem anderen Stern mit unergründlchen Denkweisen, Vorlieben und Abneigungen. Und das ist auch so. Mädchen sehnen sich nach idealisierter Romantik. Nichts liegt den Jungs ferner als Romantik. Der Sexualtrieb der Mädchen ist undeutlich. Sie interessieren sich nicht so sehr für den Sex selbst als vielmehr für die romantischen Begleiterscheinungen; die perfekte Atmosphäre, die ungeteilte Aufmerksamkeit, mit der sie von ihren Bewunderern überschüttet werden. Das Märchen vom Prinzen auf einem weißen Pferd ist immer noch aktuell.

Da die massiven Veränderungen, durch die aus Jungen Männer werden, von den Hormonen dirigiert werden, werden die Gedanken männlicher Jugendlicher äußerst zielstrebig. Sexuelle Aktivität – Küssen, Berühren, Kuscheln, Zusammensein, schließlich das Heranwagen an den Geschlechtsakt selbst – nimmt buchstäblich ihr ganzes Interesse gefangen. Auch wenn sie die sexuellen Gedanken durch Willenskraft unterdrücken, bleiben sie am Rand ihres Bewußtseins vorhanden und drängen sich sofort in den Vordergrund, sobald sie durch Anblicke oder Geräusche angereizt werden. Aber auch ohne Anblicke und Geräusche kommen sie immer wieder hoch. Jungen in Klosterschulen haben dieselben Gedanken wie Jungen in öffentlichen Schulen.

Die Liste der merkwürdigen Unterschiede ließe sich endlos fortsetzten. Sowohl die Mädchen als auch die Jungen müssen sich über diese Unterschiede klarwerden und lernen, damit umzugehen. Das geschieht, indem sie miteinander in Kontakt treten. Sie gehen miteinander aus, verbringen Zeit zusammen, unterhalten sich, mißverstehen sich, sagen etwas und meinen etwas anderes, scheitern an der Kommunikation, erklären das andere Geschlecht für hoffnungslos und suchen dann hungrig nach weiterem Kontakt. All das ist notwendig und natürlich. Wir stellen immer wieder fest, daß Menschen, die sich nicht als Jugendliche durch Versuch und Irrtum an das andere Geschlecht herangetastet haben, später Probleme bekommen, wenn sie versuchen, sich gegenseitig zu verstehen und miteinander zu kommunizieren.

Wenn ein Kind von Anfang an, im Vorschulalter und im Schulalter, seine Entwicklungsaufgaben bewältigt hat, dann wird es auch an den Aufgaben des Jugendalters nicht scheitern, so schwierig sie auch sein mögen.

Aber was ist, wenn das nicht der Fall ist? Was ist, wenn in dieser Reihe von Entwicklungsaufgaben eine übersprungen oder nicht bewältigt wurde? Schuldgefühle sind ein Zustand, der das Wachstum Ihres Kindes ersticken kann, auch wenn Sie von ihrem Vorhandensein nicht einmal etwas merken. Als nächstes werden wir uns der Frage zuwenden, welche Möglichkeiten Sie haben, Ihr Kind von dieser zerstörerischen Kraft zu befreien.

Wie Sie Ihrem Kind im Umgang mit Schuld helfen können

Jennifer Newport saß im Schneidersitz gegenüber Dr. Warren auf dem Fußboden, suchte sich sorgfältig einen ihrer Dominosteine aus und legte ihn auf das Spielfeld. „Warum muß ich immer in die Sonntagsschule gehen?“

Dr. Warren legte einen passenden Stein an. „Ich gehe in die Sonntagsschule und in den Gottesdienst, weil ich das will, um Gott anzubeten. Nenne mir ein paar Gründe, warum du es mußt.“

„Mama und Papa schicken mich immer hin.“

„Außerdem?“

„Weil sich das für anständige Leute gehört.“ Ihr Lächeln verblaßte. „Aber Brian ist nicht anständig; ich meine, er benimmt sich nicht immer gut; und er geht hin. Und wenn Mama anständig wäre, wäre sie jetzt nicht im Krankenhaus.“

„Ich habe gelernt, daß Jesus Christus in die Welt gekommen ist, um die Sünder zu erlösen. Wenn jeder schon von Anfang an gut wäre, dann wäre das ja gar nicht nötig gewesen. Jeder macht Fehler. Jeder tut hin und wieder etwas Falsches. Das ist Sünde. Ich gehe in die Gemeinde, weil Gott mich liebt und ich ihm zeigen möchte, daß ich ihn auch liebe.“

„Ich weiß nicht, ob ich Gott liebe oder nicht. Ich verstehe nicht so ganz, was Liebe ist. Manchmal, wenn Papa nach Hause kommt und nicht wütend ist, glaube ich, daß ich ihn liebe. Oder wenn ich mich auf Mamas Schoß kuschele, das ist schön. Aber manchmal, wenn Papa mich anschreit, dann bin ich gleichzeitig wütend und habe Angst vor ihm.“

„Das gehört alles zur Liebe dazu.“

„Alles?“ fragte Jennifer und setzte ihren vorletzten Dominostein.

„Ja, alles."

„Papa kommt jetzt immer früher nach Hause, damit Mrs. Bomberg pünktlich gehen kann. Er sagt, nach fünf kommen sie an der Arbeit auch ohne ihn aus. Ich hoffe, Mama kommt bald nach Hause. Wissen Sie, wann sie kommt?"

„Ich werde fragen. Ich glaube, Dr. Hemfelt wird demnächst für euch alle eine gemeinsame Familiensitzung ansetzen. Es wird jetzt nicht mehr lange dauern." Dr. Warren setzten seinen Stein.

Mit unverhüllter Freude legte Jenny ihren letzten Stein ab. „Den hatte ich schon die ganze Zeit", jubelte sie. „Sie konnten gar nicht gewinnen!"

Kein Wall-Street-Börsenmakler spielt sein Spiel begieriger als eine normale Neunjährige. In gewissem Sinn wird sowohl Jennifers Familienrolle als auch ihre Reibungen mit der Familie durch ihren angeborenen Wettkampfgeist verstärkt.

Nach der Sitzung (bei der Jennifer zwei von drei Spielen gewann) unterhielt sich Dr. Warren ein paar Minuten lang mit Rob Newport.

„Jennifer kommt jetzt in der Schule besser zurecht. Ihre Lehrerin hat das ausdrücklich gesagt." Rob grinste. „Bei den Mahlzeiten ging es bei uns noch nie so friedlich zu wie im Moment. Jenny reißt sich wirklich zusammen."

Dabei war die Verhaltensänderung zum großen Teil nur eine Folge der Veränderung bei ihren Eltern. Die alten Spannungen und sorgfältig gehüteten Geheimnisse hatten sich gelokkert. Nachdem er so tief getrauert hatte – zum ersten Mal in seinem Leben –, war Rob besser in der Lage, in der Familie eine persönliche, emotional beteiligte Rolle anzunehmen.

Alice war noch nicht wieder zurück. Nach ihrer Rückkehr würde die Familie erst einmal wieder ins Schaukeln geraten, während sich die Rollen verschoben und vielleicht auch ein paar alte Verhaltensmuster wieder auftauchten. Die Situation war noch lange nicht perfekt. Noch nicht einmal befriedigend. Aber die Lage hatte sich schon so sehr gebessert, daß Rob die Zukunft in rosigen Farben sah.

Bisher war Jennifer ein Horrorkind wie „Dennis" aus dem Comic und Brian eine Art „Superman" gewesen. Jetzt hatte

Dr. Warren eine andere Sorge, die er aber für sich behielt. Hatten sich die Spannungen wirklich gelockert, oder vertauschten die beiden Kinder nur ihre Rollen? Beides konnte geschehen, denn Jennifer war in einem für unerledigte Geschäfte und abgespaltene Probleme besonders verwundbaren Alter. Brian konnte zum Sündenbock werden, einfach weil Jennifer diese Rolle abstreifte zugunsten einer heldenhafteren Rolle. In den nächsten Wochen würde Dr. Warren die Entwicklung sehr genau beobachten müssen.

Bei ihrem ersten Gespräch vor wenigen Monaten waren sich noch alle Familienmitglieder einig gewesen, daß Jennifer das Problem sei. Nun entdeckten Dr. Warren und Dr. Hemfelt, daß sie bestenfalls ein sehr kleiner Teil des Problems war. Doch die falschen Schuldgefühle – „Der ganze Schlamassel ist meine Schuld! Es ist alles meine Schuld! – mußte überwunden werden. Das würde nicht leicht sein.

Schuldgefühle lindern

Schuldgefühle. Jedes Kind, von dem wir in diesem Buch berichtet haben, mußte sich mit Schuldgefühlen in irgendeiner Form herumschlagen. Schuldgefühle können den Trauerprozeß sowohl hemmen als auch auslösen. Kluge Eltern müssen wissen, daß Schuldgefühle in den Schatten lauern, und darauf vorbereitet sein, ihrem Kind bei ihrer Verarbeitung zu helfen, wenn möglich. Ganz kleine Kinder haben keine Möglichkeit, Schuldgefühle aufzulösen. Ihre Aufgabe als Reisegefährte besteht einfach darin, zu registrieren, daß die Schuldgefühle da sind, und sie zu verstehen.

Die siebenjährige Regina Kolbin baute eine Scheune aus Bauklötzen. „Mama und Papa wollten sich schon einmal scheiden lassen."

„Warum?"

„Weil ich ein böses Mädchen war."

„Aber sie haben es nicht getan." Dr. Warren sah zu, wie sie sich zurücklehnte und ihre Scheune bewunderte. Noch vor einem Monat hätte sie sie sofort kaputtgemacht.

„Nein, weil ich es nicht wollte."

Kinder jeden Alters fühlen sich für so ziemlich alles verantwortlich, was in ihrer Familie geschieht. Zudem glauben sie, sie hätten die Macht, Dinge zu korrigieren, die schieflaufen. Machen Sie sich diese Denkweise von Kindern bewußt.

Der vierjährige Victor Kolbin konnte seine Gefühle nicht artikulieren. Hätte er es gekonnt, so hätte er, glauben wir, den Tadel empfunden, er sei die Ursache aller Mißstände. Diese falschen Schuldgefühle bleiben bestehen, falls sie nicht später verarbeitet werden. Gehen Sie damit um, wie Sie es schon mit der Angst getan haben – Mitgefühl, gefolgt von Tatsachen und der Versicherung: „Ich bin für dich da."

Ältere Kinder, von etwa elf Jahren an aufwärts, lassen diesen Glauben, an allem schuld zu sein, hinter sich. Doch die Täuschung bleibt: Wenn sie damals etwas anders gemacht hätten, hätten sie vielleicht den Lauf der Geschichte ändern können. Deshalb muß es logischerweise etwas geben, was sie jetzt tun können, um ein Happy End zu erzwingen. Was bleibt, ist außer den Schuldgefühlen ein überwältigendes Gefühl der Hilflosigkeit, da sie ihre Eltern nun einmal nicht ändern können.

Globale Schuldgefühle, falsche Schuldgefühle und echte Schuld

Globale Schuldgefühle sind jene Empfindungen bei kleinen Kindern, Ursache und Antwort aller Dinge unter der Sonne zu sein. Als Eltern können Sie nicht viel tun, um dieses Gefühl zu vermindern, aber glücklicherweise lassen es die Kinder mit zunehmendem Alter hinter sich, wenn ihre Entwicklung normal verläuft.

Falsche Schuldgefühle dagegen haben mit den Abgrenzungen innerhalb von Beziehungen zu tun. Gute Abgrenzungen besagen: Ich bin ich, und du bist du. Meine Identitätsfigur ist von einer festen Linie umrandet, und ich bin verantwortlich für das, was darin vor sich geht. Ich lasse mich nicht verantwortlich machen für irgend etwas, was außerhalb dieser Abgrenzung geschieht – also für etwas, das andere Leute tun.

Dr. Warren fand Gelegenheit, diese Lektion bei Jennifer Newport „an den Mann“ zu bringen, als er eines Tages eine heiße Partie Monopoly mit ihr spielte. Sie hatte schon zwei Hotels und er noch keines, als er gegen das Spielbrett stieß. Die Spielsteine fielen um und rollten über das ganze Brett.

„Jetzt sieh mal, was du gemacht hast, Jennifer!“

„Was soll das heißen? Ich habe es doch gar nicht berührt!“ heulte sie auf.

Sie stellten die Steine wieder auf, so gut sie sich erinnerten, und spielten weiter.

„Ich brauche einen Pasch.“ Dr. Warren würfelte. „Jetzt schau, was du getan hast! Eine Drei und eine Vier. Du hast meinen Pasch vermasselt!“

„Wieso ich? Ich kann doch nichts dafür, wie Ihre Würfel fallen!“

Wenige Minuten später kam Dr. Warren um die Ecke genau auf Jennifers Rathausplatz.

„Drei Häuser“, kicherte sie. „Macht tausendfünfhundert Mäuse!“

„Ich liege zu weit zurück. Ich mache folgendes.“ Er nahm zwei von den Häusern vom Brett und warf sie zurück in die Schachtel. Dann reckte er den Hals, um ihre Straßenkarte zu lesen. „Vierhundertfünfzig Mark. Das paßt mir schon eher.“

„Das können Sie nicht machen!“

„Klar kann ich, ich bin doch ein Erwachsener.“

„Dann zwinge ich Sie!“

„Das kannst du nicht. Du bist ein Kind. Ich bin größer. Ich tue, was ich will, und du kannst mich nicht zwingen, fair zu sein, wenn ich nicht will.“

Jennifer starrte ihn an. Sie war erschüttert, den Tränen nahe.

Dr. Warren stellte ihre zwei Häuser wieder an ihren Platz. „Aber ich werde fair sein, weil das das Richtige ist. Ich wollte dir nur etwas klarmachen, was du bisher vielleicht übersehen hast. Du hast keine Macht über mich, und auch nicht über deine Eltern. Du kannst mich nicht zwingen, fair zu sein, und du kannst auch deine Eltern nicht zwingen, fair zu sein. Glaubst du, daß das stimmt?“

„Ja. Ich könnte nur aufhören. Und selbst wenn ich aufhören würde, könnten Sie mich zwingen, weiterzuspielen, wenn Sie wollten. Und Sie würden schummeln. Warum haben Sie gesagt, ich hätte gegen das Brett gestoßen?"

„Um dir zu zeigen, daß ich die Schuld jedem anderen in die Schuhe schieben kann, was aber nicht bedeutet, daß der andere wirklich schuld ist. Und ich habe dir vorgeworfen, du hättest meinen Pasch vermasselt. Ich kann dir einen solchen Vorwurf machen, aber das bedeutet nicht, daß du es wirklich hättest tun können, selbst wenn du gewollt hättest."

„Ja, ich verstehe. Aber ..." Sie holte tief Luft. „Nein, ich schätze, es gibt kein Aber."

„Du hast völlig recht. In diesem Spiel habe ich die Macht, und du nicht. Genauso ist es bei dir zu Hause. Du könntest deine Mutter nicht dazu bringen, Medikamente zu mißbrauchen, wenn sie es nicht wollte, und du konntest nicht das Geringste tun, um sie zum Aufhören zu bringen, als sie es tat. Du konntest deinen Vater nicht dazu bringen, von der Arbeit nach Hause zu kommen und mit dir zu spielen, genausowenig, wie du ihn von zu Hause fernhalten könntest. Verstehst du, was ich meine?"

„Ja, aber wenn ich ..."

„Wenn du was?"

„Ich weiß nicht."

„Nichts. Du konntest gar nichts tun. Erwachsene gehen ihren Weg und tun, was sie wollen. Brian auch. Und nun laß uns zu Ende spielen, und zwar ohne Schummeln." Und damit verkaufte er vier von seinen Häusern, um die tausendfünfhundert Mark bezahlen zu können.

Diese Einsichten – daß Jennifers Familie für ihr eigenes Verhalten selbst verantwortlich war – waren die Hälfte des Bildes. Für den Rest des Nachmittags konzentrierte sich Dr. Warren auf die andere Hälfte.

Der Rest der Lektion läßt sich am besten in positive Formulierungen fassen. „Jennifer ist nicht verantwortlich für Brians Verhalten" ist negativ. „Brian ist verantwortlich für sein eigenes Verhalten" ist positiv. Zur nächsten Ebene ist es ein Riesenschritt (obwohl es so nahe liegt): „Jennifer ist verantwortlich für ihr eigenes Verhalten. Nur Jennifer kann ihr Inneres verändern und ihre eigenen Entscheidungen treffen."

Und Jennifer hatte ein Alter erreicht, in dem sie einen solchen abstrakten Gedanken begreifen konnte. Kleinere Kinder sind dazu noch nicht in der Lage. Schulkinder sind die erste Altersgruppe, die wirklich unser Endziel einer Bindung bei gleichzeitiger Autonomie erreichen können. Jennifer weiß, daß sie immer noch abhängig ist, aber sie kann nun aktiven Anteil an der Gestaltung ihrer eigenen Zukunft nehmen. Das ist neu und aufregend für sie, aber auch beängstigend. Jennifers Beziehung zu ihrer Familie hat eine ganz neue Dimension bekommen: die persönliche Verantwortung.

Persönliche Verantwortung

Joey Trask erschien eines Tages mit diesen zerrissenen Jeans, die eine Zeitlang so beliebt waren. Er schüttelte den Kopf. „Diese Dinger sind die Hölle. Sehen Sie, wie meine Knie rausgucken, wenn ich mich hinsetze? Total unbequem."

„Ich habe kein Mitleid", erwiderte Dr. Warren. „Du bestimmst schließlich selbst, was du anziehst. Wenn du die Dinger tragen willst, mußt du dich eben mit einem kalten Knie abfinden."

„Es ist nicht nur kalt, Mann, es ist ... ich verstehe, was Sie meinen."

„Du bestimmst alles, was Joey Trask denkt, und eine Menge von dem, was er tut. Was deine Eltern denken oder tun, kannst du nicht bestimmen. Merkst du, was ich mit Abgrenzungen meine?"

„Ja. Allerdings kann ich sie wütend machen."

„Klar. Sie dich auch. Die nächste Frage wäre: ‚Was nützt es mir, wenn ich sie wütend mache?' Führt das dazu, daß du dich besser fühlst oder glücklicher bist? Bringt es dich im Leben weiter? Nur du kennst die Antwort darauf, weil du der einzige bist, der weiß, was in Joey vor sich geht."

„Dann ist es also mein Fehler, wenn ich sie wütend mache."

„Es ist dein Fehler, wenn du sie *absichtlich* wütend machst. Wenn du zum Beispiel dieses T-Shirt trägst, nur um deinen Vater auf die Palme zu bringen. Du hast es in der Hand, ob du das tust oder nicht. Wenn du es nur tust, um ihn wütend zu machen, ist das nicht sehr clever."

„Was soll ich denn Ihrer Meinung nach tun?"

„Nachdenken. Stell dir selbst die Frage: ‚Will ich das wirklich? Tue ich das, wovon ich meine, daß es gut für mich ist?'"

„Meinen Sie, ich sollte mir die Haare schneiden lassen?"

„Ich meine, du solltest dir klarmachen, daß du die Verantwortung hast, dir deine Frisur auszusuchen, und daß es sich lohnt, mit dieser Verantwortung weise umzugehen. Ich kann dir nicht sagen, was du tun sollst; ich bin ja nicht du. Ich weiß nicht, was in dir vorgeht."

„Sie erraten es aber besser als die meisten Leute, Doktor."

Alt genug für Verantwortung

Ganz kleine Kinder wie die der Kolbins treffen nur sehr elementare Entscheidungen – zum Beispiel, ob sie gehorchen wollen oder nicht. Schulkinder dagegen können schon Verantwortung für komplexere Entscheidungen übernehmen. Kinder an der Schwelle zum Jugendalter wie Joey Trask verfügen über genügend Kontrolle und persönliche Verantwortlichkeit, um die Chance zu haben, die Kette der Kodependenz aus eigenem Antrieb zu durchbrechen – ob ihre Eltern gesund werden oder nicht. Ältere Kinder können Entscheidungen treffen, die sich auf ihr eigenes Geschick auswirken – und auf das der folgenden Generationen.

Die Erkenntnis, welche Dinge sie beeinflussen können und welche nicht, wird den meisten nicht leicht fallen. Viele Kinder alkoholabhängiger Eltern zum Beispiel schwören sich: „So werde ich nie!" Die meisten jedoch werden dieses Versprechen an sich selbst innerhalb weniger Jahre brechen. Auch wenn sie theoretisch begriffen haben, daß sie keine Kontrolle über andere Menschen haben, steht ihr Leben unter dem drängenden Bedürfnis, das Leben ihrer Eltern in Ordnung zu bringen, die Vergangenheit besser und die Zukunft hoffnungsvoll zu machen. Dieser Drang, Kontrolle über andere auszuüben, beherrscht sie so sehr, daß sie es versäumen, die richtigen Entscheidungen für ihr eigenes Leben zu treffen.

Diese richtigen Entscheidungen sind: „Ich kann über meine Gefühle sprechen. Ich werde die Verantwortung für mein eigenes Verhalten übernehmen. Ich werde nicht anderen die Schuld an dem geben, was ich tue."

Persönliche Verantwortung durchbricht die Kette

Joey Trask schlurfte in Dr. Warrens Sprechzimmer und ließ sich auf seinen gewohnten Sessel fallen. „Hi."

„Hi. Hier hast du deinen Zeichenblock wieder. Danke, daß du ihn mir gezeigt hast."

„Keine Ursache." Joey nahm seinen Block entgegen.

„Was gibt's Neues?"

„Papa sagt, daß er mit dem Kram hier aufhören will. Wußte Sie das schon?"

„Er hat mich um ein Gespräch nach unserer Sitzung gebeten. Ich nehme an, daß es darum gehen wird."

„Also höre ich auch auf." Joey fuhr sich mit der Zunge über die Lippen und rutschte auf seinem Sessel hin und her.

„Warum?"

„Darum. Ich will es einfach."

„Du weißt genau, daß das bei uns hier kein guter Grund ist. Also, warum?"

Wieder wand sich Joey hin und her. „Na, wenn Papa sich nicht ändert, dann hat das doch alles keinen Zweck, verstehen Sie? Manche Sachen, über die wir hier reden, tun richtig weh. Warum soll ich das alles durchmachen, wenn Papa nicht mitspielt?"

„Gute Frage." Dr. Warren nickte. „Willst du die Antwort wirklich wissen, oder ist das wieder eine von deinen rhetorischen Fragen?"

„Doch, ich will es wirklich wissen."

„Ursprünglich bist du hierhergekommen, weil dein Vater und deine Mutter bestimmte Veränderungen in deinem Verhalten bewirken wollten. Stimmt's? Aber in den letzten Sitzungen hast du einige Einsichten darüber gewonnen, wie eure Familie funktioniert. Was hast du dabei herausgefunden?"

„Soll ich das jetzt wirklich alles durchkauen?"

„Ich weiß, daß du viel darüber nachgedacht hast, und du bist ja nicht dumm. Ja. Erzähl mir alles."

Joey musterte Dr. Warren einen Augenblick, während er über seine Antwort nachdachte. Es fiel dem Jungen nicht auf, daß er dem Therapeuten jetzt direkt in die Augen schauen konnte und daß er in letzter Zeit aufrechter dasaß. Er fuhr sich wieder mit der Zunge über die Lippen – eine seiner nervösen Gewohnheiten. „Ich erinnere mich an das erste Gespräch, als Mama sagte: ‚Ich will meinen Jungen zurück.' Das hat sie wirklich so gemeint. Sie will mich wieder so haben, wie ich früher war. Papa genauso. Der kleine Junge, der alles absolut richtig macht und alles tut, was Papa will, wissen Sie?"

„Ich stimme völlig mit dir überein."

„Ich glaube, sie wollen, daß ich wieder der niedliche kleine Joey bin. Sie wollen nicht, daß ich erwachsen werde. Das ist der Punkt, das erklärt eine Menge von ihrem Verhalten. Ich nehme an, daß Dr. Hemfelt meinen Eltern das gleiche gesagt hat."

„Was meinst du – kannst du sie dazu bringen, ihre Einstellung zu ändern und sich über dein Wachstum zu freuen?" fragte Dr. Warren.

„Nein."

„Kannst du verstehen, warum sie das so empfinden – warum sie dich daran hindern wollen, erwachsen zu werden?"

„Ich weiß nicht. Vermutlich, weil es nach außen hin gut aussieht. Ich meine, wenn die Leute uns so anschauten, sahen wir aus wie eine perfekte kleine Familie, in der alle am gleichen Strang ziehen und wie aus dem Ei gepellt aussehen.

Das hat ihnen wohl gefallen. Es ist wahrscheinlich bequem für sie, wissen Sie?"

„Vor ein paar Wochen haben deine Eltern dich gezwungen, herzukommen. Jetzt denke einmal über das nach, was du gerade eben gesagt hast. Du hast ein paar tiefe und reife Einsichten in die Mechanismen gewonnen, die die Menschen umtreiben. Wir haben uns vorwiegend mit deinen Eltern beschäftigt, aber solche Einsichten gelten für alle Menschen, denen du als Erwachsener begegnen wirst."

„Ja, aber ..."

„Außerdem hast du die Fähigkeit gewonnen, das Leben aus der Perspektive deiner Eltern zu betrachten. Das heißt, du kannst mit den Augen eines anderen sehen. Das ist etwas, das viele Erwachsene niemals bewältigen. Du hast in wenigen Wochen einen sehr weiten Weg zurückgelegt."

„Kann schon sein. Aber ..." Seine Stimme verklang.

„Also, wem nützen diese Sitzungen? Dir oder deinen Eltern?"

Joey starrte an Dr. Warren vorbei ins Unendliche. „Sie wollen sagen, ich sollte dabeibleiben, weil es mir hilft, und mir keine Gedanken um Papa machen. Ist es so?"

„Ja, allerdings würde ich es etwas anders ausdrücken. Es ist unmöglich, dir um deinen Vater keine Gedanken zu machen. Du weißt ja, daß dein Vater davon profitieren kann, wenn er weitermacht, genauso wie du, und daß es eine traurige Sache ist, wenn er dagegen ankämpft. Aber du hast mich schon richtig verstanden."

„Aber ich kann ihn nicht dazu bringen."

„Stimmt. Du bist nicht verantwortlich für ihn. Und er konnte dich dazu bringen herzukommen, aber nicht dazu, aus diesen Sitzungen irgendwelchen Nutzen zu ziehen. Das mußt du selbst tun, und du machst es hervorragend. Du bist verantwortlich für Joey Trask. Du kannst Joeys Leben verändern. Das ist die wichtigstc Lektion, die du gelernt hast."

„Papa ist ziemlich enttäuscht von mir, nicht wahr?"

„Ich würde sagen, er ist verwirrt. Er hat bei deiner Erziehung hervorragende Methoden verwendet. Solange du ein kleiner Junge warst, haben sie gut funktioniert, aber bei einem Jugendlichen an der Schwelle zum Erwachsensein sind sie nicht mehr so wirksam. Er ist verwirrt und aus der Fassung darüber, daß sie nicht mehr so funktionieren, wie er sich das wünscht."

„Ich wünschte, er würde mich lieben."

„Das tut er, Joey. Auf seine Weise liebt er dich sehr."

„Aber nicht so wie Sie. Sie erwarten nicht von mir, daß ich mir die Haare schneiden lasse, bevor Sie sich für mich interessieren, wissen Sie? Manchmal habe ich extra die übelsten Sachen angezogen, die ich im Schrank finden konnte, nur um zu sehen, ob ich Sie auf die Palme bringen könnte."

„Zum Beispiel dieses T-Shirt mit dem blutigen Schädel."

„Ja! Und Sie sind trotzdem auf mich eingegangen. Selbst als Sie sagten, daß Sie mein T-Shirt wirklich abstoßend fanden. Sie haben sich gegen das T-Shirt gewandt, aber nicht gegen mich."

„Und du hast es nicht wieder angezogen. Das weiß ich zu schätzen. Danke, daß du Rücksicht auf meine Gefühle genommen hast."

„Ich habe es weggeworfen."

„Dein Vater liebt dich mehr, als ich es je tun werde, denn du bist sein Sohn. Er hat bestimmte vorgefertigte Erwartungen für alle Jungen, nicht nur für dich. Es fällt ihm schwer, diese Erwartungen zu verändern. Sie färben sein ganzes Denken, genauso wie deine Einstellungen dein ganzes Denken färben. Das ist bei jedem so."

Joey grinste – ein seltener Anblick. „Ich versuche immer wieder, Papa schlecht zu machen, aber Sie springen nie darauf an." Das Grinsen verflog. „Als wir zum ersten Mal herkamen, war ich sicher, daß es Papa gelingen würde, Sie auf seine Seite zu ziehen, wissen Sie? Dann würden Sie beide sich an die Arbeit machen, um mich wieder in das zu verwandeln, was Papa wollte. Bei Mama und meinem Fußballtrainer und der Schulpsychologin hat er das auch geschafft. Ich habe ein paar Wochen gebraucht, um zu merken, daß Sie auf niemandes Seite stehen. Ich glaube, ich habe einiges gelernt. Ich denke, ich mache weiter, selbst wenn Papa aufhört."

„Das freut mich zu hören, um deinetwillen."

Dritter Teil:

Der Weg zur Heilung für die Familie

Die Form Ihrer Familie

Welche Form hat Ihre Familie? Eine gute Möglichkeit, das herauszufinden, besteht in einem Spiel, das wir manchmal mit unseren Patienten spielen. Wir fordern die Kinder auf, sich als Bildhauer zu betätigen und aus den anderen Mitgliedern ihrer Familie eine Skulptur zu schaffen, die ausdrückt, wie sie ihre Familie wahrnehmen – oder auch, wie sie sie sich wünschen.

Brian Newport zum Beispiel stellte seine Mutter und seinen Vater mit dem Rücken zueinander auf und ließ Jennifer an beiden herumzerren. Als Dr. Warren ihn aufforderte, seine „Skulptur" so zu gestalten, wie er sich seine Familie wünschte, brauchte er nicht lange nachzudenken. Er stellte seine Eltern nebeneinander, jeweils eine Hand auf die Schulter des anderen gelegt, die Gesichter fast einander zugewandt, aber nicht ganz. Dann stellte er Jennifer vor die beiden und legte ihr die beiden freien Hände seiner Eltern auf den Kopf.

Vielleicht wollen Sie diese Übung auch in Ihrer Familie ausprobieren. Sie kann sehr aufschlußreich sein. Bedenken Sie dabei jedoch, daß solche Mittel nicht die „absolute Wahrheit" wiedergeben. Wenn wir dieses Mittel in der Klinik einsetzen, lassen wir es niemals alleine stehen. Es ist nur ein Element in einer großen Menge von Daten, die wir sammeln. Legen Sie also nicht zuviel Gewicht darauf.

Im allgemeinen gehen wir davon aus, daß Kinder mindestens neun Jahre alt sein sollten, um diese Übung selbstbewußt durchzuführen. Bei jüngeren Kindern können Sie es mit Münzen versuchen. Auch wir tun das häufig, sowohl bei kleinen Kindern als auch bei älteren Patienten, die manchmal zu gehemmt sind, um sich an einer lebendigen Skulptur zu versuchen.

Benutzen Sie Zwei- oder Fünf-Mark-Stücke für Mutter und Vater. Für die Kinder suchen Sie sich jeweils eine Münze von passender Größe aus. Dann bitten Sie alle Familienmitglieder, die Münzen so anzuordnen, wie sie die Familie im Augenblick empfinden. Sprechen Sie darüber: Warum? Wie lange ist das schon so? Wird sich daran etwas ändern? Wenn ja, in welcher Richtung? Dann fordern Sie alle auf, die Münzen in eine angenehmere Ordnung zu bringen. Fragen Sie wieder nach den Gründen. Könnte sich daran etwas verändern? Was wäre die schlimmste Anordnung, die die Mitglieder sich vorstellen können?

Ein achtjähriges Mädchen, das wir baten, die schlechtestmögliche Anordnung von Münzen zu legen, nahm alle Münzen außer dem Groschen, der sie selbst darstellte, vom Tisch.

„Wie ist es zu dieser Anordnung gekommen?"

Und so erklärte das Kind die Sache: Mama und Papa ließen sich scheiden und nahmen ihren großen Bruder, das Fünfzig-Pfennig-Stück, mit. Keiner der beiden Eltern wollte sie haben. Auf Nachfragen gaben die Eltern zu, daß sie an eine Scheidung dachten, sich aber nicht über die Sorgerechtsfragen einig werden konnten. Sie versicherten beharrlich, daß sie nie auch nur das Geringste davon gegenüber den Kindern hatten verlauten lassen. Daß schon das Nachdenken darüber sich so schwerwiegend auf ihre Tochter ausgewirkt hatte, war für sie ein Schock.

Die Münzen und Skulpturen und vielleicht auch Zeichnungen dienen zwei wichtigen Zwecken. Erstens geben sie den Familienbeziehungen eine sichtbare Form; sie zeigen, wie die „Bildhauer" die Familie wahrnehmen. Wichtiger noch ist, daß sie der Familie die Möglichkeit geben, nicht nur das darzustellen, was ist, sondern auch das, was sein sollte. Der Gedanke der Veränderung wird greifbar. Sie ist nicht mehr nur ein Gedanke, sondern ein erreichbares Ziel, das man anstreben kann.

In unserer Sprechstunde achten wir vom ersten Termin an stets aufmerksam darauf, wie sich eine Familie unbewußt im Raum verteilt. Als zum Beispiel die Trasks zum ersten Mal in Dr. Warrens Sprechzimmer Platz nahmen, setzte sich Joey seinen Eltern gegenüber. Das war kein Zufall. Und es war auch kein Zufall, daß sich Brian Newport dicht zwischen seine Mutter und seinen Vater setzte, während Jennifer sich einen abseits stehenden Sessel aussuchte. Dr. Warren hat bewußt seinen Schreibtisch direkt an die Wand gestellt und setzt sich stets mitten unter die Leute, mit denen er reden will.

Auch hieraus lassen sich freilich keine untrüglichen Schlüsse ziehen. Wir hatten einmal einen Zehnjährigen in der Therapie, der sich mit seiner Mutter völlig überworfen hatte. Dennoch saß er ganz dicht bei ihr. Später erfuhren wir, daß das Kind Hörschwierigkeiten hatte. Er mußte in der Nähe seiner Mutter bleiben, um ihre weiche, leise Stimme hören zu können.

In der Therapie verändern wir manchmal willkürlich die räumlichen Abstände zwischen den Familienmitgliedern. Zum Beispiel verändern wir die Sitzordnung einer Familie, indem wir sagen. „Würden Sie sich bitte umsetzen? Nehmen Sie bitte hier Platz, und Sie beide können sich hier zusammensetzen. Danke." Das wird ganz beiläufig gehandhabt. Der Therapeut greift dadurch physisch ein, um der Familie ohne Worte zu veranschaulichen, wie eine befriedigendere Familienstruktur aussehen könnte. Die meisten Familien sind für diese visuellen Darstellungen empfänglich.

Manchmal bitten wir sogar ein Mitglied, vorübergehend den Raum zu verlassen. Wie sieht die Familienstruktur ohne den Achtzehnjährigen aus, an den sich die Eltern so hartnäkkig klammern? Wir zeigen es ihnen ohne Worte, indem wir den Jugendlichen vorübergehend draußen auf den Flur setzen. Sehen Sie? Die Familie bleibt immer noch eine geschlossene Einheit, auch nachdem ein Mitglied sie verlassen hat.

Das Ziel ist für uns – und wie wir annehmen auch für Sie –, der Familie eine gesunde, ehrliche Sicht dessen, was ist, und dessen, was sein könnte, zu verschaffen.

Denken Sie zurück an die Zeit, als Sie und Ihr Partner (oder Ex-Partner) ein Paar wurden. Welche Familienstruktur von damals wirkt sich auf die Art und Weise aus, wie Sie heute mit Ihren Kindern umgehen? Versuchen Sie, es sich bildlich vorzustellen. Ihre Vergangenheit beeinflußt die Skulptur, die heute Ihre eigene Familie ist. Wenn Sie diese Skulptur einmal anschaulich vor Augen haben, können Sie

sie umarrangieren, um Ihren eigenen Bedürfnissen und denen Ihrer Kinder besser gerecht zu werden.

Was Eltern prägt

John küßte seine Verlobte. „Ich bitte dich nur um eines, Schatz. Wir essen zu Abend, wenn uns danach ist, ja? Bei meiner Mutter mußte immer die ganze Familie um Punkt fünf am Tisch sitzen. Jeden lieben Tag. Punkt fünf. Spülen um halb sechs, um sechs hatte alles fertig zu sein. Es machte mich wahnsinnig. Laß uns ab und zu um sieben essen, ja? Bitte."

John, der heute irgendwann zwischen vier und acht Uhr zu Abend ißt, gibt ein Beispiel für eine der drei häufigsten Arten, wie junge Eltern ihre Erziehungsstrategien entwickeln. *Rebellion* ist eine dieser Arten.

- „Meine Eltern waren so nachgiebig mit uns, daß wir kaum Orientierung hatten. Ich erziehe meine Kinder erheblich strenger, das kann ich Ihnen sagen."
- „Für uns, die wir auf einer Farm aufwuchsen, waren diese ganzen Arbeiten, die uns aufgetragen wurden, erträglich. Aber meine Kinder wachsen in einer Etagenwohnung auf. Ich werde es nicht so machen wie meine Eltern."

Eine andere Möglichkeit ist die *Kompensation,* bei der die Methode der Eltern weitgehend übernommen wird und nur dort ausgebessert wird, wo die jungen Eltern in ihrer Ursprungsfamilie einen Mangel empfanden.

- „Ich finde es richtig, daß meine Eltern uns um acht in Bett schickten, und ich werde es genauso machen. Aber wir hatte nie gemeinsame Zeit mit unseren Eltern; das mache ich anders. Ich werde meinen Kindern vor dem Schlafengehen viel mehr vorlesen."
- „Meine Eltern waren der Meinung, fünfzig Pfennig Taschengeld in der Woche seien reichlich genug. Wir mußten einen Monat sparen, um uns einen Hamburger leisten zu können. Meine Kinder bekommen genug Taschengeld, um sich etwas kaufen zu können, ohne dafür erst eine halbe Ewigkeit sparen zu müssen."

Schließlich gibt es noch den Weg der Nachahmung. Junge Familie kopieren einfach die Methoden der Eltern oder bisweilen die eines guten Freundes oder eines Verwandten.

- „Meine Eltern haben es richtig gemacht; aus uns allen ist etwas geworden. Warum soll man etwas reparieren, das nicht kaputt ist?"
- „Ich fand es gut, wie meine Mutter öfter einmal Fünf gerade sein ließ, um mehr Zeit für uns zu haben. Staubsaugen war nicht der Inbegriff ihres Daseins. So möchte ich es auch halten."

Wenn diese drei Methoden perfekt funktionieren würden, dann hätten wir in ein paar Generationen nur noch perfekte Eltern; denn die schlechten Methoden würden ja aufgegeben und die guten erhalten und verbessert. Aber leider funktionieren sie nicht perfekt. Manchmal geht etwas dabei schief. Eltern versuchen, ihre Sache besser zu machen, aber sie machen immer noch Fehler, oder sie geben einfach auf, weil andere Probleme zu schwer auf ihnen lasten.

Jede Familie hat in der Erziehung ihre kleinen Eigenheiten – sowohl Dinge, die verbesserungsbedürftig sind, als auch nette kleine Tricks, die gut funktionieren. In der Therapie erleben wir alle möglichen originellen Erziehungsideen, die unseren Glauben an die Flexibilität menschlicher Eltern wachhalten. Andererseits erleben wir auch die tragischen Früchte von Irrtümern – Kinder, die in der Gesellschaft nicht zurechtkommen und kaum Hoffnung haben, als Erwachsene glücklich zu werden.

Bevor wir einige Erziehungsmethoden betrachten, die Ihnen vielleicht neu sein werden, lassen Sie uns einen kurzen Blick auf einige Strategien werfen, die ihr Ziel nicht erreichen. Sie tauchen in unserer Arbeit in der Klinik erschreckend häufig auf.

Stolpersteine

Mama hört hundert Stimmen gleichzeitig. „Mama? Ich kann meine Schuhe nicht finden." „Ich will mein Frühstück, ich habe jetzt Hunger!“ „Ach übrigens, Schatz, heute abend kommt der Mann von der Versicherung. Wir werden alle unsere Arztrechnungen aus dem letzten Jahr brauchen. Schau mal, ob du sie findest, ja? Ich habe sie gesucht, aber die meisten habe ich nicht gefunden.“ „Gibst du mir fünfzig Pfennig für die Bücherei, Mama? Übrigens, ich hätte eigentlich letzten Freitag meinen Aufsatz über Kaninchen abgeben müssen. Meine Lehrerin sagt, ich muß ihn bis morgen fertig haben, wenn ich überhaupt noch eine Note dafür haben will. Weißt du irgend etwas über Kaninchen?“

Die unterorganisierte Familie

Wenn das Chaos und der Mangel an Kontrolle in einer unterorganisierten Familie das Schlimmste daran wären, dann wäre es schlimm genug. Kein Überblick über die Finanzen, Dinge gehen verloren, Dinge werden nicht rechtzeitig erledigt, Gelegenheiten werden versäumt, ständiger Aufruhr, Ungeduld, Verzweiflung, Zorn …

Aber all diese Unannehmlichkeiten und Verluste sind nicht das Schlimmste daran. Das Schlimmste ist, daß alle möglichen Abgrenzungen ebenso zusammengebrochen sind wie die äußere Organisation. Die wichtigste Voraussetzung für eine gesunde Kindheit sind gesunde Abgrenzungen und angemessene Bindungen an verschiedene Menschen zu verschiedenen Zeiten des Lebens. Das kann die chaotische Familie nicht bieten.

Ein Kind in einer solchen Familie steht ständig unter Spannung. Werden die Sachen, die ich für die Schule brauche, rechtzeitig fertig sein? Wird Papa für mich da sein, wenn ich ihn brauche? Wird der und der an das und das denken? Niemand in der Familie vernachlässigt bewußt die Bedürfnisse des Kindes. Niemandem mangelt es an Liebe. Nur klappt eben vieles nicht so, wie es klappen sollte. Der Rest der Welt marschiert in einem Rhythmus, den die chaotische Familie einfach nicht hört.

In einer unterorganisierten Familie müssen Kinder in die Bresche springen, wo die Eltern versagen. Richtig: Das ist emotionaler Inzest. Den Kindern bleibt nichts übrig, als selbst auf ihre Bedürfnisse einzugehen, weil die Erwachsenen es nicht tun. Die Kinder können sich nicht entspannen und Kinder sein; sie müssen sich Sorgen um Dinge machen, mit denen sie sich in ihrem Alter eigentlich noch nicht belasten sollten. Allzu oft sind sie nicht in der Lage, gewisse Bedürfnisse bei sich selbst richtig zu befriedigen. Das Vertrauen, das Fundament aller Beziehungen, bricht Stein für Stein zusammen. Schließlich machen die Kinder die Erfahrung, daß sie sich auf niemanden verlassen können.

Die Kolbins zum Beispiel waren eine chaotische Familie. In Reaktion auf die zu straffe Führung seines Vaters Joseph verzichtete James fast völlig auf Führung. Melanie hatte mit immer wiederkehrenden Depressionen zu kämpfen, die ihre Fähigkeit, sich um die Kinder zu kümmern, schwer behinderten.

Die überorganisierte Familie

Wäre es nicht großartig, wenn jeder in Ihrer Familie immer und überall pünktlich erscheinen würde, immer das Busgeld abgezählt parat und frische Unterwäsche im Schrank hätte?

Manchmal begegnen wir Familien, in denen es so ist, aber dafür ist fast immer ein viel zu hoher Preis zu bezahlen. Extreme Ordnungsliebe bringt die Starrheit mit sich, die nötig ist, um diese Ordnung aufrechtzuerhalten. Um eine Familie im Gleichschritt zu halten, besonders eine Familie mit kleinen Kindern, braucht man eine starke Autoritätsfigur an der Spitze. Daran ist an sich nichts Schlimmes. Doch in einer Familiensituation entwickeln sich solche Autoritätsfiguren fast immer zu jenen riesigen, übermächtigen Kreisen aus unserer Illustration, die die anderen an den Rand drängen und viel mehr Druck ausüben, als notwendig wäre.

Das Wesen der Kindheit ist Spontaneität und Flexibilität. In einem überorganisierten Haushalt sind diese Eigenschaften verlorengegangen. Abgrenzungen und Bindungen sind hier so eng und straff, daß sie sich nicht ohne weiteres an die wachsende Reife des Kindes anpassen lassen. Das Kind kann zwar ein Kind sein, aber es kann nicht es selbst sein. Es muß sich nahtlos in das straff durchgeplante Familienleben einfügen.

Ist das Wesen der Kindheit die Spontaneität, so ist das Wesen des Wachstums das Fragenstellen, das Ausprobieren der Flügel und manchmal die Stürze bei den ersten unsicheren Flugversuchen. „Warum darf ich nicht so lange draußen bleiben? Ich verstehe nicht, was Tanzen mit Religion zu tun hat, und die anderen gehen auch alle hin. In Beckys Familie spielen sie Kniffel mit fünf Würfeln, und die gehen doch auch in die Gemeinde. Was ist denn so falsch an Spielen, in denen Würfel vorkommen? Ich mag nicht Klavier spielen. Warum darf ich denn nicht statt dessen Gitarrenstunden nehmen?"

In einer straff autoritär geführten Familie ist kein Raum zum Fragenstellen. Dies ist richtig, und jenes ist falsch. Dies ist unsere Art des Gottesdienstes, jenes nicht. Dies ist sauber und ordentlich, jenes ist unter der Familienwürde. Mach es auf diese Art; jede andere Art ist falsch, wie auch immer das Ergebnis aussehen mag. Die Kinder scheuern sich wund, die Reibungen wachsen, alle leiden.

Dazu kommt, daß Kinder ziemlich unbequeme kleine Wesen sein können. Sie müssen sich im unpassendsten Moment übergeben. Sie werden unruhig und müde. Kinder langweilen sich. Sie ergreifen im falschen Augenblick das Wort und sagen die falschen Dinge. Sie widersetzen sich der Logik. Sie machen Sachen kaputt und graben Löcher an den falschen Stellen. Sie vergessen Dinge. Manchmal reißen sie aus. Kinder, die vor dem Einsteigen ins Auto partout nicht aufs Töpfchen gehen können, müssen garantiert fünfzehn Minuten vor dem Ziel dringend mal.

Es liegt also in der Natur von Kindern, daß sie sich nicht ohne Probleme in einen übermäßig kontrollierten Haushalt einfügen. Ihre kindliche Art bringt sie ständig in Schwierigkeiten, und die negativen Botschaften, die sich daraus ergeben, begleiten sie ein Leben lang.

Joey Trask wuchs in einer solchen straff organisierten Umgebung auf, wie Ihnen sicherlich schon aufgefallen ist.

Aus irgendeinem Grund vermeiden manche Eltern, mit denen wir arbeiten, bewußt oder unbewußt eine enge emotionale Beziehung zu ihren Kindern. „Ich kann einfach nicht gut mit Kindern umgehen", ist die häufig zu hörende Ausrede. Viele Erwachsene finden Kinder in der Regel einfach lästiger als andere Erwachsene, was an sich kein Problem ist. Doch es liegt im Wesen kodependenter Menschen, alles ins Extrem zu treiben, einschließlich ihrer Zurückhaltung oder regelrechten Angst in bezug auf emotionale Nähe zu diesen unberechenbaren kleinen Wesen.

Aus diesem Bestreben, emotionale Nähe zu vermeiden, gehen mehrere Formen gestörten Elternverhaltens hervor:

König und Untertan. In diese Kategorie gehören sowohl Walter Trask als auch Rob Newport. Mit ihrer stark autoritären Einstellung schwebten sie irgendwo über dem engen Familienkreis in ihrer eigenen Stratosphäre von Aktivitäten. Wenn in der Familie irgend etwas schiefging, kamen sie aus ihrer Höhe herab und verkündeten ihre Maßnahmen, um die Abweichler auf den rechten Weg zurückzubringen und die Nörgeleien zu ersticken. Sie gaben die Befehle und überließen es ihrer Adjutantin, der Mutter, für ihre Ausführung zu sorgen. Selbst in entspannten Situationen wie bei Ausflügen und Andachten blieben sie der König, der über der Menge thronte.

Zirkusdompteur. Es fängt alles so harmlos an: ein Kindergeburtstag für eine Horde Dreijähriger am Samstag, eine Aufführung im Kindergarten hier, ein Ausflug in die Nachbarschaft zur Feuerwache dort. Dann kommt der Ballettunterricht mit fünf Jahren, weil Sie neugierig sind, ob Ihr Kind talentiert ist, und schließlich haben ja alle großen Tänzerinnen früh angefangen. Sonntagsschule. Gemeinde mit Kindergottesdienst. Pfadfinder, Schulaktivitäten, und schwupp! schon steckt man in der Mühle. Es ist ja alles zum besten der Kinder, deshalb lohnt sich die Mühe.

Es kann allzu leicht geschehen, daß eine Familie sich in einen Drei-Manegen-Zirkus verwandelt, in dem Mama und Papa fieberhaft versuchen, all die Aktivitäten zu orchestrieren und daran teilzunehmen. Jeder kann in diese Falle gehen, und der Köder ist der verbreitete Mythos: „Eine vielbeschäftigte Familie ist eine glückliche Familie." In der Therapie jedoch erkennen wir eine klare Kategorie von Eltern, die aus völlig falschen Gründen versuchen, die Familie in ständiger Bewegung zu halten.

Wenn die Eltern sich für lohnende Sachen engagieren – Wohltätigkeit, Gemeindemitarbeit, politische und soziale Aktivitäten –, dann geben sie damit in ihren eigenen Augen ihren Kindern ein gutes Beispiel. In Wirklichkeit wollen sie jedoch oft nur genug Abstand zwischen sich und den Kindern schaffen, um der gefürchteten emotionalen Verstrickung zu entgehen.

Ähnlich werden auch die Kinder den Eltern emotional nicht zu nahe kommen, wenn sie bis zum Hals in lauter lohnenden Aktivitäten stecken. Sie werden einfach zu beschäftigt sein.

Nicht ganz da. Eine dritte Situation, auf die wir gelegentlich stoßen, könnte man überschreiben mit: „Das Licht über dem Eingang ist an, aber es ist niemand zu Hause." Ein Elternteil hat sich einfach emotional verabschiedet. Körperlich sitzt die Mutter am Küchentisch, körperlich hat es sich der Vater mit einem Buch oder der TV-Fernbedienung auf dem Sofa bequem gemacht, doch sie bleiben distanziert und desinteressiert. Die Eltern haben eine solide Mauer um sich herum errichtet, um unerwünschte Eindringlinge fernzuhalten. Da Kinder nicht in einer Welt der Dinge, sondern der Beziehungen leben, verarmen sie durch diese emotionale Distanz viel stärker, als viele Erwachsene begreifen. Das ist eine Form der passiven emotionalen Mißhandlung, von der wir zu Beginn dieses Buches sprachen.

Erklärer. Eine andere Form der Distanz entsteht, wenn die Eltern die Erziehung angehen, indem sie alles erklären.

Zum Beispiel, an den zweijährigen Joshua gerichtet: „Hör auf, in der Windel herumzulaufen; komm her und zieh dich an. Wenn nicht, kommen wir zu spät zu Onkel Ed, und dann hast du keine Zeit mehr, auf Maxi zu reiten. Du willst doch auf Maxi reiten, oder?"

Auf dem alten Ackergaul Maxi reiten zu wollen, kommt Joshua gar nicht in den Sinn, während er kichernd und lärmend durchs Haus tobt. Sein Kleinkind-Gehirn kann noch gar keinen Zusammenhang zwischen dem Anziehen jetzt und dem Reiten in unabsehbarer Zukunft herstellen. Indessen gibt sich die Mutter der Illusion hin, auf vernünftige Weise mit ihrem Kind umzugehen. In Wirklichkeit hat überhaupt keine Kommunikation zwischen Joshua und seiner Mutter stattgefunden; ihre Beziehung ist nicht gepflegt worden.

Wenn ein kleines Kind „Warum?" fragt, interessiert es sich weniger für eine Antwort als dafür, wo die Grenze liegt. „Darum" ist für ein Vorschulkind eine ebenso gute Antwort wie eine Erklärung der Gründe. Nehmen wir an, Sie haben mit Ihrem vierjährigen Kind eine Stunde auf dem Spielplatz verbracht.

„Es wird Zeit, wir müssen nach Hause gehen", sagen Sie.

„Noch nicht. Noch zweimal rutschen, ja? Nur zweimal."

Ausprobieren der Grenzen.

„Nein, jetzt. Ich muß das Essen machen."

„Warum?"

An dieser Stelle könnten Sie jetzt Erklärungen über Eßsitten und zeitliche Begrenzungen abgeben. Sie könnten darlegen, daß ein Schmorbraten mindestens anderthalb Stunden braucht, bis das Fleisch durch und durch gar ist und die Gewürze durchgezogen sind. Sie könnten auch erwähnen, wieviel Zeit Sie benötigen, um vom Spielplatz nach Hause zu gelangen. Oder Sie könnten einfach sagen: „Ach, darum. Laß uns sehen, wie viele rote Dinge wir auf dem Heimweg entdecken. Rücklichter zählen nicht, das sind zu viele."

Die Form verändern

Es gibt einen alles entscheidenden Unterschied zwischen kodependenten Familien, deren Kinder mit dem Schmerz anderer belastet sind, und gesunden Familien, deren Kinder emotional gut gedeihen. Dieser Unterschied besteht in der Bereitschaft zur Veränderung.

Gesunde Familien nehmen Veränderungen bereitwillig auf sich, wenn sie angeraten erscheinen; sie sind bereit, zu wachsen und sich mit der Zeit zu verändern, wie es die Umstände erfordern.

Kodependente Familie bleiben in einem Stadium des Wachstums stecken, wie zum Beispiel die Trasks. Sie widersetzten sich hartnäckig dem Wachstum, ohne auch nur zu erkennen, was sich bei ihnen abspielte. Die unausgesprochene Regel bei ihnen lautete: *Halt den Mund und mach es weiter so, wie wir es schon immer gemacht haben.*

Doch die Welt ist nicht in zwei Lager gespalten, das der gesunden und das der kodependenten Familien. Jede einzelne Familie ist in wechselndem Maß eine Mischung aus beidem. In unserer Praxis begegnen wir häufig Familien, die eigentlich gesund sind, aber jetzt in irgendeiner Phase steckengeblieben sind. Solche Familien sprechen auf die Therapie schnell und durchgreifend an; manchmal reicht schon ein guter Rat unter Freunden. Sie sind nun einmal bereit, sich zu verändern.

Den Rest des Buches wollen wir Möglichkeiten widmen, wie Sie die Form Ihrer Familie zum Besseren verändern können. Was meinen wir mit „besser“? „Besser“ ist das Endziel, unseren Kindern die Last unserer Probleme von den Schultern zu nehmen und sie Kinder sein zu lassen. Dann können sie sich den Entwicklungsaufgaben widmen, die so wichtig für sie sind, um eine gesunde Identität aufzubauen.

Das Team zusammenschweißen

„Papa? Darf ich mit Mary für ein paar Stunden ins Einkaufszentrum?"

„Weiß ich nicht. Frag deine Mutter."

Ab in die Küche. „Mama? Papa sagt, ich darf ins Einkaufszentrum, wenn du nichts dagegen hast."

„Wenn er das gesagt hat, denke ich, ist es in Ordnung."

„Kannst du mir ein bißchen Geld geben?"

„Nimm dein eigenes. Dafür bekommst du ja Taschengeld."

Zurück ins Wohnzimmer. „Papa? Mama sagt, daß ich gehen darf, aber ich brauche ein bißchen Geld."

„Also schön. Wann wird sie endlich lernen, ein paar Mark zur Hand zu haben?"

Das ist ein Beispiel für milde, leichte Manipulation. Wenn Eltern sich trennen, kann die Manipulation machiavellistische Ausmaße annehmen.

Kinder sind großartig darin, Erwachsene um den Finger zu wickeln, und das ist auch kein Wunder. Ein Kind ist machtlos in der Welt der Erwachsenen. Der ganze Einfluß, den ein Kind nehmen kann, ist die Fähigkeit, Erwachsene um den Finger zu wickeln, ja allein schon die Fähigkeit, niedlich auszusehen. Theoretiker glauben, daß dies eine der Entwicklungsaufgaben eines Babys ist: zu bezaubern, niedlich und rührend zu sein und so die Bindung zwischen Eltern und Kind zu stärken.

Doch eine Familie ist kein Kampf „wir Eltern" gegen „euch Kinder". Eine Familie ist ein „Wir", manchmal sogar ein „Wir gegen den Rest der Welt". Um eine funktionstüchtige Familie zu bilden, müssen Eltern also ein Team bilden, ein Team innerhalb des Teams.

Zuerst kommt das A-Team: Mutter und Vater müssen

gegenüber den Kindern einig auftreten. Wenn dieses Management-Team fest zusammengeschweißt ist, haben die Kinder die Freiheit, ihre angemessenen Rollen innerhalb der Familie zu spielen – die Freiheit, Kinder zu sein. Das A-Team ordnet sich in das größere Team ein, die Familie als Ganzes.

Der Aufbau des A-Teams

Familie Ross unterhielt sich über ihre Tochter, die Studentin Tina.

„Marjorie hat mich heute gefragt, ob ich nicht unter unserem leeren Nest leide, jetzt, wo Tina auf der Universität ist. Offen gesagt, ich finde es schön, daß wir zwei mal wieder unter uns sind. Man kann endlich wieder einmal in Ruhe zu Abend essen, ohne daß ständig Hektik herrscht, weil eines der Kinder ganz dringend sofort irgend etwas braucht."

„Wo wir gerade von Tina sprechen: Sie hat heute nachmittag angerufen." Vater Ross wischte sich den Mund ab und faltete seine Serviette zusammen. „Sie rief von der Universität aus an. R-Gespräch."

„Wirklich? Mich hat sie heute nachmittag auch angerufen. Sie war ganz begeistert von ihren Kursen im nächsten Semester. Sie hat schon ihre Bücher gekauft. Seit sie das Hauptfach gewechselt hat, ist sie völlig begeistert von ihrem Studium."

„Stimmt. Das war ein guter Schritt." Er lehnte sich zurück. „Sie erwähnte, sie sei gestern abend nicht zum Hockeyspiel gegangen. ‚Wenn ich das Geld für den Parkplatz ausgegeben hätte, hätte ich mir heute morgen keine Tasse Kaffee mehr leisten können', sagte sie. Und kicherte."

„Genau denselben Spruch hat sie bei mir auch aufgesagt, mitsamt dem Kichern. Willst du ihr etwas Geld schicken, um ihr über die Runden zu helfen?"

„Ich habe ihr einen Scheck in den Briefkasten gesteckt. Nicht viel – gerade genug für Parken und Kaffee."

„Gut. Ich wollte mich erst vergewissern, ob du ihr schon etwas geschickt hast, bevor ich es tue. Man sollte meinen, daß sie in neunzehn Jahren gelernt haben müßte, daß sie uns nicht gegeneinander ausspielen kann."

„Auch Studenten sind nicht auf allen Gebieten clever."

Studenten beweisen auch, daß Kinder über manche Fähigkeiten niemals hinauswachsen. Mutter und Vater Ross arbeiteten gut zusammen; so sorgfältig wie sie sollten alle Eltern sein, wenn sie ihr A-Team aufbauen.

Wenn das A-Team nur aus einem Mitglied besteht

Aus vielerlei Gründen ist die eheliche Bindung notwendigerweise die wichtigste Bindung in jeder Familie. Wenn Sie alleinerziehend sind, fehlt Ihnen diese Bindung als Werkzeug bei der Erziehung. Alleinerziehende Eltern stehen unter einem sehr starken Druck, die Kinder nicht Kinder sein zu lassen. Jeder muß eine zusätzliche Last tragen, und für Kinder ist diese Last nicht angemessen. Sie können sich an diese Situation anpassen, und es gibt auch Möglichkeiten der Unterstützung für Sie (verzweifeln Sie nicht!), aber Sie sollten wissen, daß sie mit einem schweren Handikap arbeiten, damit Sie alles tun können, um dieses Handikap auszugleichen.

Das A-Team koordinieren

Gayle möchte, daß ihre kleinen Kinder um halb acht im Bett sind. George, der erst um sechs von der Arbeit kommt, hält halb acht für zu früh. Auf diese Weise bleibt ihm nur noch eine Stunde, die er mit ihnen verbringen kann. Welche Alternativen stehen diesem Paar zur Verfügung?

1. Sich vor den Kinder darüber streiten, damit die Kinder lernen, daß Meinungsverschiedenheiten zur Ehe und zur Elternschaft dazugehören.
2. Eine Münze werfen. Wer nach dreimal Werfen gewonnen hat, bekommt seinen Willen.
3. In einem Erziehungsbuch nachschlagen und sich nach dem richten, was der Experte sagt.
4. Nichts von alledem.

Hieße es in der ersten Antwort „diskutieren" statt „streiten", und wären die Kinder schon etwas größer, so könnten wir diese Antwort gelten lassen. Die zweite Antwort überläßt wichtige Entscheidungen dem Zufall – keine gute Methode. Nummer drei gefällt uns natürlich, da wir ja eben solch ein Erziehungsbuch schreiben, aber es ist nicht die richtige Antwort. Familiensituationen sind verschieden; jede kollektive Familienidentität ist anders, und Patentrezepte wie aus dem Kochbuch helfen nicht weiter. Bücher – auch dieses hier – sollten dazu benutzt werden, umfassende Strategien und Konzepte zu entwickeln, nicht dazu, automatische Antworten für jedes beliebige Problem des Lebens nachzuschlagen. Bleibt die letzte Antwort – nichts von alledem –, die freilich in sich nicht allzu hilfreich ist.

Allerdings können wir ein paar Vorschläge machen. George und Gayle sollten unter sich über die Sache sprechen und einen Kompromiß finden. Dann sollten sie sich als geeinte Front den Kindern stellen. Natürlich dürfen die Kinder ruhig wissen, daß es eine Meinungsverschiedenheit gegeben hat. Das sollten sie sogar. Das Leben besteht aus Kompromissen, und kein Ehepaar ist sich immer einig. Doch die Ehe ist auch eine Einheit. Auf diese Weise geben die Eltern ein gesundes Beispiel, wie sich Meinungsverschiedenheiten überwinden lassen.

Das ganze Team beteiligen

Familienbeziehungen

Sie haben nun daran gearbeitet, sich selbst, gegebenenfalls Ihre Ehe und Ihre Kinder zu heilen. Dies ist ein fortdauernder Prozeß. Halten Sie ihn in Gang, während Sie die übrigen Anregungen umsetzen.

Es lohnt sich, im Rahmen dieses Heilungsprozesses auf bestimmte Problempunkte zu achten. Eine Möglichkeit dazu ist, die ganze Familie daran zu beteiligen, verborgene Probleme zu Tage zu fördern.

In der Therapie bringen wir die ganze Familie zu einer Sitzung zusammen, um über Abhängigkeiten, Zwanghaftigkeiten und Fast-Abhängigkeiten zu sprechen. Das gleiche können auch Sie tun. Wenn alle Familienmitglieder dazu beitragen, erleben wir es hin und wieder, daß schlafende Probleme ans Licht kommen. Wir suchen nach den heimtückischen kleinen Problemen in den verborgenen Nischen Ihres Lebens. Zum Beispiel:

„Ralph, was machen Sie in Ihrer Freizeit? Haben Sie irgendwelche Hobbys, über die wir noch nicht gesprochen haben?“

„Ich beschäftige mich ein bißchen mit Aktien und Wertpapieren.“

„Erzählen Sie mir davon.“

Ralphs Gesicht hellt sich auf, und er wird deutlich lebhafter. „Ich gehe noch lange nicht in Rente, deshalb interessiere ich mich nicht so sehr für die langsam steigenden Papiere. Ich will schnelles Geld.“

„Mit anderen Worten, Sie spekulieren.“

„Na ja, so könnte man es nennen. In Wirklichkeit ist es etwas komplizierter, als sich irgendwelches Zeug an Land zu ziehen, um einen Riesenprofit zu machen. Man muß über die Industrie auf dem laufenden bleiben – wer wen übernimmt, welche Kontingente angeboten werden und dergleichen. Es ist eher eine Art Kunst als eine Wissenschaft.“

Der siebzehnjährige Clint schüttelte den Kopf. „Wenn das eine Kunst ist, dann ist Bingo auch eine. Du bist ein Spieler, Mann. Das ist alles, und es macht mir Angst. Wenn die Kurse steigen, steigt auch deine Stimmung. Wenn die Kurse fallen, stürzt du ab. Und wir kriegen es zu spüren. Du tobst und schreist herum. Du bist süchtig nach diesem ‚Spiel‘.“

Clint erkannte es, Ralph nicht. Hoffentlich konnte Ralph in diesem Stadium seiner Heilung ehrlich genug zu sich selbst sein, um seine beginnende Spielsucht als das zu erkennen, was sie war.

Auch wenn es um Streßfaktoren in den Familienbeziehungen geht, lohnt es sich, auf die Kinder zu hören. Manchmal legen Kinder den Finger auf wunde Punkte, die anderen noch nie aufgefallen sind.

Die Newports erschraken, als Jennifer sich beschwerte: „Alle Kinder in meiner Klasse verreisen in den Ferien und erzählen dann in der Schule davon. Wir sind noch nie verreist, seit ich in der Schule bin." Rob und Alice war es noch nie als Mangel erschienen, daß sie nicht in Urlaub fuhren. Was sie allerdings bemerkten, war, daß sie nie die Entspannung fanden, die ein gut geplanter Urlaub mit sich bringt.

Eltern fühlen sich oft durch menschliche Streßfaktoren unter Druck gesetzt. Die Phase, in der man verantwortlich ist für die Erziehung der Kinder und sich gleichzeitig bereits Gedanken um die Bedürfnisse der eigenen Eltern machen muß, bringt erhebliche Belastungen mit sich. Denken Sie an Großeltern, die Botschaften vermitteln wie diese: „Ihr solltet das und das besser machen." „Warum kommt ihr uns nicht öfter mit den Kindern besuchen?" „Ich möchte euch nicht zur Last fallen, *aber* ..." Dann sind da auch all die anderen Freunde und Verwandten mit ihren Bedürfnissen, ihren unerledigten Geschäften und verschobenen Abgrenzungen, die Zeit und Energie in Anspruch nehmen.

Besonders verheerend wirkten sich diese Streßfaktoren in der Familie Trask aus. Es zeigte sich, daß die erweiterte Familie den Trasks ihre unerledigten Geschäfte und Bedürfnisse auflud – schließlich waren ja Beth und Walter ein solch robustes Bilderbuchehepaar. Von den Großeltern Trask kam eine regelrechte Parade von Schuldsuggestionen. „Ihr habt uns nicht mehr lieb." „Ihr kommt nicht oft genug vorbei." „Wenn ihr etwas für uns übrig hättet, würdet ihr das und das tun." „Nach allem, was wir für euch getan haben ..." Von Beths Mutter: „Du bist das einzige unserer Kinder, das nicht berufstätig ist. Du hast eine Verpflichtung, weißt du. Du würdest doch sicher nicht wollen, daß ich ins Altersheim komme, wo du doch den ganzen Tag zu Hause bist und herkommen könntest, um mir zu helfen."

Außerdem hatten die Trasks nur ein Kind, so daß nicht die Rede davon sein konnte, sie seien überlastet oder dergleichen. Und da Walter eine Säule der Gemeinde war, solide und verläßlich, nahm ihn die Gemeinde ständig in Anspruch, wenn es irgendwo brannte. Auf Walter konnte man immer zählen. Beth machte fast jeden Sonntag Kinderbetreuung, einfach, weil sie dazu bereit war, während alle anderen irgendeinen Grund hatte, warum sie diese Woche nicht konnten. Auf diese Weise glitten die Trasks unweigerlich in eine kodependente Beziehung zu ihrer Gemeindefamilie wie auch zu den anspruchsvollen Großeltern.

Die Trasks mußten die Streßfaktoren erkennen und dann entweder ihren Einfluß eliminieren oder konkrete Methoden entwickeln, um mit ihnen fertigzuwerden. Vor derselben Aufgabe stehen auch Sie.

Mit Streßfaktoren umgehen

Papa ist wütend, weil er gerade am Telefon erfahren hat, daß ein Geschäftspartner ihn im Stich gelassen hat. Er kann schreien und toben und um sich schlagen. Er kann jedes Kind anschreien, das zufällig gerade in diesem Moment ins Zimmer kommt. Oder er kann brüllen: „Ich bin wütend, aber das hat nichts mit dir zu tun, Junge. Es ist etwas anderes." Dann geht er hinaus, um seine Wut abzulassen, indem er joggt, Brennholz hackt, gegen einen Sandsack boxt, was auch immer.

Der Umgang mit wiederkehrenden Problemen erfordert mehr Takt und mehr Energie und wird auch nicht ohne Widerstände abgehen. Walter hatte zwar die Therapie abgebrochen, aber er hörte sich an, was Beth über die Ansprüche ihrer Eltern sagte, als sie sich eines Abends unterhielten.

„Jedesmal, wenn wir zu deinen Eltern gehen, sitzen sie den ganzen Abend da, mäkeln an Joey herum und machen dir Vorwürfe, was du ihm alles durchgehen läßt."

„Ja. Ich bin es auch ziemlich leid, aber was soll man machen?"

„Ich schlage vor, wir telefonieren in Zukunft öfter – von mir aus mehrmals in der Woche – und besuchen sie nur noch höchstens einmal im Monat. Auf diese Weise bleiben wir in Kontakt und vermeiden gleichzeitig den Ärger."

„Haben dir die Ärzte das gesagt?"

„Nicht direkt. Dr. Hemfelt und ich haben über Streßfaktoren gesprochen, und unsere Eltern sind ein erheblicher Streßfaktor. Er schlug vor, Richtlinien zu finden, um Verpflichtung und Streß gegeneinander abzuwägen. Einen Mittelweg zu finden."

„Und was ist mit deiner Mutter?"

„Ich habe unseren Namen bereits im Oak-Point-Seniorenstift aufnehmen lassen. Das ist kein Pflegeheim. Sie kann dort unabhängig leben, bekommt aber die tägliche Hilfe, die sie braucht." Beth machte eine Pause. „Walter, mir wäre es wirklich lieber, sie zu uns zu nehmen. Ich glaube, für sie wäre das die beste Lösung. Aber es ist so schwer, mit ihr auszukommen. Sie sucht ständig Streit und Ärger. Wieder ein Streßfaktor. Täglicher Streß. Ich weiß, daß du dich manchmal mit Gewalt zwingen mußt, ein freundliches Gesicht zu machen, wenn sie zu Besuch kommt. Außerdem würde sie uns binnen kurzem ganz schön in Beschlag nehmen. Ich bin zwar nicht berufstätig, aber ich habe eine Menge ehrenamtliche Aufgaben. Die will ich nicht aufgeben."

„Ich will auch nicht, daß du sie aufgibst. Diese Dinge sind wertvoll."

„Es ist nicht unabänderlich. Wenn es nicht funktioniert, werden wir uns etwas anderes überlegen. Aber ich werde mich nicht in eine Streßsituation stürzen, solange es noch zufriedenstellende Alternativen gibt."

„Das Seniorenstift scheint eine gute Alternative zu sein."

Ob Walter wohl auffiel, daß Beth zum ersten Mal in ihre Ehe eine eigene Entscheidung durchgezogen hatte? Wir wissen es nicht, aber wir hoffen es.

Beth nannte der Gemeinde einige Sonntage, an denen sie für die Kinderbetreuung zur Verfügung stand. An den anderen Sonntagen blieb sie an der Seite ihres Mannes im Gottesdienst. Die Verantwortliche für die Kinderbetreuung versuchte einige Zeit lang, ihr ein schlechtes Gewissen zu machen. Doch sie hielt durch, und Walter, beeindruckt von ihrer Entschlossenheit und erfreut darüber, daß sie es sich zur Priorität machte, bei ihm zu sein, verteidigte sie wacker.

Beth hatte ihre Abgrenzungen gezogen und verteidigte sie.

Die Abgrenzungen prüfen

In der Therapie stellen wir unseren Familien folgende Fragen: Hat jede Person in der Familie die Erlaubnis und die Möglichkeit, unabhängig und autonom zu sein? Wird die Individualität jeder Person in der Familie respektiert? Streß entsteht, wenn die Abgrenzungen aus dem Gleichgewicht geraten.

Unser Vorschlag ist, daß Sie in einem Familienrat die einzelnen Positionen eine nach der anderen durchgehen. Stellen Sie fest, wo die Abgrenzungen verlaufen. Ich bin der Vater. Du bist der Sohn. Meine Pflicht ist es, für dich da zu sein. Du mußt nicht für mich da sein. Wenn du acht bist, erwartet niemand von dir, dich wie ein Zwölfjähriger zu benehmen. Man wird dir aber auch nicht zugestehen, dich wie ein Zweijähriger zu verhalten. Fühlen Sie sich mit den Abgrenzungen in Ihrer Familie wohl? Erscheinen Ihnen im Licht dessen, was Sie inzwischen wissen, die Abgrenzungen als angemessen? Hat jedes Kind genügend Raum, die Entwicklungsaufgaben zu absolvieren, die Sie ja jetzt kennen?

Zeichnen Sie für jedes Kind eine Identitätsfigur. Wie sehen die Figuren aus im Vergleich dazu, wie sie im jeweiligen Alter Ihrer Kinder aussehen müßten? Entwickeln sie eine feste, gesunde Umrißlinie? Sie kennen Ihre Kinder besser als irgend jemand sonst. Was sehen Sie?

Nicht selten stellen wir fest, daß die Abgrenzungen der Eltern die Kinder einengen. Wenn das bei Ihnen der Fall ist, werden Sie nicht klar erkennen können, wie die Identitätsfiguren Ihrer Kinder wirklich aussehen.

So etwa bei den Newports. Alice war emotional mit Brian verstrickt – ein sogenannter emotionaler Inzest. Sie war abhängig von ihm. Er war ihr Helfer, ihr Junge, auf den sie stolz sein konnte. In den tiefsten Tiefen ihres Herzens hatte für sie Brian Rob als Quelle emotionaler Unterstützung verdrängt. Brian war warmherzig, Rob distanziert.

Mit Jennifer verband Alice das, was Therapeuten eine „Konfliktbindung" nennen. Jennifers irritierendes, störendes Verhalten hielt in gewisser Weise die Familie zusammen; man war vereint in dem Bemühen, die von ihr ausgehenden Störungen so weit wie möglich zu entschärfen. Brian seinerseits versuchte die Familie auf eigene Faust zusammenzuhalten, indem er half, indem er schlichtete, indem er sie alle nach außen hin gut aussehen ließ. In dieser Situation hätte Alice für keines ihrer Kinder jemals eine zutreffende Identitätsfigur zeichnen können. Seien Sie also vor dieser Möglichkeit auf der Hut, wenn Sie diese Anregungen umsetzen.

Wenn die Abgrenzungen der Eltern die Kinder einengen, empfehlen wir oft kurze Trennungszeiten in gewissen Abständen. Vereinfacht ausgedrückt, fordern wir den Elternteil auf, für eine Weile von den Kindern wegzukommen. Das ist wichtig, besonders wenn mit dem Kind schwer auszukommen ist, wie es bei Jennifer war.

Die Newports planten schließlich mindestens einen Abend in der Woche ein, an dem sie gemeinsam ohne die Kinder etwas außer Haus unternahmen. Brian mußte bei solchen Gelegenheiten nicht den Babysitter spielen. Außerdem wurden die Kinder im Sommer jeweils für eine Woche in Ferienlager geschickt. Diese Atempausen gaben Alice und Rob den Freiraum, den sie brauchten, um den richtigen Blick für ihre Familie zu gewinnen.

Die Rollen der Familienmitglieder überprüfen

Mutter und Vater haben Entschlüsse gefaßt, wie sie bessere Eltern werden können. Doch die alten Rollen verstellen ihnen vielleicht immer noch den Blick oder den Weg. Wenn wir eine Familie zu einer gemeinsamen Therapiesitzung versammeln, halten wir Ausschau nach diesen alten Rollenmustern, da wir wissen, daß es viel leichter ist, neue Entschlüsse zu fassen, als sich an sie zu halten. Entscheidungen trifft man mit dem Kopf, aber das Handeln wird vom Herzen bestimmt, und Kopf und Herz stimmen selten überein. Alte Gewohnheiten sind sehr schwer totzukriegen.

Nehmen wir zum Beispiel Tommy, das dritte von vier Kindern von Paul und Myra Washington, das Kind, das nichts richtig machen konnte.

„Mann", beschwerte er sich, „meine Alten können nix wie an mir rummeckern."

„Das heißt ‚nichts als'", korrigierte ihn Myra.

Dr. Warren räusperte sich. „Hatten Sie sich nicht vorgenommen, Tommy ein bißchen mehr Leine zu geben?"

„Nun, ja, aber er klingt wie ein ungebildeter alter Baumwollfarmer mit seinem Dialekt. Er hat ihn bei seinem Onkel aufgeschnappt."

„Geben Sie ihm denn mit Ihrer Sprache ein gutes Beispiel?"

„Natürlich, aber ..."

„Dann kennt er also gutes Englisch. Nützt es etwas, wenn Sie ihn ermahnen?"

„Offensichtlich nicht. Aber ..."

„Sie haben neue Entscheidungen getroffen. Werden Sie dabei bleiben, oder wollen Sie zu Ihren alten Gewohnheiten zurückkehren?"

„Ja, aber ..."

Ja, aber – der Hilferuf eines genervten Elternteils, der aufrichtig versucht, neue Verhaltensweisen einzuüben. Da Sie als Leser vermutlich keinen Therapeuten haben, der Ihnen über die Schulter guckt, müssen Sie sich selbst scharf beobachten. Sie haben einen mächtigen Verbündeten für Ihre Veränderung – eigentlich sogar zwei. Erstens wissen Sie jetzt besser, wie Ihre Familie funktioniert und wie Ihre Kinder denken. Zumindest können Sie sehen, was vor sich geht. Zweitens lassen die Schmerzen und der Druck, die auf Ihrem Kind lasten, automatisch nach, wenn sich in Ihrem Leben Veränderungen zeigen. Dadurch fällt es Ihrem Kind leichter, sein extremes Verhalten zu mildern.

Bei Tommy war es so, daß seine Eltern in ihm noch immer das Kind sahen, das nichts richtig machen konnte. Die Mutter schränkte seine Bewegungsfreiheit stärker ein, als es bei einem Kind in seinem Alter notwendig gewesen wäre. *Und Tommy erfüllte ihre Erwartungen.* Trotz aller guten Vorsätze war Tommy immer noch völlig in der alten Rolle gefangen. Und warum auch nicht? Sie war ihm vertraut, sie war bequem, sie war seine Art, auf die kollektiven Bedürfnisse der Familie einzugehen. Die alten Rollen und Abgrenzungen bleiben eine Bedrohung für das Wachstum und das Glück. Doch mit der Zeit werden die neuen Einstellungen ebenso vertraut.

Geben Sie sich regelmäßig Rechenschaft über die Stärken und Schwächen

Natürlich gibt es bei jedem Kind und jedem Erwachsenen Stärken und Schwächen. Wenn Sie sich über diese Stärken und Schwächen bei Ihren Kindern und bei sich selbst Rechenschaft ablegen, geht es nicht um Rollen, sondern um gottgegebene Talente. Das ist keine leichte Aufgabe.

Nehmen Sie als Beispiel Joey Trask. Sein Vater reitet, seine Mutter ist hervorragend in Form – sie achtet auf ihr Gewicht und joggt. Joey hingegen hat gerade dem Sport den Rücken gekehrt. Joey ist einfach nicht der Typ dafür.

Ähnlich, aber noch schlimmer war es bei Marcus Russo. Dreizehn Jahre lang spielte Marcus' Vater Basketball in der amerikanischen Nationalliga. Für Frauen gab es keine Karrieremöglichkeiten im Basketball, aber seine Mutter war sehr erfolgreich als Leichtathletin. Marcus' Schwester und seine drei Brüder trieben aktiv Sport und sammelten Pokale im Laufen oder (sein ältester Bruder) im Football. Nicht so Marcus.

Die Footballmannschaft von Marcus' Bruder nahm an der Landesmeisterschaft teil, und die Familie fuhr mit hin, um ihn anzufeuern. Als sein mittlerer Bruder und seine Schwester Medaillen bei den Westküsten-Ausscheidungen gewannen, sah die ganze Familie von der Tribüne aus stolz zu. Der kleine Bruder ist bereits ein hoffnungsvolles Talent in der Baseball-Jugendliga. Als Marcus und zwei seiner Freunde einen schwierigen Computer-Wettbewerb gewannen, war niemand da, der zusah, wie er den Preis entgegennahm. Marcus belegte den dritten Platz im Mathematik-Wettbewerb bei den Endausscheidungen für die staatlichen Stipendien. Seine Eltern hätten zu der Verleihungszeremonie gehen können – von ihrem Haus bis zu dem Ort, wo die Wettbewerbe stattfinden, ist es nur eine Stunde Fahrt –, aber just an diesem Tag war ein Spiel der Jugendliga, und da …

Gibt es in Ihrer Familie vielleicht auch jemanden, der übersehen wird, weil seine Begabungen nicht dieselben sind wie Ihre, weil er andere Interessen hat als Sie, weil seine Leistungen in Ihrer Welt nichts gelten? Die Sportseiten der Zeitungen berichten ausführlich über Schulwettkämpfe und Turniere. Akademische Leistungen erscheinen allenfalls auf der letzten Seite des Lokalteils, unter „Weitere Meldungen". Künstlerische Leistungen bleiben völlig unbeachtet. Lassen Sie sich nicht von den Massenmedien beeinflussen, wenn Sie die starken Seiten Ihrer Kinder feststellen wollen. Freuen Sie sich an den unterschiedlichen Begabungen!

Stärken und Schwächen bringen ein weiteres Problem mit sich, dessen Sie sich bewußt sein müssen. Kinder sind Meister darin, Schwächen herauszufinden und auszunutzen.

Jennifer Newport wäre mit ihren neun Jahren in der Lage gewesen, jede Schwachstelle aufzuspüren. Ihre Mutter auszuhebeln war für sie eine Kleinigkeit. Sie wußte intuitiv, daß sie ihrer Mutter Schuldgefühle einjagen konnte, und von diesem Instrument machte sie nach Kräften Gebrauch. Jennifers Zorn, ihre Frustrationen und ihre Ungeduld übermittelten Alice die Botschaft: „Ich bin keine gute Mutter, sonst würde Jenny sich nicht so benehmen." Alice war ein leichtes Opfer, da sie schon von vornherein von starken Selbstzweifeln geplagt war. Rob dagegen hatte so viel Vertrauen in seine Stärken, daß er sich weigerte, seine Verwundbarkeit einzugestehen. Er spaltete sie ab, und was mit abgespaltenen Eigenschaften passiert, wissen Sie: Sie schweben frei herum und landen früher oder später im Kreis eines anderen.

Jedes Teammitglied in einer Familie hat die Verantwortung, die Verwundbarkeiten der anderen nicht auszunutzen. Die Mitglieder des Teams sind dazu aufgerufen, einander zu lieben, und Ausnutzen hat nichts mit Liebe zu tun.

Auch dies ist eine Sache, in der die Eltern durch ihr eigenes Verhalten ein Vorbild sein müssen. Und dieses Vorbild wird für jede Familie einzigartig sein. Ihre Familie ist die einzige auf der Welt mit dieser speziellen Kombination von Stärken und Schwächen. Sie müssen darüber nicht diskutieren. Sie müssen sich aber damit auseinandersetzen, sie kompensieren, wo es nötig ist; kurz, Sie müssen sowohl Ihre Stärken als auch Ihre Schwächen unter Kontrolle halten.

Die grundlegende Frage bei all diesen Überprüfungen ist einfach. Was hat Gott mit Ihnen und jedem einzelnen Ihrer Kinder vor, sowohl als Individuen als auch als Familieneinheit? Nur wenn jeder sich zu den Leistungen aufschwingen kann, die Gott für ihn vorgesehen hat, kann auch jeder glücklich und zufrieden im Leben sein. Das läßt sich nicht aus einem Buch lernen, denn jeder Mensch ist in Gottes Augen einzigartig – Sie selbst ebenso wie Ihre Kinder.

Wie können Sie all dies verwirklichen? Eine von mehreren Möglichkeiten ist der regelmäßige Familienrat. Unserer Erfahrung nach bietet er in vielen Fällen das Forum, das Familien auf dem Weg der Heilung brauchen, um fest bei ihren neuen Entscheidungen und Einstellungen zu bleiben. Sprechen wir als nächstes über den Familienrat.

Das Team im Einsatz

Lida Armstrong ließ sich im Schneidersitz auf dem Fußboden nieder. Feierlich blickte sie ihren Achtkläßler Pete und ihre Elftkläßlerin Sarah an, die sich mit ihr zusammen im Kreis hingesetzt hatten.

„Ich erkläre hiermit den Kriegsrat für eröffnet. Unser erster Punkt heute sind Omas Vorschläge. Danach kommt die übliche Routine. Irgendwelche Anmerkungen?"

Pete und Sarah zeigten sich mit der Tagesordnung einverstanden.

Das Telefon klingelte. Niemand rührte sich. Nach dreimaligem Klingeln schaltete sich der Anrufbeantworter ein. Piep. Omas Stimme war laut und deutlich zu hören. „Warum geht ihr nicht ans Telefon? Ich weiß, daß ihr zu Hause seid. Schickt mir doch bitte Sarah herüber. Ich brauche ein paar Sachen aus dem Regal." Klick.

Sarah beobachtete das Gesicht ihrer Mutter.

Lida lächelte. „Erst erledigen wir unsere Angelegenheiten. Oma möchte, daß ich zu arbeiten aufhöre, damit ich immer zu Hause sein kann, und sie will, daß wir im Wohnzimmer neben der Treppe eine Doppelschwingtür einbauen, damit wir zwischen den Haushälften hin und her gehen können, ohne ums Haus herumgehen zu müssen. Sie kommt mit der Eingangstreppe nicht mehr gut zurecht. Was meint ihr dazu?"

„Worüber sprechen wir zuerst?"

„Fangen wir mit der Tür an."

„Es würde vieles leichter machen", ergriff Sarah das Wort. „Wenn sie etwas möchte, so wie jetzt, könnten wir einfach durch die Tür hinübergehen und es erledigen."

„Ja, aber unsere Privatsphäre könnten wir dann vergessen", wandte Pete ein. „Sie würde bestimmt dauernd wollen, daß wir hinübergehen, oder sie würde ständig hier bei uns sein. Du kennst sie doch."

Fünf Minuten lang erörterten sie Pro und Contra. Schließlich fragte Lida: „Sind die tapferen Krieger zu einem gemeinsamen Urteil gelangt?“

„Ich halte es für keine gute Idee“, meinte Pete und rutschte herum. Er konnte nicht sehr lange stillsitzen. „Ich glaube, wir verlieren dabei zuviel. Wenn Sie darauf besteht, da es nun einmal ihr Haus ist, sollten wir auf unserer Seite ein Schloß anbringen.“

„Dann würde sie ständig an die Tür klopfen. Mir gefällt es auch nicht, aber ich weiß nicht, was wir machen sollen.“ Sarah seufzte. „Wir haben eine Verpflichtung ihr gegenüber. Sie ist schließlich unsere Oma. Und deine Mutter.“

„Worin besteht unsere Verpflichtung?“

„Ich weiß nicht.“

„Versuche es.“

Sarah dachte eine Weile nach. „Für die Bedürfnisse zu sorgen, für die sie nicht selbst sorgen kann. Sie zu lieben. Das zu tun, was am besten für sie ist.“

„Das ist auch meine Meinung“, nickte Lida. „Also sind wir uns alle drei einig, daß es keine gute Idee ist. Erinnert ihr euch, wie wir letzte Woche über Abgrenzungen gesprochen haben? Ich glaube, es würde ihr mehr schaden als nützen, wenn sie zu abhängig von uns würde. In ihrem eigenen Interesse meine ich, wir sollten sie ermutigen, so weit wie irgend möglich allein zurechtzukommen.“

Sarah nickte heftig. „Ich helfe ihr gern bei Dingen, die sie nicht alleine schafft. Aber heute abend zum Beispiel. Sie braucht etwas vom Regal. Warum stellt sie es nicht einfach auf ein niedrigeres Regalbrett? Ich renne ständig hinüber, um ihr Sachen zu holen, die sie sich leicht selbst holen könnte, wenn sie die Sachen niedriger unterbringen würde. Oder wenn sie einfach aufstehen würde. Sie kann ganz gut aufstehen. Den Rollstuhl braucht sie nur zur Fortbewegung.“

„Mama? Wie ist es mit deiner Arbeit?“ Pete hockte sich auf die Knie. „Wirst du aufhören?“

„Was schlagt ihr vor?“

„Hör nicht auf. Wir können das Geld gut gebrauchen, und außerdem sagtest du letzte Woche, daß wir alle Interessen außerhalb der Familie haben sollten, damit wir uns nicht zu sehr ineinander verstricken. Das würdest du damit aufgeben."

„Ich bin ganz deiner Meinung. Wollen wir abstimmen?"

Bedächtig nickten die Häupter. Pete warf eine Murmel in die Mitte ihres Kreises. „Ich stimme dagegen, daß wir die Tür einbauen."

„Ich auch." Sarah fügte ihre Murmel hinzu.

„Und ich auch." Lidas Murmel rollte zu den beiden anderen. „Mein Job ist keinem Mehrheitsbeschluß unterworfen, aber ich erkläre hiermit meine Absicht: Ich werde nicht aufhören." Und damit legte sie eine weitere Murmel in die Mitte.

Pete legte eine blaue Murmel dazu, um seine Zustimmung zu signalisieren. Sarah folgte seinem Beispiel.

Der Familienrat

Durch die gemeinsamen Sitzungen mit einer ganzen Familie versuchen wir als Therapeuten ein Beispiel dafür zu geben, wie ein Familienrat zu Hause ablaufen könnte.

Ebenso wichtig wie die Probleme, die dabei verhandelt werden, ist die Symbolik der Familie, die sich zu einem gemeinsamen Ziel zusammentut. Ein regelmäßiger Familienrat macht einen stillschweigend vorausgesetzten Gedanken sichtbar: *Wir halten zusammen und lernen gemeinsam, mit Problemen fertigzuwerden. Das Leben ist nicht einfach, aber gemeinsam schaffen wir es besser.*

Ein Familienrat ist eine Zeit zum Gespräch. Kindern jedoch scheint der Ausdruck Familienversammlung oder Familienrat zuwider zu sein. Wenn Sie Ihre eigenen Familienversammlungen durchführen wollen, bitten Sie einfach Ihre Kinder um Vorschläge, wie die Sache genannt werden soll. Da Lida Armstrong zu einem Achtel eine Cherokee-Indianerin ist, entschieden sie und ihre beiden Kinder sich für ein indianisches Motiv. Pete war es, der auf die Idee mit dem „Kriegerrat" gekommen war.

Für lockere Atmosphäre sorgen. Ein Schuß Humor kann nie schaden. Sarah neigte zu großer Nüchternheit, während Pete viel herumalberte. Lida unterstützte beides.

Niemand sollte mit einer Abwehrhaltung in die Versammlung gehen. Es kann gut sein, daß Ihre schon etwas größeren Kinder Ihren ersten Versuchen, solche Versammlungen durchzuführen, mit einem gewissen Argwohn begegnen werden. Das ist doch nur wieder so ein Trick, um uns an die Kandare zu kriegen, oder? Du willst etwas von uns, stimmt's? Wenn Sie auf eine lockere, offene Atmosphäre achten, wird sich diese Abwehrhaltung verlieren.

Machen Sie sich keine Gedanken, wenn es etwas schwerfällig geht. Besonders am Anfang können Familienversammlungen sehr zäh sein. Die Beteiligten können noch nicht richtig ausdrücken, was sie denken, ältere Kinder verlieren die Geduld mit den jüngeren Geschwistern. Halten Sie durch – es wird mit der Zeit besser!

Jeder nimmt teil. Ab wann ist man alt genug für den Familienrat? Viele unserer Patienten nehmen Spielzeug mit an den Versammlungstisch, um das Interesse der Kleinkinder und Vorschulkinder zu wecken, die noch keine so lange Aufmerksamkeitsspanne haben wie ihre älteren Geschwister. Selbst Babys können sich schon als Teil des Familienrates fühlen, indem sie einfach auf dem Schoß oder im Hochstuhl dabeisitzen. Die Familienidentität, das kollektive Ego, wird schon allein dadurch gestärkt, daß die ganze Familie versammelt ist. (PS: Gerade die Kleinen werden Sie hin und wieder durch Beiträge erstaunen, die Sie nicht im geringsten erwartet haben. Sie haben oft einen sehr guten Blick.)

Familien, die mit Gott leben möchten, werden auch ihn einladen wollen, am Familienrat teilzunehmen. Man sollte sich bewußt machen, daß er sich für die Belange der Familie ebenso interessiert wie für die Ehe selbst.

Zur vollen Teilnahme gehört, daß zu manchen Fragen jeder eine Stimme hat, wenn auch nicht über alles abgestimmt werden kann. Zum Beispiel können die Kinder nicht durch einen einfachen Mehrheitsbeschluß erzwingen, daß es zum Abendessen Schokoladenkekse gibt. Ihnen ist sicher aufgefallen, daß es auch bei den Armstrongs zwei Kategorien von Fragen gab: Dinge, die einem Mehrheitsbeschluß unterworfen waren, und reine Absichtserklärungen.

Diese Familie drückte ihre Zustimmung oder Ablehnung in anschaulicher, greifbarer Form durch Murmeln aus. Die Mitglieder konnten alle mit eigenen Augen sehen, daß sie ein Mitspracherecht hatten. Das ist besonders wichtig für kleinere Kinder, denn es macht ein ansonsten abstraktes Konzept für sie nachvollziehbar. Lida erklärte ihre Absichten und gab ihnen durch eine Murmel eine sichtbare Gestalt. Den Kindern war es unbenommen, ihre Zustimmung zu verweigern, indem sie ihre Murmeln nicht dazulegten. In diesem Fall waren sie mit der Entscheidung einverstanden. Das war nicht immer so.

Einer leitet die Versammlung. Irgend jemand, wahrscheinlich der Vater, muß die Verantwortung dafür übernehmen, daß der Familienrat gut verläuft. Dieser Leiter muß auch dafür sorgen, daß sich jeder den anderen unterordnet und sie respektiert. Die Rollen von Eltern und Kindern sollen nicht verloren gehen, aber eine solche Versammlung sollte so demokratisch wie möglich ablaufen. Kinder sind verantwortlich für ihr eigenes Verhalten. Im Kriegerrat der Armstrongs achtete Lida darauf, ein positives Beispiel für offenes Geben und Nehmen zu geben und zu zeigen, daß Kompromisse in manchen Fällen erwünscht, in anderen jedoch unangebracht sind.

Regelmäßige Zusammenkünfte vereinbaren. Jeden Sonntagabend? Freitags nach dem Abendessen? In der Mitte der Woche? Wann paßt es am besten? Für welchen Zeitpunkt Sie sich auch immer entscheiden, suchen Sie sich einen regelmäßigen Termin aus und bleiben Sie dabei. Räumen Sie dem Familienrat eine hohe Priorität ein. Nur wenn die Eltern ihn wichtig genug nehmen, um ihre Zeitplanung danach einzurichten, werden auch die Kinder ihn ernst nehmen.

Jedes Thema, das einem Familienmitglied am Herzen liegt, ist wichtig. Für die Eltern ist die Häufigkeit von Spinat auf dem Speiseplan vielleicht nicht unbedingt ein vordringliches Thema. Ein Fünfjähriger sieht das möglicherweise anders. Also diskutieren Sie über Spinat.

Lida las eine Menge über die Wichtigkeit von Abgrenzungen. Die wesentlichen Punkte, die sie dabei lernte, gab sie als offizielles Erörterungsthema an ihre Kinder weiter. Das Thema war ihr wichtig, und sie wußte, daß es auch für die Kinder wichtig war. Gemeinsam hatten sie in der Woche zuvor ihre eigenen Abgrenzungen und die der Großmutter erörtert. Selbst Pete war für diese Gedanken offen, wenn sie ihn und seine Familie persönlich betrafen.

Fast kein Thema ist tabu. Fast. Es gibt Dinge, die besser unter vier Augen besprochen werden. Wenn solche Themen in den gemeinsamen Sitzungen auftauchen, arrangieren Sie feste Verabredungen zwischen den betroffenen Parteien, damit diese sich später untereinander damit befassen können.

Zu den Tabuthemen gehört vor allem alles, was zu einem emotionalen Inzest führen könnte. Manchmal sollten auch Beschwerden einer Person gegen eine andere unter vier Augen besprochen werden und nur dann vor die Familie gebracht werden, wenn einer der beiden mit dem Ausgang unzufrieden bleibt. In Matthäus 18 gibt Jesus eine gute Richtlinie dafür: Wenn jemand etwas gegen einen (geistlichen) Bruder hat, soll er unter vier Augen mit ihm darüber sprechen. Wenn das zu keiner zufriedenstellenden Lösung führt, soll er gemeinsam mit zwei Freunden noch einmal auf den Bruder zugehen. Wenn eine oder beide Parteien danach immer noch unzufrieden sind, wird der Fall vor die ganze Versammlung getragen.

Indem Sie die Themen möglichst offen lassen, können Sie besser wahrnehmen, was genau Ihren Kindern auf der Seele liegt. Dieses Wissen kann Ihnen helfen, den Grad ihrer Abhängigkeit oder Unabhängigkeit zu beurteilen, also die Stärke ihrer Identität. Vor allem jedoch zeigen Sie ihnen dadurch, daß Sie ihre Probleme ernst nehmen und zu ihnen stehen.

Das oberste Ziel heißt Kommunikation. Der Familienrat soll kein Forum sein, auf dem die Eltern Predigten halten können. Unterweisung und Ermahnung haben in diesen Versammlungen nichts zu suchen. Hier hat jeder die Gelegenheit, auszudrücken, was in seinem oder ihrem Leben vor sich geht. Am Anfang werden Kinder nur oberflächliche Dinge sagen, aber wenn sie merken, daß sie die Freiheit dazu haben, werden sie auch tiefer graben. Worauf es ankommt, ist, daß jeder dem anderen zuhört. *Zuhören* – das ist der Schlüssel.

Die Auswahl der Themen

Lida wählte die wichtigste Frage zuerst aus, nämlich was bezüglich Oma geschehen sollte. Falls die Kinder danach unruhig würden und die Konzentration nachließe, wäre wenigstens das wichtigste Thema erledigt. Andere mögliche Themen sind die folgenden:

- Wichtige Fragen und bevorstehende Familienunternehmungen;
- Pläne der einzelnen Mitglieder;
- Reibungspunkte;
- Bekommt jeder genug Aufmerksamkeit? Fühlt jemand sich vernachlässigt?
- Gefühle;
- Feiern und Trauern.

Gemeinsam den Dingen auf den Grund gehen

Joey Trask betrat Dr. Warrens Sprechzimmer und ließ sich mit einem verlegenen Grinsen in seinen angestammten Sessel fallen.

Dr. Warren musterte die Frisur des Jungen. Er reckte den Hals, um sich den Nacken anzusehen; Joey drehte hilfsbereit den Kopf.

Dr. Warren lächelte, nickte und setzte sich wieder in seinen Sessel. „Ich versuche mich zu erinnern, wo ich schon einmal einen solchen Haarschnitt gesehen habe. Jetzt fällt es mir ein! Der Mittelstürmer der ‚Cowboys', wie heißt er noch? Neulich wurde er auf Kanal 5 interviewt. Meine Frau meinte, er sei ziemlich begehrt bei den Damen. Die Frisur steht dir ebenso gut wie ihm."

„Papa meint, im Nacken sei es noch zu lang, aber es scheint ihm einigermaßen zu gefallen."

„Er wird sich daran gewöhnen."

„Mama kommt gleich. Sie mußte noch kurz mit einer Sekretärin sprechen."

„Wie geht es deinem Vater?"

„Gut. Er versucht immer noch, mich zum Fußballspielen herumzukriegen."

„Und wie denkst du jetzt darüber?"

„Ich habe eine Menge über Fußball nachgedacht, wissen Sie. Es hat mir eigentlich nie gefallen, all die Jahre, die ich gespielt habe. Ich war ganz gut, aber Spaß hatte ich nicht daran, nicht einmal, wenn wir gewonnen haben."

„Gibt es andere Sportarten, die dir Spaß machen?"

„Nö. Ich habe gehört, daß die Schule, auf die ich nächstes Jahr gehe, eine Golf-Mannschaft aufstellt. Das klingt interessant. Vielleicht versuche ich es damit."

„Hast du deinem Vater davon erzählt?"

„Ein bißchen. Er war nicht sehr beeindruckt. Für ihn ist etwas nur dann ein richtiger Sport, wenn es bei der Olympiade vorkommt, wissen Sie?"

Beth Trask kam lächelnd herein, um bei Joeys letzter Sitzung dabei zu sein, und setzte sich. Nach ein paar Begrüßungsworten kam sie gleich zur Sache. „Walter und ich haben uns letzte Woche lange über Joey unterhalten. Walter glaubt nicht, daß Sie Joeys Verhalten, was Musik und Haare und so weiter angeht, richtig beurteilen."

„Wie stehen Sie dazu?"

„Ich bin sicher, daß Sie recht haben, denn bei mir hatten Sie und Dr. Hemfelt auch recht. Als Dr. Hemfelt und ich uns über meine tiefsten Gefühle unterhielten, habe ich zum ersten Mal gemerkt, was ich wirklich empfinde."

„Können Sie Dr. Hemfelts Bemerkungen zusammenfassen?"

„Ja. Mein Vater war ebenso diktatorisch wie Walter. Damit habe ich mich nie ausgesöhnt, und ich habe auch nie dagegen rebelliert. So wurde es zu einem unerledigten Geschäft, das sich auf Joey übertragen hat."

Dr. Warren nickte. „Sie und Joey haben schon darüber gesprochen, nehme ich an."

„Ja. Und ich glaube, daß Dr. Hemfelt recht hatte, als er sagte, daß ich im Grunde Joeys rebellisches Verhalten in gewisser Hinsicht genossen habe. Es war das, was ich als Kind immer tun wollte und nie konnte. Ich habe Joey eine laute, unausgesprochene Botschaft gesandt: ‚Ich bin froh, daß endlich mal einer aufmuckt' – und ich habe es nicht einmal selbst bemerkt."

„Ja", schaltete sich Joey ein. „Als du mich fragtest, warum ich mir solche Musik anhöre und solche T-Shirts trage und so, sagte ich: ‚Weiß ich nicht.' Ich dachte, ich wollte nur deiner Frage ausweichen, aber als ich darüber nachdachte, merkte ich, daß ich es wirklich nicht wußte."

Dr. Warren sprach beide an. „Wo es Kodependenzprobleme gibt, heißt die stillschweigende Devise fast immer: ‚Nichts fühlen, nichts sagen, nichts denken.' Das hilft aber überhaupt nicht weiter, wenn man sich über seine wahren Gefühle klarwerden will. Sie haben beide wirklich vielversprechende Schritte getan."

„Es ist eigentlich nicht Walters Schuld", sagte Beth. „Da ist zum Beispiel sein alkoholabhängiger Vater. Seine ganze Neigung, sich einzumischen und alles kontrollieren zu wollen, ist verständlich; ‚Ich gebe ihm, was ich selbst niemals hatte', sagt er immer, ‚und Joey weiß es nicht zu schätzen.' Das tut ihm wirklich weh. Er versteht es einfach nicht."

„Stimmt", fügte Joey hinzu. „Ich schätze, er versucht mir einfach zuviel von dem zu geben, was er niemals hatte."

„Eine gute Einsicht, gut ausgedrückt“, lächelte Dr. Warren. „Wie sind Ihre Pläne für die Zukunft?“

Beth lachte. „Walter meint, ein Familienrat sei Unsinn, und er will sich nicht mit Joey zusammensetzen und mit ihm reden, solange Joey sich nicht zusammenreißt und wieder Sport treibt.“ Sie hob einen Finger, und ihre Augen funkelten. „Aber ... über eine Sache hatte ich schon immer die Kontrolle: das Mittagessen am Sonntag. Also habe ich das Essen nach dem Gottesdienst in eine Art Familienrat verwandelt, freilich ohne es Walter so zu erklären. Wenn Walter anfängt, Joey Predigten zu halten, sage ich einfach: ‚Keine Reibereien, bitte‘, und wechsele das Thema. Jetzt führen wir statt dessen sogar richtige Gespräche.“

„Wie empfindest du das, Joey?“ fragte Dr. Warren.

Wieder dieses Achselzucken. „Ich finde es in Ordnung. Eine Zeitlang habe ich mich gefragt, ob wir damit Papa nicht etwas vorlügen oder unehrlich sind, aber ich glaube nicht. Ich denke, er weiß genau, was vorgeht, aber er muß sein Gesicht wahren. Er muß es einfach so aussehen lassen, als hätte er sich nicht geändert und wäre immer noch der Boß. Damit kann ich leben.“

„Heißt das, daß dein Vater anfängt, seine Erziehungsmethoden zu ändern?“

Joey schaute seine Mutter an.

Beth runzelte die Stirn. „Ich glaube schon, in gewisser Hinsicht. Neulich zum Beispiel haben wir uns über Joeys schulische Leistungen unterhalten. Er meinte, Joey müßte härter arbeiten und mehr leisten. Ich sagte, daß wir ihn nicht dazu zwingen können. Wir haben es versucht, und es war ein Fehlschlag.

Ich glaube, ich konnte ihn davon überzeugen, daß der richtige Weg darin besteht, einfach zu sagen: ‚Joey, deine schulischen Leistungen sind deine Sache. Wenn du versagst, liegt es nicht daran, daß du dumm bist, sondern daran, daß du dir keine Mühe gibst. Wir helfen dir gerne, aber wir übernehmen nicht die Verantwortung dafür. Die Verantwortung liegt bei dir.‘ Wir erwarten von ihm, daß er versetzt wird. Alles andere ist seine Sache. Whalon meint, wir machen ihm nicht genug

Druck, aber er ist einverstanden, es auf diese Weise zu versuchen."

„Wie steht es mit Veränderungen bei Ihnen selbst?"

„Ich glaube, ich kann jetzt aus tiefstem Herzen bejahen, daß Joey erwachsen wird. Ich glaube, ich habe mich mit der Tatsache ausgesöhnt, daß ich meinen kleinen Jungen nicht zurückbekommen kann."

Von hier aus weitergehen: Reintegration

Schauplatz: Freitag, im Eßzimmer nach dem Abendessen. Die Kolbins versuchen, einen informellen Familienrat durchzuführen, um das Wochenende zu planen.

Regina:	Kann ich aufstehen?
James:	Wir wollen uns noch darüber unterhalten, was wir an diesem Wochenende machen. Bitte hilf uns dabei.
Regina:	Aber meine Lieblingssendung fängt an. Du hast gesagt, ich darf sie sehen.
Melanie:	Dann laß uns die Sache schnell erledigen. Wir dachten, wir könnten morgen einmal in den Zoo gehen. Hättest du Lust dazu?
Regina:	Ja. Kann ich jetzt gehen?
Gerald:	*(Windet sich auf seinem Hochstuhl und versucht herunterzusteigen.)*
James:	*(Hebt Gerald aus dem Hochstuhl und setzt ihn ab.)* Ach, verschwindet. Alle. *(Victor und Regina flitzen in Richtung Wohnzimmer davon. Das Baby krabbelt auf Melanies Schoß. James setzt sich wieder.)*
James:	Es ist sinnlos. Diese Sache mit dem Familienrat funktioniert bei uns einfach nicht.
Melanie:	Sieh es mal von ihrem Standpunkt aus. Sie sind noch nie im Zoo gewesen. Gina hat in Büchern davon gelesen; das ist alles. Vic hat das Wort Zoo noch nie gehört. Das ist alles noch ziemlich neu für uns. Laß uns nicht so schnell aufgeben.

Ende der Szene.

Was die Kolbins hier zustande brachten, war in Wirklichkeit erheblich besser, als James dachte. Anstatt sofort wegen des mangelnden Interesses der Kinder ungeduldig zu werden, war Melanie besonnen genug, die Sache aus der Perspektive der Kinder zu betrachten. Sie versuchte, die Kinder besser zu verstehen – „sie da abzuholen, wo sie sind", um den strapazierten Ausdruck zu zitieren. James beteiligte alle an einer Entscheidung, die alle betraf. Die Versammlung war im Grunde sehr erfolgreich, denn sie erreichte genau das, was eine solche Familienversammlung erreichen sollte, wie informell sie auch abläuft: Sie brachte die ganze Familie zusammen, um über Dinge zu sprechen, die alle angingen. Und die Kinder beteiligten sich daran in dem Maße, wie man es von Kindern in ihrem Alter erwarten kann.

Die Rekonstruktion des Wolkenkratzers

Wir erwähnten in einem früheren Kapitel, daß der Wolkenkratzer des Lebens eines Kindes immer höher steigt und daß es nicht immer möglich ist, zurückzugehen und die Stockwerke neu aufzubauen, die nicht von Anfang an richtig konstruiert wurden. Manchmal können wir nicht mehr erwarten, als die instabilsten Stockwerke abzustützen. Die Kolbins schickten sich an, genau das zu tun.

Weg mit den Mythen

In der Arbeit mit Familien stellen Dr. Warren und Dr. Hemfelt immer wieder fest, daß sie den Eltern den fatalen Gedanken austreiben müssen, freie Zeit sei verschwendete Zeit. Die Kolbins hätten auch beschließen können, einfach zu Hause zu bleiben und sich dort zu beschäftigen. Den Rasen zu mähen. Mit den Kindern etwas zu spielen. Vogelhäuser zu bauen. Auf dem frisch gemähten Rasen ein Croquet-Spiel aufzubauen. Die Garage aufzuräumen. Vielleicht den Wagen zu waschen. Mit den Kindern ein paar Würstchen und Holzkohle einzukaufen und zu grillen.

In unserer hochtechnisierten, gehetzten Zeit fällt es vielen Familien immer schwerer, sich einfach zurückzulehnen und sich eine schöne Zeit zu machen. Doch gerade diese entspannte Atmosphäre, in der man das Leben einfach genießt, fördert den Familiensinn der Kinder mehr als alles andere.

Machen Sie es nicht zu kompliziert

An diesem Wochenende nahmen sich die Kolbins etwas vor, das keine aufwendige, detaillierte Planung erforderte. Es war keine Unternehmung, die schon eine Woche im voraus genau terminiert werden mußte. (Wenn die Kinder größer werden und Fahrkartenkäufe, Reservierungen, Reisevorbereitungen und dergleichen mit ins Spiel kommen, werden auch die Planungen etwas konkreter werden müssen.)

Eltern, die an unstrukturierte Familienaktivitäten nicht gewöhnt sind, neigen dazu, bei den Worten „Spaß mit den Kindern" immer gleich an Disneyland oder dergleichen zu denken. Doch solche großen Unternehmungen müssen keineswegs jedes Wochenende stattfinden – es ist schon toll genug, wenn man sich so etwas ein- oder zweimal im Leben gönnt.

Für die Kolbins jedoch war ein Tag im Zoo genau die richtige Idee. Außer dem Eintrittsgeld fallen dabei kaum Ausgaben an, zumal Melanie für das Mittagessen einen Picknick-Korb gepackt hatte.

Beachten Sie, daß die Kolbins nicht bis zum nächsten Morgen warteten, bevor sie mit der Idee herausrückten, in den Zoo zu gehen. Wenn Sie mit kleinen Kindern etwas unternehmen wollen, ist es ratsam, morgens zügig in Gang zu kommen.

Achten Sie auf persönliche Atmosphäre

„Wissen Sie", sinnierte Rob Newport, „heutzutage hört man kaum noch den Ausdruck ‚Sonntagsfahrer'. Früher nannte man so einen Autofahrer, der unterhalb der zulässigen Höchstgeschwindigkeit die Straße entlangschlich und sich die Landschaft anschaute. ‚Sonntagsfahrer' war eine abfällige Bezeichnung, und man mußte nicht am Sonntag fahren, um sie sich zu verdienen. Als ich klein war, machten wir öfter so eine ‚Sonntagsfahrt'. Wir fuhren einfach spazieren und schauten uns die Landschaft an. Ich schätze, heute tut das niemand mehr."

Nur wenige tun es. Dabei ist es eine so einfache Sache. Doch solche Aktivitäten sind für Kinder ein großer Gewinn, wobei es nicht so sehr auf das Spazierenfahren ankommt als darauf, daß man sich darüber unterhält, was man sieht, und dergleichen – solche Dinge geben Kindern das Gefühl dazuzugehören und helfen allen, einander besser kennenzulernen. Aus Umweltschutzgründen wäre eine Radtour übrigens noch viel besser.

Ein anderes Beispiel: Gemeinsam ins Kino gehen als solches ist viel wichtiger als der Film selbst. Die Bindung zwischen Eltern und Kind wird dadurch gestärkt, daß man sich gemeinsam auf den Weg macht, die Eintrittskarten kauft, das Popcorn aussucht und vor allem vorher und hinterher über alles redet. *Kurz, für die Beziehungen zu Kindern kommt es mehr auf den persönlichen Umgang miteinander an als auf die Aktivitäten selbst.*

Um einen soliden Wolkenkratzer zu bauen und die instabilen Stockwerke abzustützen, brauchen Sie den persönlichen, engen Kontakt zu Ihrem Kind. Alles andere ist zu wenig.

Den Anfang machen

Fangen Sie an, solange die Kinder noch klein sind

Es ist sehr schwer, mit der Familie entspannte Aktivitäten zu genießen, wenn man das noch nie zuvor getan hat. Noch schwerer wird es, wenn man keine Hintergrunderfahrungen hat.

Beth Trask mußte das bald erfahren. Ihr Vorschlag „Warum unternehmt ihr beide nicht einmal etwas Schönes zusammen, du und Papa?" wurde sowohl von Joey als auch von Walter mit Verachtung zurückgewiesen. Walter geriet regelrecht in Verlegenheit. Als Trainer und Spieler aufs Fußballfeld zu gehen ist eine Sache. Aber etwas „Schönes" zu unternehmen, ohne dabei ein konkretes Ziel der Persönlichkeitsentwicklung zu verfolgen, erschien ihm geradezu unmännlich. Frauen gingen in der Stadt „bummeln" und liefen ohne ein klares Ziel herum; genauso kam ihm auch diese Idee vor. Joey seinerseits mißdeutete den Vorschlag als neuerlichen Versuch, ihn dazu zu bringen, sich zu beugen und wieder das liebe kleine Kind von früher zu sein.

Etwas Schönes. Etwas, das Spaß macht. Trotz all der Aktivitäten, mit denen sich die Trasks beschäftigten, hatten sie keine klare Vorstellung davon, was ihnen Spaß machte. In der Vergangenheit hatte fast immer Walter entschieden, was unternommen wurde, und er wählte die Aktivitäten nach ihrem erzieherischen Wert aus. Würde dieser Ausflug uns klüger machen? Stärker? Besser organisiert? Geistlicher? Wenn nicht, vergessen wir es. Der Spaß blieb außen vor.

Spaß haben will gelernt sein

Kinder aus früheren Generationen würden bei diesem Gedanken verwundert blinzeln. Einem Kind beibringen, wie man Spaß hat? Kinder haben den Spaß erfunden! Doch in unserer Praxis begegnen wir heute vielen Kindern, deren Leben so organisiert abläuft oder so sehr von Fernsehen und Videos eingenommen ist, daß sie keine Ahnung haben, wie man spielt und Spaß hat. Allzu oft wissen es auch die Eltern nicht – sie haben es schlicht vergessen.

In der Therapie wenden wir uns zunächst den einzelnen zu, Dr. Hemfelt den Erwachsenen und Dr. Warren den Kindern, und versuchen ihnen verstehen zu helfen, was Spielen und Spaß bedeutet. Wenn die Familie dann zusammenkommt und sich als Einheit reintegriert, ergibt sich der Spaßaspekt als Nebenwirkung.

Um herauszufinden, was den einzelnen Familienmitgliedern Spaß macht, könnten wir zum Beispiel mit einem Kind einen Spielzeugkatalog durchgehen. „Hier ist ein Lego-Baukasten. Hast du schon einmal damit gespielt? Hier auf dem Bild haben sie ein Flugzeug zusammengesetzt. Wie könnten wir daraus ein Boot machen?" Mit Erwachsenen könnten wir entsprechend verschiedene Hobby-Zeitschriften durchgehen.

Besonders Kindern machen wir oft vor, wie man spielt. Ein zweijähriges Kind ist wahrscheinlich ziemlich gut im Spielen. Aber das ist ungefähr das Alter, in dem viele Kinder anfangen, Fernsehen in rauhen Mengen zu konsumieren. Mit drei Jahren haben viele die Fähigkeit zum Spielen durch mangelnden Gebrauch schon wieder verloren. Ob sie nun zwei, drei, sechs oder zwölf Jahre alt sind, wir setzen uns mit den Kindern einfach auf den Fußboden und spielen mit ihnen.

Probieren Sie gemeinsam Dinge aus

Sowohl in der Praxis als auch in diesem Buch vermeiden wir es, Patentrezepte anzubieten, damit unsere Patienten und Leser nicht versuchen, einfach „idiotensichere" Methoden zu übernehmen, ohne über die Konzepte nachzudenken, die dahinterstecken. Nicht was Sie als Familie tun, ist entscheidend, sondern der Prozeß, gemeinsam etwas zu unternehmen. Mit anderen Worten, tun Sie nicht irgend etwas, das Sie in einem Buch gelesen haben, sondern lassen Sie sich bewußt auf den Prozeß ein.

Wenn spontane, entspannte Freizeitaktivitäten bei Ihnen bisher nicht vorkamen, empfehlen wir, mit kleinen Dingen anzufangen, die etwa eine oder zwei Stunden dauern. Schmücken Sie den Weihnachtsbaum zusammen. Gehen Sie in den Stadtpark und versuchen Sie, die Bäume zu bestimmen. Heben Sie sich die größeren Tagesunternehmungen auf, bis Ihre Familie zu einer gewissen Einheit gefunden hat.

Lassen Sie, wie die Kolbins, zumindest manchmal die Familie als Gruppe entscheiden, was sie unternehmen will. Gelegentlich können die Eltern auch einmal eine Aktivität von oben her verordnen. Immer jedoch müssen die Eltern die Richtlinien setzen – illegale oder gefährliche Aktivitäten müssen ausgeschlossen bleiben.

„Joey, ich gebe dir zehn Dollar, wenn du mich dieses T-Shirt verbrennen läßt." Walters Angebot war kein Scherz.

„Nichts zu machen, Papa! Ich habe zwölf Dollar dafür bezahlt."

„Ja, aber es ist gebraucht. Na schön, zwanzig."

„Es ist unverkäuflich."

Ein paar Monate nach Joeys zwölftem Geburtstag, als seine Haltung immer rebellischer wurde, versuchte sein Vater mit solchen und ähnlichen Lockangeboten, seinen Jungen zur Räson zu bringen. „Zehn Dollar plus Friseurkosten, wenn du dir einen ordentlichen Haarschnitt verpassen läßt." „Sieh zu, daß du diese Rock-Kassetten loswirst, dann gebe ich dir wieder Taschengeld." Joey hätte seine Schafe ins Trokkene bringen können, hätte er seine Karten anders ausgespielt. Aber einem Zwölfjährigen sind Prinzipien wichtiger als Geld.

Rob Newport versuchte es bei Jennifer mit einem ähnlichen Belohnungssystem. „Wenn du es schaffst, daß Mama dich den ganzen Tag über nicht anschreien muß, darfst du heute abend eine Stunde länger fernsehen." Das funktionierte nicht besser als die Bestechungsversuche bei Joey.

Ein Kind mit Geld oder Sachen zu belohnen trägt nichts zum Aufbau einer soliden Familie oder zur gesunden Entwicklung des Kindes bei. Belohnen Sie das Kind statt dessen mit persönlicher Zuwendung.

Bestechungen wie die, mit denen Walter Trask sein Glück versuchte, können die familiären Bindungen nicht stärken. Zur Reintegration der Familie gehört der Kontakt von Person zu Person. Beziehungen sind der Kern des Daseins eines Kindes, und sie sind immer höher einzuschätzen als materielle Belohnungen.

Als wir Alice Newport diese Empfehlung gaben, nahm sie sie sich zu Herzen und sagte zu Jennifer: „Wenn du ganz schnell dein Bett machst und deine Sachen aufhängst, haben wir noch Zeit für eine Runde Mau-Mau, bevor du in die Schule mußt. Aber zuerst muß die Arbeit erledigt sein."

Wenn Kinder ins Jugendalter eintreten, suchen sie stärker den Kontakt zu Gleichaltrigen und nicht mehr so sehr zu den Eltern.

Beth Trask war schließlich bereit, das zu akzeptieren. Bei einer Gelegenheit zum Beispiel sagte sie zu Joey: „Wenn ihr Lust habt, fahre ich dich und Barry nachher zum Einkaufszentrum. Aber erst mußt du deine Hausaufgaben fertig haben."

Engagement

Spielen ist wichtig, aber nur spielen und nie arbeiten ist nicht genug.

Wir wollen nicht nur, daß unsere Kinder die Chance haben, glücklich zu werden, wenn sie heranwachsen, sondern wir wollen auch ihren Idealismus fördern, ihren Blick für andere.

Das kollektive Familienego stärken

Lida Armstrong wuchs auf einem Milchviehhof auf. „Es gibt nichts", sagt sie, „absolut gar nichts, was einen so sehr anbindet wie diese elenden Kühe." Jeden Tag zweimal nahm das Melken einen für Stunden in Anspruch. Dann war die Melkmaschine zu spülen; sämtliche Oberflächen aller Schläuche und Apparaturen mußten sterilisiert werden. Schließlich wurde der Melkstall mit dem Schlauch abgespritzt und gereinigt. Kaum war man damit fertig, wurden schon wieder die Kühe hereingebracht, und alles begann von vorn.

Lida wuchs in den Ställen auf. Mit acht Jahren wusch sie die Euter der Kühe unmittelbar vor dem Melken. Mit zehn half sie mit, den Melkstall zu reinigen. Mit zwölf bediente sie die Melkmaschinen. Der Hof ihrer Familie war eher klein und nicht nach dem letzten Stand der Technik ausgestattet, so daß sie noch mit fünfzehn die letzte Milch per Hand ausmelken mußte, nachdem die Schläuche der Melkmaschinen entfernt waren.

„Sie können sich nicht vorstellen, wieviel Sklavenarbeit in einem Liter Milch steckt“, sinnierte sie. „Aber uns fiel das gar nicht auf. Ich meine, wir Kinder haben uns ständig über die Arbeit beschwert, aber wir haben nicht darüber nachgedacht. Wir hielten uns nicht lange damit auf oder dachten, wir würden ausgebeutet oder dergleichen. Es war ein Teil unseres Lebens, ein Teil unserer Familie. Und wir mochten die Kühe wirklich gern.“

„Mußten Sie in der Schule viel Spott ertragen?“ fragte Dr. Warren.

„Nicht sehr viel. Freilich hatten meine Freundinnen aus der Stadt keinen blassen Schimmer davon, was Arbeit ist. Jackie war noch am nächsten dran; sie trug Zeitungen aus. Aber wenn sie fertig damit war, war sie fertig. Und ihre Familie hatte nichts damit zu tun; es war allein ihre Sache. Unser Hof war Sache der ganzen Familie.“

Lida Armstrong lernte wichtige Lektionen, die ihre Freundinnen aus der Stadt versäumten. Schon als Kind lernte sie, wie wichtig es ist, gut für etwas zu sorgen, das von ihr abhängig war. Sie erfuhr, was es heißt, ihre Energie in jemanden anderes zu investieren. Und sie erfuhr, was es heißt, zu einer Familie zu gehören. Ein Familienprojekt wie der Hof ihrer Eltern stärkt diese gemeinsame Identität, das kollektive Ego der Familie. Sie gehörte dazu, und das ist es, was ein Kind am meisten braucht.

Vermutlich kommt es für Sie nicht in Frage, jetzt loszugehen und sich einen Bauernhof zu kaufen. Doch zum Glück gibt es auch einfachere Möglichkeiten, die Reintegration der Familie zu fördern. Behalten Sie das Ziel im Auge: Die Familienidentität zu stärken und die Kinder zu einem integralen Bestandteil dieser Familie werden zu lassen, denn sie werden ihre Identität zu einem großen und notwendigen Teil aus ihrer Familie beziehen.

Wir haben festgestellt, daß Familien von karitativen Unternehmungen immens profitieren können. Solche gemeinsamen Aktivitäten empfehlen wir jeder Familie.

Eine Kleinstadt im Osten von Texas war eines Morgens um zwei Uhr auf den Beinen, um einen spektakulären Brand in der Hauptstraße zu beobachten. Ein Einfamilienhaus ging in Flammen auf, die viele Meter hoch in die Luft aufloderten. Die sechsköpfige Familie hatte sich in Sicherheit bringen können, doch ihr Haus und ihr gesamter Besitz waren dahin. Der örtliche Wohltätigkeitsverein veranstaltete ein Benefiz-Grillfest zu ihren Gunsten, doch die Altkleidersammlung organisierte ein Zehnjähriger namens Mark Fry.

Mark war einer der Einwohner, die von den Sirenen geweckt worden und aufgestanden waren, um das Spektakel zu beobachten. Am nächsten Tag verkündete er beim Abendessen, er wolle Altkleider und alte Haushaltsgeräte sammeln. Er hatte sogar schon einen ziemlich ausgeklügelten Plan, um die Spenden der Nachbarn einzusammeln. Sein Vater hätte die Idee an den Wohltätigkeitsverein weiterleiten können, der vielleicht besser ausgerüstet gewesen wäre, um den Plan durchzuführen, aber er kannte seinen Sohn gut (und das ist ein wichtiger Schlüssel). Er sagte: „Wenn du diese Sache anfängst, mußt du sie auch durchziehen. Ich stehe hinter dir, aber ich werde dir nicht die Arbeit abnehmen. Wenn du es trotzdem willst, dann pack es an!“

Mark legte sich eine Sammelroute zurecht. Er rief die Nachbarn an, bat um Spenden und kündigte an, wann er kommen würde, um sie abzuholen. Einen örtlichen Bauunternehmer konnte er bewegen, einen Lastwagen mit Fahrer zur Verfügung zu stellen. Er sicherte sich zwar die Mithilfe seiner Familie, aber seine Eltern übernahmen nicht die Regie. Es war Marks Unternehmen, von Anfang bis Ende.

Als die ausgebrannte Familie von ihrem Motelzimmer in eine leerstehende Mietwohnung umzog, fuhr der Lastwagen vor – fast vollständig mit Kleidung und gebrauchten Möbeln gefüllt.

Es gibt nicht viele Zehnjährige, die ein so umfangreiches Projekt bewältigen könnten, aber die Schlüssel zu Marks Erfolg können für jedes Familienprojekt von Nutzen sein.

- Marks Vater versprach: „Ich stehe hinter dir." Das ist es, was Kinder brauchen, wie umfangreich ihre Vorhaben auch sind. Mark mußte sich nicht allein hinauswagen. Wäre er in ernsthafte Schwierigkeiten geraten, so wäre sein Vater zur Stelle gewesen. Ähnlich kann auch Ihre Familie bei verschiedenen Unternehmungen entweder als bewegender Faktor oder als Rückhalt mitwirken.
- Das Unternehmen war örtlich begrenzt und realistisch. Hätte Mark sich das Ziel gesetzt, den Hunger in der Welt zu beseitigen, so hätte ihm sein Vater völlig berechtigterweise davon abgeraten. Achten Sie darauf, daß ein Projekt, für das sich die Familie engagiert, mit den Möglichkeiten Ihrer Familie auch zu bewältigen ist.
- Die Familie bekam Ergebnisse zu sehen. Kinder leisten am meisten, wenn sie mit greifbaren Dingen arbeiten. Geht uns das nicht allen so?
- Das Entscheidende wurde der Einsatz für andere. Mark tat das nicht, um sich in ein gutes Licht zu rücken. Er tat es nicht, um seiner Familie zu nützen. Er beobachtete den Brand und dachte an die schrecklichen Verluste dieser Familie. Er konnte helfen! Und er tat es. Doch ohne die vereinte Unterstützung seiner Familie im Rücken hätte er es nicht schaffen können.

Zusammenarbeit

Im allgemeinen stellen wir fest, daß Familien davon profitieren, wenn sie sich für das Wohlergehen anderer engagieren. Manche sparen Geld, um es den Armen zu geben. Manche bereiten Mahlzeiten für Leute zu, die nicht mehr in der Lage sind, ihre Wohnung zu verlassen. Sie basteln Spielzeug für die Kinderstationen der Krankenhäuser oder für Weihnachtskampagnen. Die Kolbins beschlossen, ein Tier im Zoo zu „adoptieren"; sie lasen die Liste der Tiere aus dem Adoptionsprogramm des Zoos durch und ließen die Kinder aussuchen. Einige suchen sich auch eine Sache, die sie als Familie unterstützen wollen. Normalerweise machen wir keine konkreten Vorschläge dazu, aber wir bieten Richtlinien an.

Es sollte wirklich die ganze Familie beteiligt sein. Nehmen wir zum Beispiel an, daß die ganze Familie Krentz gegen Euthanasie demonstriert. Mit dabei ist auch ihre sechsjährige Tochter und schwenkt ein Schild mit einem Plakat. Sie fragen das Kind, was Euthanasie bedeutet. Das Mädchen runzelt die Stirn. „Weiß ich nicht." In diesem Fall ist nicht die ganze Familie Krentz wirklich beteiligt, sondern die Eltern stehen voll hinter der Sache und haben die Kinder vor ihren Karren gespannt. Damit mögen sie ihnen ein gutes Vorbild geben, aber es fördert nicht die familiäre Gemeinschaft.

Als die Parsons als Familie gemeinsam das örtliche Tierheim unterstützten, war das wirklich ein Familienunternehmen – alle Familienmitglieder verstanden, was sie da taten, und es war ihnen allen wichtig.

Überfordern Sie niemanden. Die Familie Parsons verstrickte sich so sehr in die Arbeit mit dem Tierheim, daß sie jedes Wochenende dort verbrachten. Als Vater Parsons die Lage erkannte, mußte er sagen: „Holla! Wir stecken allmählich so tief in dieser Sache drin, daß wir alles andere vernachlässigen, einschließlich unserer Beziehung zueinander. Dieses Wochenende werden wir hinaus aufs Land fahren, ein Picknick machen und uns entspannen."

Vermeiden Sie mögliche kodependente Bindungen. Was einem Diener am schwersten fällt, ist, eine feste persönliche Abgrenzung zu wahren. Das gilt auch für Familien. Wenn Sie als Eltern erkennen, daß die Menschen, denen Sie dienen, immer abhängiger von Ihrer Familie werden, besonders dann, wenn Ihre Familie den Leuten, denen Sie dienen, persönlich begegnet, dann ist es an der Zeit, die Abgrenzungen zu überprüfen.

Dr. Warren spielte sein vorletztes Dominospiel mit Jennifer. „Brian und ich haben uns viel über sein Bedürfnis unterhalten, alles in Ordnung zu bringen, und besonders darüber, daß er immer den Papa für dich spielen will. Ich glaube, er macht Fortschritte. Was meinst du?“

„Ich weiß nicht.“ Jennifer griff nach einem Dominostein. „Er gibt sich nicht mehr so steif, und er schreit mich nicht mehr dauernd an und sagt mir, was ich tun soll. Haben Sie eine Sechs?“

„Das werde ich dir gerade auf die Nase binden! Hältst du mich für dumm?“

„Es war einen Versuch wert“, kicherte sie und spielte eine Fünf-Sieben aus.

Dr. Warren griff nach dem Stapel. „Was glaubst du, wie Brian das alles empfindet?“

„Keine Ahnung.“

„Denk nach. Er muß doch sehr starke Gefühle haben, oder? Wie würdest du dich fühlen, wenn du an seiner Stelle wärst?“

Sie verlor für einen Augenblick das Interesse an dem Spiel – eine ungewöhnliche Situation. „Ich glaube, zuerst würde ich mich irgendwie übergangen fühlen. Wissen Sie, weil ich meine Schwester nicht mehr herumkommandieren könnte. Dann wäre ich erleichtert, weil alle mir sagen, daß es nicht meine Schuld ist, wenn sie Mist baut.“

Dr. Warren lachte. „Deine Antwort gefällt mir sehr! Ich weiß noch, wie du anfangs nicht einmal wußtest, wie du deine eigenen Gefühle beschreiben solltest. Und jetzt versetzt du dich in die Lage eines anderen Menschen. Das ist ein wichtiger Schritt zum Erwachsenwerden – die Fähigkeit zu verstehen, daß andere Leute Gefühle haben.“

„Ja, aber habe ich richtig geraten?“

„Das werde ich dir nicht sagen. Meine Gespräche mit Brian sind vertraulich, und ich spreche darüber nicht mit anderen, genauso, wie ich auch über unsere Gespräche mit niemandem rede.“

„Das ist gut. Ja.“ Und damit spielte sie ihre Doppelsechs.

Die Familie fügt sich von neuem zusammen. Ihre Mitglieder lernen, sich selbst und einander zu verstehen. Die Kinder gedeihen in einer gesunden Atmosphäre, die ihnen bei den Entwicklungsaufgaben hilft, die sie zu bewältigen haben. Das alles ist leicht zu sagen, aber schwer zu verwirklichen. Hier sind einige Prinzipien, die Sie beachten können, während die Heilung sich in Ihrer Familie ausbreitet.

Erstens müssen wir Erwachsenen unseren Kindern verstehen helfen, daß auch andere Leute Gefühle haben. Zweitens müssen wir ihnen die Gründe für das Bestehen persönlicher Abgrenzungen begreiflich machen. *Meine Gefühle sind meine, und deine sind deine. Ich behalte meine in mir und werde nicht zulassen, daß du sie beschädigst. Du kannst sie verletzen, aber ich bin derjenige, der sie kontrolliert.* Drittens müssen wir die Gefühle der Kinder respektieren. Zum Beispiel sollten Sie Aussagen wie die folgenden vermeiden:

- „Ach komm! Das empfindest du doch nicht wirklich."
- „Unsinn! Davor muß man doch keine Angst haben."
- „Schäm dich, daß du das auch noch witzig findest!"
- „Untersteh dich, über so eine alberne Kleinigkeit wütend zu werden."
- „Die Scheidung ist endgültig, und wir werden einfach nach vorn blicken und nicht mehr daran denken."
- „Ich verstehe nicht, warum du verletzt bist. Ich habe es doch nicht so gemeint."

Es ist so leicht, die Gefühle von Kindern beiseite zu schieben. Es ist so leicht, zu vergessen, daß die Gefühle von Kindern genauso intensiv sind wie Ihre und meine.

Das Paket ist geschnürt

Beth Trask hockte auf der vordersten Kante ihres Sessels, und die Sonne strömte über ihre Schulter hinweg ins Zimmer. „Tja – es ist, als ob man sich von einem alten Freund verabschiedet. Ich nehme an, daß wir uns nicht wieder begegnen werden; regelmäßig, meine ich. Ein komisches Gefühl."

„Wenn Sie Probleme bekommen, mit denen Sie nicht allein fertigwerden, können Sie jederzeit anrufen", erwiderte Dr. Hemfelt lächelnd. „Aber ich glaube kaum, daß es viele geben wird, die Sie nicht in den Griff bekommen."

Sie lächelte. Das Lächeln verblaßte. „Ist Ihnen klar, wie unglücklich der Rest meines Lebens verlaufen wäre, wenn Joey uns nicht in diese Therapie getrieben hätte?"

„Darum geht es ja bei dem, was wir hier getan haben. Dr. Warren und ich sind uns einig: Der Schlüssel zur Heilung, oder sagen wir das letzte Ziel, besteht darin, daß Sie sich selbst so sehen, wie Gott Sie sieht, und daß Sie letzten Endes all das verwirklichen, was er in Ihrem Leben verwirklichen möchte. Das ist dauerhaftes Glück."

„So ist es. Ich habe jahrelang die perfekte kleine Ehefrau gespielt, und es war alles nur Schmierentheater. Ich habe mich nicht wirklich untergeordnet, nur oberflächlich. Innerlich habe ich gekocht. Jetzt ist das anders. Ich habe mich damit ausgesöhnt, wer ich bin und was ich tun sollte – und was ich nicht tun sollte. Außerdem verstehe ich jetzt auch Walter gut genug, um mit ihm arbeiten zu können, anstatt immer nur Rückzieher zu machen und den Mund zu halten, wenn ich nicht seiner Meinung bin."

„Glauben Sie, daß er eine Therapie in Betracht ziehen wird? Sei es bei einem Therapeuten oder durch Bücher?"

„Wahrscheinlich nicht. Aber er hat sich schon positiv verändert. Und ich glaube, er wird es weiterhin tun. Er gibt es natürlich nicht zu, und Joey und ich sagen nichts darüber. Wohlgemerkt, gut ist es immer noch nicht. Er hat sich überhaupt noch nicht mit all dem Schmerz aus seiner Vergangenheit auseinandergesetzt; ein alkoholabhängiger Vater verläßt seine Familie, und alles, was Walter dazu sagt, ist: ‚So etwas kommt vor.' Aber zumindest verstehen Joey und ich jetzt besser, warum er so ist. Wir merken es, wenn seine Vergangenheit aus ihm spricht, und können ihm vergeben."

„Gut ausgedrückt. Gott segne Sie und Ihre Familie, Beth." Dr. Hemfelt erhob sich und reichte ihr die Hand.

Er bekam eine dankbare Umarmung.

James Kolbin streckte sich auf dem warmen Sand aus. „Urlaub. Das hätte ich mir nie träumen lassen."

„Ein Drei-Tage-Urlaub, aber es ist himmlisch. Kein Zweijähriger, der mir am Rockschoß hängt, kein jammernder Vierjähriger, keine Siebenjährige, die Unfug ausheckt." Melanie beugte sich hinüber und küßte ihn. „Danke."

„Wir werden das mindestens zweimal im Jahr machen. Wir haben es nötig. Mir war gar nicht klar, wie sehr unsere Ehe zu einem Babysitting-Marathon verkommen war." Er spürte die Sonne auf seinem Gesicht und dachte daran, wie sehr ihm die Sonne jeden Tag in jenem höhlenartigen Bürogebäude fehlte. „Ich habe mich zu einem Abendkurs auf dem College angemeldet."

„Für welches Gebiet?"

„Entscheidungstechniken. Der Kurs wird auch im Winterquartal angeboten. Wenn er gut ist, kannst du ja vielleicht dann hingehen. Dr. Hemfelt sagt, daß in einer Ehe nicht nur einer, sondern beide Partner in der Lage sein sollten, entschieden zu handeln."

„Wir werden sehen. Hast du mit Opa gesprochen, bevor wir abgereist sind?"

„Ja. Er war nicht gerade glücklich darüber. Ich habe ihm erklärt, wir hätten von einer Familie gehört, deren Haus der Überschwemmung zum Opfer gefallen ist; er sagte, er habe es auch in der Zeitung gelesen. Tragisch, meinte er. Dann sagte ich ihm, daß wir den Leuten unsere Wohnzimmermöbel schenken werden. Er explodierte. Und als ich ihm sagte, daß wir unsere modernen Möbel auf dem Speicher aufbewahrt haben und wieder benutzen wollen, ging er erst richtig an die Decke."

„Er wird wieder mal sein Testament ändern."

„Sei's drum. Ich werde nicht leisetreten, wenn es auf Kosten unserer Kinder geht. Die Kinder gehen vor. Wenn das die einzige Möglichkeit ist, wie wir die Belastung loswerden können, dann müssen wir das eben tun."

Melanie blickte in den blauen Himmel hinauf. – „Weißt du noch, was Dr. Hemfelt in einer unserer Sitzungen sagte? Es war ein Spruch aus einer Selbsthilfegruppe, glaube ich. ‚Was du nicht zurückgibst, gibst du weiter.' Wenn wir unseren Zorn nicht an Joseph zurückgeben, wird er auf unseren Kindern lasten. Das ist mir wirklich nachgegangen."

James nickte. „Diese Sache mit den generationenübergreifenden Auswirkungen. Na, von nun an verarbeiten wir unseren Zorn, sobald er auftaucht. Mit dem Weitergeben ist Schluß."

Sie rollte sich zu ihm hinüber und hob den Kopf. „Ich bin sehr stolz auf dich." Plötzlich setzte sie sich auf. „Ich habe gerade eine Entscheidung getroffen. Abendessen bei Louie und dann zurück ins Hotel."

„Ich dachte, du wolltest italienisch essen."

„Aber du wolltest Steak und Kartoffeln. Bei Louie gibt es beides. Gehen wir."

Er nahm ihre Hand, als sie sich auf den Weg machten, aber irgendwie schien das nicht genug zu sein. Sie verließen den Strand Arm in Arm.

Dr. Warren runzelte die Stirn. „Bist du sicher, daß man hier gut essen kann?"

Joey ging durch die Tür voraus. „Vertrauen Sie mir. Wenn Sie sehen wollen, wer in der Szene den Ton angibt, sind Sie hier genau richtig."

„Ich glaube, mir persönlich ist die Qualität des Essens wichtiger als die Szene." Dr. Warren stellte sich hinter Joey in eine Schlange aus acht Personen, die auf die Bedienung warteten. Dies war ein Schnellimbiß wie so viele andere, aber es gab hier alles von Tacos bis Pizza. Jugendliche liefen lachend und redend hin und her. Es gab verschiedene Gruppen, die sich zwar miteinander unterhielten, aber ansonsten für sich blieben. Für das ungeübte Auge sah „die Szene“ aus wie das reine Chaos.

„Kommen Sie, Dr. Warren! Sie reden ja wie ein alter Knakker. Sie wollen doch nicht wie ein alter Knacker wirken.“

„Ich bin nun mal, was ich bin!“ sagte Dr. Warren und hob in gespielter Verzweiflung die Schultern.

Plötzlich drehte sich Joey um und schaute Dr. Warren in die Augen. Dr. Warren erinnerte sich flüchtig an den verdrießlichen Jungen mit ständig gesenktem Blick, der vor nicht allzu langer Zeit in seinem Sprechzimmer gesessen hatte. Das hier war nicht mehr derselbe Junge. „Genau! Das ist es! Das ist genau das, was Sie immer gesagt haben, stimmt's? Finde heraus, wer du bist und was du willst, und dann triff deine eigenen Entscheidungen.“

„Du hast damit schon angefangen. Du verstehst das Prinzip jetzt, das weiß ich.“

„Ja, ich denke schon.“ Er runzelte nachdenklich die Stirn und starrte durchs Fenster hinaus ins Leere. „Manchmal frage ich mich, ob es nicht unaufrichtig von mir ist, manche meiner T-Shirts zu tragen, wenn ich mit anderen Leuten zusammen bin, aber nicht zu Hause. Ich schätze, ich bin nicht mehr so sehr darauf aus, meine Eltern zu schockieren, wie früher.“

„Das hat nichts mit Unaufrichtigkeit zu tun. Sie wissen ja, was du tust, und akzeptieren es. Du hast dich entschieden, sie zu respektieren, sie nicht mehr vor den Kopf zu stoßen, und das ist eine hervorragende Entscheidung. Eine geistliche Entscheidung. Ganz und gar biblisch.“

„Epheser 6,1. Ich habe die Merkvers-Wettbewerbe immer gewonnen, erinnern Sie sich?“

„Aber jetzt lernst du nicht mehr nur Worte aus einem Buch auswendig; du wendest sie an, wo es darauf ankommt – in deinen Beziehungen zu anderen. Das ist echtes Christentum.“

Die Schlange bewegte sich vorwärts – sie waren jetzt an dritter Stelle.

„Mama scheint das jetzt auch so zu machen. Sie lebt wirklich als Christ, anstatt immer nur diese fromme Maske aufzusetzen. Wissen Sie, was ich meine? Sie schreit mich immer noch manchmal an, aber normalerweise nur noch, wenn sie wirklich einen guten Grund dazu hat."

„Wenn du für irgend etwas, das du tust, keinen anderen Grund hast, als einer anderen Person eins auszuwischen, dann ist das kein besonders guter Grund. Darüber habe ich auch mit ihr gesprochen. Sie fragt sich jetzt auch immer: ‚Warum mache ich das eigentlich?' – genauso wie du."

Alice bepinselte die Hühnchen ein letztes Mal mit Orangensauce und schob sie dann ohne Deckel zurück in den Ofen, damit sie schön braun würden. Fast fertig. Sie wendete das Gemüse und schenkte zwei Gläser Tomatensaft ein. Die Standuhr schlug zur halben Stunde.

In der Küchentür erschien Jennifer. „Papa ist da. Können wir jetzt essen?"

„Wir essen um sechs, das habe ich dir schon vor fünf Minuten gesagt. Sind deine Hausaufgaben fertig?"

„Och, Mama."

„Willst du nach dem Essen noch Zeit für eine Runde Dame haben?" Alice wartete nicht auf eine Antwort. „Geh und mach deine Aufgaben fertig. Dann bist du bis zum Essen fertig, und der Abend gehört dir. Dann kannst du noch radfahren oder etwas spielen." Sie winkte ihr mit einer Hand zu. „Ab jetzt." Sie trug die beiden Gläser ins Wohnzimmer.

Rob hängte gerade seine Jacke und seinen Schutzhelm auf. „Jenny hat ihr Fahrrad draußen auf dem Rasen liegen lassen."

„Sie sagt, sie will nach dem Essen noch ein bißchen fahren." Alice reichte ihm den Tomatensaft und ließ sich mit ihrem Glas auf dem Sofa nieder.

Er ließ sich neben sie fallen – vorsichtig, um keinen Tomatensaft auf seinen zerrissenen, schmutzigen, mit Farbe bespritzten Overall zu verschütten.

„Schön, daß du pünktlich nach Hause kommen konntest. Danke. Das macht die Planung mit dem Essen viel leichter."

„Wenn ich sage, ich komme, komme ich auch. Ich weiß noch, wie du immer das Essen für fünf Uhr geplant hast und dann völlig verzweifelt warst, wenn ich nicht rechtzeitig da war.“

Sie unterhielten sich noch zwanzig Minuten lang, bevor sie in die Küche zurückkehrte, um das Essen aufzutragen. Während Alice das Gemüse auf eine Schale legte und die Hähnchen mit Petersilie garnierte, dachte sie an die Veränderungen, die in den letzten sechs Monaten in ihrem Leben eingetreten waren.

Jennifer war immer noch schwer zu ertragen, aber immerhin plärrte sie nicht mehr ständig herum. Sie war erheblich ruhiger geworden und schien besser zu wissen, was sie wollte. Sie klammerte sich auch nicht mehr so an Alice und jammerte nicht mehr soviel, wenn sie in eine neue Situation geriet. Sie machte Fortschritte.

Brian. Alice hatte nie geahnt, unter welchem Druck Brians Leben gestanden hatte – dem Druck, ein guter Junge zu sein, dem Druck, alle Probleme der Familie zu beheben, dem Druck, Alice die Zuneigung und Gemeinschaft zu geben, die sie von Rob nicht bekommen hatte. Dr. Warren schien der Meinung zu sein, daß er jetzt eine ziemlich gesunde Einstellung gefunden habe. Wer weiß? Machte auch er Fortschritte?

Rob. Sie hatte gefürchtet, daß ihre sexuelle Beziehung völlig über Bord gehen würde, als sie aus dem Krankenhaus kam; er war so zornig, so enttäuscht von ihr. Doch nun war sie besser, als sie es seit Jahren gewesen war. Freute sie sich darüber? Sie wußte es nicht genau. Nach all den Jahren der Dürre war sie unsicher, was sie jetzt empfand. Sein Übergewicht war immer noch da. Er würde es wohl nie loswerden. Aber er war eindeutig viel aufmerksamer und rücksichtsvoller. Das war ein Fortschritt.

Und sie selbst. Manchmal überwältigte sie immer noch die Trauer, wenn sie an all die Jahre dachte, die sie buchstäblich verpaßt hatte. Sie hatte sich selbst dieser Zeit ihres Lebens beraubt, nicht anders, als ob sie Selbstmord begangen hätte. An Jennifers erstes Schuljahr konnte sie sich überhaupt nicht erinnern. Sie konnte sich nicht erinnern, wie Brian den Buchstabierwettbewerb gewonnen hatte, obwohl sie dabeigewesen war. Was für eine Rabenmutter! Nein. Sie hielt inne. Wieder eine negative Botschaft. Sie war eine Rabenmutter *gewesen.* Das lag jetzt hinter ihr, und sie war bereit, ihre Rolle angemessen auszufüllen und vielleicht sogar manches wiedergutzumachen. Sie nahm aktiv an Treffen der Anonymen Alkoholiker teil, um die emotionalen und geistlichen Probleme zu verarbeiten, die zu ihrer Medikamentenabhängigkeit geführt hatten. Vollkommenheit? Nein. Fortschritte? Ja.

„Mama?" rief Jennifer. „Müssen wir auf Brian warten?"

Sie brachte das Gemüse und die Kartoffeln an den Tisch. „Nein. Ich habe ihm gesagt, daß wir um sechs essen. Wenn er nicht kommt, ist er selber schuld." Sie setzte sich.

„Och Mama! Du weißt doch, daß ich Spinat hasse! Muß ich ihn essen?"

„Ja. Aber morgen gibt es etwas, das du besonders gern magst, ja? Was soll es morgen geben?"

„Mais! Darf ich beim Kochen helfen?"

„Sicher, wenn du möchtest. Rob?"

Rob sprach ein Tischgebet und griff nach dem Messer. Er sagte nichts über das Essen: Kartoffeln mit Dill, Spinat mit süßsaurer Specksauce und mit Orangensauce bestrichene Hähnchen mit Pilzfüllung. Aber er hielt plötzlich inne und musterte die Gerichte. Ein leichtes, genießerisches Lächeln spielte um seine Lippen. Das würde für den Anfang reichen.

Rob zerlegte die Hähnchen, während Alice Jennifer die Schüsseln reichte. Den Spinat nahm sie nur widerwillig und mit gerümpfter Nase. Unterdessen schwatzte sie unaufhörlich über ihr Zeugnis, das eigentlich viel besser sein müßte, was aber durch schieres Pech in der Schule immer wieder verhindert würde. Ihr Mund plapperte ohne Pause, aber wenigstens saß sie still.

Brian stürmte zur Tür herein, rannte ins Eßzimmer und ließ sich atemlos auf seinen Stuhl fallen. „Tut mir leid, daß ich zu spät komme." Was war das für ein albernes Grinsen auf seinem Gesicht? Alice kannte diesen Ausdruck, aber sie hatte ihn noch nie bei Brian beobachtet.

Rob ließ sich einen Bissen im Mund zergehen. Dann: „Wie war es heute in der Schule?“

„Gut. Ich bin hinterher in die Bibliothek gegangen, um zu lernen.“ Er häufte sich Spinat auf den Teller, obwohl er ihn, wie Alice wußte, genausowenig mochte wie Jennifer. Er legte sich sein halbes Hähnchen daneben. „Papa? Kann ich am Samstag das Auto haben? Ich, äh, da ist so ein Mädchen, Wendy – ich habe sie zufällig heute nachmittag in der Bibliothek getroffen, und wir, äh …“

„Rein zufällig, wie?“ Rob warf Alice einen vielsagenden Blick zu.

„Ja. Wir würden gern dieses Wochenende zusammen ins Kino gehen. Darf ich?“

„Brian ist verliebt!“ platzte Jennifer heraus. Sie kicherte so heftig, daß sie sich verschluckte und Spinat über den ganzen Tisch spritzte.

Fortschritte, keine Vollkommenheit. Auch Ihre Familie kann Fortschritte machen. Warum fangen Sie nicht gleich heute damit an?

Anhang

Wie die Gemeinde alleinerziehenden Eltern helfen kann

Alleinerziehende Eltern brauchen viel mehr Unterstützung als einen Bibelkreis für Singles am Dienstagabend oder ein paar Erziehungskurse in der Volkshochschule. „Ein reiner und unbefleckter Gottesdienst ... ist der“, schreibt Jakobus in seinem Brief an die Christen, „die Waisen und Witwen in ihrer Trübsal besuchen und sich selbst von der Welt unbefleckt halten“ (Jakobus 1,27).

Ob Sie nun geschiedene Eltern in die gleiche Kategorie rechnen wollen wie die Witwen oder nicht: die Kinder bleiben die Geschädigten. Die Kinder sind es, die Hilfe brauchen, Unschuldige, die nichts für die Fehler ihrer Eltern können. Säkulare Organisationen können helfen, aber es ist die Gemeinde, an die Jakobus sein Anliegen richtet. Es gibt verschiedene Möglichkeiten, wie eine Gemeinde langfristige, echte Hilfe bieten kann.

Ein aktives Unterstützungssystem

Alleinerziehende Eltern brauchen alle Hilfe, die auch viele verheiratete Eltern benötigen – Tagesbetreuung, soziale Kontakte, finanziellen und erzieherischen Rat. Zusätzlich brauchen sie bisweilen finanzielle Unterstützung und vor allem menschliche Wärme und Einbeziehung in Familienaktivitäten. Das bedeutet, sie einzuladen, sei es zu einem Familienausflug, einem gemütlichen Nachmittag zu Hause, einem Abendessen oder was auch immer. Erwachsene wie Kinder sehnen sich nach einer Familienumgebung, die sie allzuoft nirgends finden.

Richtig verstanden, ist diese Art von Unterstützung eine lebenslange Hingabe an junge Menschen, nicht nur eine Modeerscheinung. Sie bringt überall Schwierigkeiten mit sich, besonders aber in einer christlichen Gemeinde. Die meisten alleinerziehenden Eltern sind Frauen, obwohl der Anteil der Väter mit Sorgerecht allmählich steigt. Eine verwitwete oder geschiedene Frau wird oft von verheirateten Frauen unbewußt als Bedrohung empfunden, so unrealistisch das auch sein mag. *Gehen wir lieber auf Abstand!* Auch verheiratete Männer neigen dazu, in alleinstehenden Frauen eine Versuchung zu sehen, auch wenn ihnen selbst diese Haltung nicht bewußt ist. Das gleiche unfaire Stigma lastet auf alleinerziehenden Vätern.

Doch ein wirkungsvolles Hilfssystem für alleinerziehende Eltern erfordert nicht nur das Engagement einiger älterer Damen, die Eintöpfe kochen, sondern auch das der Männer in der Gemeinde – ja, das aller Mitglieder.

Ein weiterer Stolperstein behindert die Art langfristiger Hilfe, die Alleinerziehende so dringend brauchen – die Alleinerziehenden selbst. Tief in ihrem Innern hegen sie die Furcht, daß die Verheirateten einfach nicht verstehen können, wie es ist, Kinder allein zu erziehen. Dazu kommt auf beiden Seiten das unberechtigte Gefühl, daß die Verheirateten es geschafft haben, zusammenzuhalten, während die Alleinerziehenden versagt haben – daß also die Noch-Verheirateten irgendwie „besser" seien. Nichts könnte in allzu vielen von Streit zerfressenen Familien weiter von der Wahrheit entfernt sein.

Wenn Hilfe für Alleinerziehende erfolgreich sein soll, muß es deshalb eine Hingabe unter Gleichgestellten sein. Eine „Wir-hier-oben-greifen-euch-da-unten-unter-die-Arme"-Einstellung ist unsinnig und bringt uns nicht weiter. Wir sind alle gefallene Menschen. Wir haben alle Fehler gemacht. Und uns allen gilt Gottes bedingungslose und aufopferungsvolle Liebe.

Die Kinder brauchen ein eigenes Unterstützungssystem

Sie brauchen gesunde Erwachsene, insbesondere gesunde Männer, die sich aktiv mit Jungen und Mädchen beschäftigen. Auch dies muß langfristig geschehen. Es geht darum, als Rollenmodell, Ersatzonkel oder Ersatzelternteil das Fehlen eines Elternteils wettzumachen. Das ist die beste Abwehr gegen die Gefahr, daß sich der alleinerziehende Elternteil und das Kind zu sehr ineinander verstricken. Denn in einer Familie mit nur einem Elternteil liegt die unausgesprochene Botschaft in der Luft: „Ich brauche dich, und du brauchst mich. Du darfst nie erwachsen werden und dich von mir trennen, sonst werden wir beide zu sehr leiden." Ein Ersatzelternteil kann wirksam auf manche Entwicklungsbedürfnisse von Kindern alleinerziehender Eltern eingehen.

Nachdenken!

Gehen Sie noch einmal die Entwicklungsaufgaben und Wachstumsschritte durch, von denen wir im ersten Teil gesprochen haben. Machen Sie sich durch dieses Buch mit den Dingen vertraut, die einem alleinerziehenden Elternteil bei jedem dieser Schritte fehlen. Tun Sie das unabhängig davon, ob Sie selbst alleinerziehend sind oder nicht. Selbst wenn es Sie nicht direkt betrifft, können Sie davon profitieren, daß Sie sich die Probleme Alleinerziehender bewußt machen. Nun wenden Sie das, was Sie sehen, auf die konkrete Situation in Ihrer Gemeinde an. Wer braucht was? Nur Sie können das feststellen. Dann stellen Sie ein langfristiges Programm auf, um diese Bedürfnisse zu erfüllen.